고요한 전진

고요한 전진

초판 1쇄 인쇄   2025년 09월 15일
초판 1쇄 발행   2025년 09월 30일

신고번호   제313-2010-376호
등록번호   105-91-58839

지은이   최용철

발행처   보민출판사
발행인   김국환
기획   김선희
편집   현경보
디자인   김민정

주소   경기도 파주시 해올로 11, 우미린더퍼스트@ 상가 2동 109호
전화   070-8615-7449
사이트   www.bominbook.com

ISBN   979-11-6957-381-8   93370

- 가격은 뒤표지에 있으며, 파본은 구입하신 서점에서 교환해드립니다.
- 이 책은 저작권법에 의하여 보호를 받는 저작물이므로 무단 전재와 복사를 금합니다.

고요한 전진

최용철 지음

과학으로 풀어가는 지구력 트레이닝

Go Forth in Stillness: Endurance Training Through Science

추천사

　이 책 《고요한 전진》은 운동을 사랑하는 이들에게 단순한 훈련 지침서를 넘어선, 진정한 의미의 교본이라 부를 만한 책이다. 이 책의 저자 최용철 교수는 선수와 지도자 생활을 두루 경험한 후, 수많은 현장에서 쌓아 올린 경험과 통찰을 바탕으로 훈련의 원리를 체계화했다. 그는 선수 시절 몸으로 부딪치며 깨달은 시행착오, 그리고 지도자로서 제자들을 가르치며 느낀 문제의식 속에서, 한국 체육 현장에 꼭 필요한 "원리와 철학이 있는 훈련 교본"의 필요성을 절감했다고 고백한다. 그래서 이 책은 단순히 더 빨리 달리고, 더 많은 기록을 세우기 위한 비법이 아니라, 자기 몸을 이해하고 존중하며 장기적으로 성장하는 방법을 알려준다.

　무엇보다도 이 책의 가장 큰 가치는 훈련 원리를 명확히 제시하고 있다는 점이다. 저자는 과부하, 점진적 증가, 특이성, 회복, 개별성이라는 스포츠 과학의 핵심을 일관되게 강조한다. 그러면서도 그는 이를 단순히 개념으로 나열하는 데 그치지 않고, 실제 훈련 프로그램에 어떻게 적용할 수 있는지를 구체적으로 보여준다. 예를 들어, 심박수를 기반으로 강도를 설정하는 법, 파워미터를 활용해 데이터를 분석하는 법, 주기화 프로그램을 통해 훈련과 회복을 설계하는 법을 제시한다. 이 책을 따라 읽다 보면, 독자는 운동을 직관이나 감각에 맡기는 것이 아니라 과학적 근거 위에서 더 효율적이고 안전하게 접근해야 한다는 사실을 자연스럽게 깨닫게 된다.

이 책《고요한 전진》이 특별한 이유는 여기에 멈추지 않고 훈련의 철학을 함께 담아내고 있기 때문이다. 저자는 "훈련과 피로는 동전의 양면이다. 둘은 반드시 함께 계획되고 관리되어야 한다"고 말한다. 이는 곧 훈련이란 단순히 몸을 혹사시키는 과정이 아니라, 스스로를 존중하는 방식이어야 한다는 뜻이다. 그는 또 "결과를 말하면 과정이 흐려진다. 과정이 결국 결과를 만든다"고 강조하며, 기록과 경쟁에 매몰되지 않고 과정을 성실히 살아내는 태도의 중요성을 되새긴다. 운동을 통해 배우는 이러한 철학은, 삶을 살아가는 데에도 똑같이 적용된다.

특히 인상적인 부분은 지구력의 재정의다. 저자는 지구력을 단순히 오랫동안 달릴 수 있는 능력으로 보지 않는다. 대신 그것을 '인내(Patience), 내구성(Resilience), 지속력(Sustainability)'이라는 세 가지 키워드로 풀어낸다. 이는 단순한 훈련 목표를 넘어, 인간이 삶 속에서 버티고 앞으로 나아가기 위해 반드시 갖춰야 할 덕목이다. 달리기와 같은 고독한 훈련 과정에서 자신을 단련하는 시간이야말로 결국 삶을 지탱하는 힘이 된다는 그의 통찰은, 이 책을 단순한 운동 교본을 넘어 인생 교본으로 만들어 준다.

최용철 교수의 오랜 경험과 연구, 그리고 교육자로서의 사명감이 녹아 있는 이 책은, 운동을 진지하게 대하는 모든 사람들에게 필수적인 길잡이가 될 것이다. 《고요한 전진》은 몸을 단련하려는 이들에게 가장 실용적인 지침서이자, 동시에 마음을 단단히 세워주는 철학적 안내서다. 고요하지만 멈추지 않고 한 걸음씩 나아가는 전진, 그것이야말로 운동의 본질이며 삶의 본질임을 이 책은 강하게 전하고 있다.

2025년 9월
편집위원 **김선희**

서문: 고요히 전진하라

"고요히 전진하라."

이 말은 제가 평생 마음속에 새기며 살아온 좌우명이자, 제가 만난 모든 선수들에게 끊임없이 전해온 가장 소중한 메시지입니다.

제 운동 인생은 중학교 1학년, 남들보다 조금은 늦게 시작되었습니다. 비시즌에는 400m 육상 경기에 출전하며 지역 대회에서 입상하기도 했고, 주 종목인 크로스컨트리 스키와 바이애슬론 종목에서도 입상하는 기쁨을 맛보았습니다.

하지만 고등학교에 진학하면서 상황은 완전히 달라졌습니다. 신장이 급격히 자라면서 생리학적 변화가 찾아왔고, 그 변화에 어떻게 대응해야 하는지 몰랐던 저는 경기에서 늘 마지막을 지키는 선수가 되어 있었습니다. 매 경기마다 찾아오는 좌절감은 쉽게 잊히지 않았고, 결국 스스로를 포기하는 쪽으로 마음이 기울고 말았습니다.
대학교에 진학해 생리학을 배우면서, "만약 누군가 성장기 컨디션 관리 방법을 알려줬더라면 결과가 달라지지 않았을까?" 하는 아쉬움이 진하게 남았습니다. 그때 저는 한 가지 확신을 품게 되었습니다.
"능력 없는 지도자는 한 사람의 인생을 무너뜨릴 수 있다."
그 생각이 제게 두려움이 되었고, 한때는 "나는 지도자는 하지 않겠다"고 스스로에게 다짐하기도 했습니다. 하지만 인생은 언제나 우리가 피하고자 한 방향에서 문을 열곤 합니다. 그런 저에게 초등학교 지도자 제안이 찾아왔습니다. 처음엔 정중히 거절했습니다. 지도자가 되기엔 제가 부족하다고 생각했기 때문입니다. 그때, 평소 존경하던 모교 고등학교 선생님께서 제게 이런 말씀을 해주셨습니다.
"처음부터 훌륭한 지도자는 없다. 스스로 완벽해진 다음에 시작하는 것이 아니라, 지도하는 과정 속에서 성장하는 것이다."
그 한마디는 저를 움직였습니다. 스스로의 오만을 깨달았고, 처음부터 잘할 수 없다는 사실을 받아들였습니다. 그렇게 저는 초등학교 지도자로 첫발을 내딛게 되었습니다.
국가대표와 실업팀 경험이 없었던 저는, 더 나은 지도자가 되기 위한 스스로의 성장 방식을 고민해야 했습니다. 그 답이 바로 박사과정 진학이었습니다. 학문 속에서 제 안에는 또 하나의 꿈이 자라나기 시작했습니다.
"만약 내가 국가대표 지도자가 된다면, 우리보다 경기력이 우수한 일본 국가대표팀을 이겨보고 싶다."
그 꿈은 저를 더욱 치열하게 만들었습니다.
"국가대표보다 예산, 지도자 수, 훈련 환경, 선수 랭킹이 부족한 대학팀을 지도해, 국가대표팀과 당당히 경쟁할 수 있는 실력을 갖춘다면, 그때야말로 내가 국가대표 지도자가 될 자격이 있는 것이다."
이 생각은 제 훈련 철학과 지도자로서의 방향을 더욱 단단하게 만들어 주었습니다.

이 책을 쓰게 된 결정적인 계기는 제가 교수가 된 이후, 아내가 제게 던진 아주 짧고 단순한 질문이었습니다.

"당신의 앞으로의 꿈은 무엇인가요?"

그 질문은 저를 한동안 멈춰 세웠고, 정말 오랜 시간 동안 스스로를 되돌아보게 되었습니다. 그리고 제가 찾은 답은 이것이었습니다.

"내가 지도한 제자들에게 정말 좋은 책 한 권을 선물하고 싶다."

돌이켜보면, 지도자로서 걸어온 대부분의 시간은 마치 안개 속을 운전하듯, 불확실함 속에서 길을 찾는 과정이었습니다. 그 안개 속에서 걷는 시간을 제자들은 조금이라도 줄이길 바라는 마음, 그것이 이 책을 쓰게 된 이유입니다.

이 책은 또한 러닝, 크로스컨트리 스키, 사이클 등 지구력 종목에 진지하게 도전하려는 일반인과 선수, 그리고 효과적인 훈련 원리를 과학적, 체계적으로 배우고 싶은 지도자들과 함께 나누고 싶은 지식과 철학의 기록입니다.

이 책을 통해, 당신만의 '고요한 전진'을 시작하시기를 바랍니다. 작고 느린 걸음이라도 괜찮습니다. 그 꾸준함이 결국 가장 큰 변화를 만들어 냅니다. 그리고 그 길 위에서, 당신 역시 자신만의 사색을 발견하게 되기를 진심으로 바랍니다.

다만, 이 책이 완벽할 수는 없습니다. 종목마다의 현장과 과학적 이론은 늘 변화 중이며, 때로는 이 책의 견해와 어긋날 수도 있습니다. 분명 잘못되었거나 더 나은 해석이 필요한 대목도 있을 것입니다. 그런 지점을 발견하신다면, 당신의 현장 감각과 아이디어, 그리고 확신을 따라 걸어가 주십시오. 절대적인 정답이 없기에 스포츠 트레이닝은 더 흥미롭고 가슴이 뜁니다. 이 책은 하나의 지도일 뿐, 길 위의 발걸음은 언제나 독자의 몫입니다.

2025년 9월

저자 **최용철**

목차

추천사 • 4
서문 • 7
프롤로그 • 17

제1장. 지구력 훈련의 기초

1. 지구력이란 무엇인가? • 22
2. 유산소 훈련에 있어 걷기의 중요성 • 25

제2장. 운동 강도의 설정과 관리

1. 심박수 기반 설정 • 30
2. 젖산역치(LT; Lactate Threshold) • 38
3. 환기역치(Ventilatory Threshold, VT) 및 RPE • 41
4. 최대산소섭취량(VO2max, Maximal Oxygen Uptake) • 44
5. Z3 훈련에 대한 주의사항 • 48
6. 최근 젖산 훈련 방법 :
   노르웨이식 이중 젖산역치(Double Threshold) 트레이닝 • 54

에피소드 (1) 훈련의 양을 높이다 실패와 마주하다 • 63

제3장. 디지털·수치 기반 훈련 강도 설정

1. FTP(Functional Threshold Power)의 이해와 확장 • 68
2. CTL/ATL/TSB: 시간 척도에 따른 관리 • 70
3. 파워미터(Power Meter)의 기본 • 73
4. Load Monitoring Toolkit(sRPE-TRIMP & Edwards TRIMP) • 78

제4장. 기록-분석-피드백의 설계 방법론

1. 왜 우리는 훈련을 '측정하고 데이터화'해야 하는가? • 88
2. 훈련일지는 선수의 거울이다 • 90
3. 스마트워치만으로는 충분하지 않은 이유 • 95

에피소드 (2) 자신만의 건물을 쌓아 올려야 한다 · 98

제5장. 트레이닝의 원리와 접근

1. 과부하의 원칙(Overload) • 102
2. 점진적 증가의 원칙(Progressive Overload) • 104
3. 특이성의 원칙(Specificity) • 104
4. 회복의 원칙(Recovery) • 108
5. 개별성의 원칙(Individuality) • 112
6. 가역성의 원칙(Reversibility) • 116
7. 반복성의 원리(Principle of Repetition)와 스포츠 기술 · 부상 관리 • 118

제6장. 트레이닝 프로그램 설계

1. 핵심 SMART 기법 • 124
2. 훈련 주기 설계(Periodization) • 124
3. 역순 계획(Reverse Planning) • 129
4. 모니터링 · 평가 및 조정 • 131
5. FITT-VP 원칙(training prescription의 기본 틀) 적용하기 • 132

에피소드 (3) 대학교 첫해의 기적 · 133

제7장. 주기화 트레이닝 프로그램

1. 지도자가 블록 주기화 훈련을 제공해야 하는 이유 • 136
2. 장기적인 성공을 위한 체계적 접근 • 136
3. 블록 주기화 vs 전통 주기화 • 145
4. 주기화 트레이닝과 계절 • 149

제8장. 지구력 트레이닝의 모델

1. HVT(LI-HVT: Low-Intensity High-Volume Training) • 155
2. THR(Threshold Training): 역치 트레이닝 • 156
3. HIIT(LV-HIIT: Low-Volume High-Intensity Interval Training) • 157
4. PYR(Pyramidal): 피라미드 구조 • 158
5. POL(Polarized Training): 양극화 트레이닝 • 159

제9장. 지구력 트레이닝 훈련 방법

1. LSD(Long Slow Distance Training): 장거리 저속 훈련 • 167
2. Pace/Tempo Training: 페이스/템포 훈련 • 168
3. HIT(Interval Training): 인터벌 트레이닝 • 169
4. HIIT(High-Intensity Interval Training): 고강도 인터벌 트레이닝 • 170
5. 파틀렉 트레이닝(Fartlek Training) • 171
6. 경사도 훈련 • 172
7. Repeition(반복) 트레이닝 • 173
8. Speed training • 176

에피소드 (4) 고지대에서의 실패와 성공 • 181

제10장. 고지대 훈련 및 지구력 컨디셔닝

1. 고지대 훈련의 생리학적 이점 • 184
2. 경기 전 지구력 유·무산소 컨디셔닝 • 186
3. 테이퍼링(Tapering) 컨디셔닝 • 190
4. 지구력 선수를 위한 근력·플라이오매트릭·코어·신경근 컨디셔닝 • 192

   에피소드 (5) 작은 차이가 만들어내는 놀라운 힘 • 201

제11장. 지구력 선수를 위한 경기 전 퍼포먼스 활성화 전략

1. 퍼포먼스 활성화 개요 • 206
2. 준비운동의 생리학적 중요성과 동적 스트레칭의 효과 • 206
3. 정리운동(Cool-down)과 정적 스트레칭(Static Stretching) • 210
4. 경기 직전 퍼포먼스 최대화를 위한 3단계 루틴 • 211
5. Pre-motion Phase, Dead Point, Second Wind 이해와 활용 • 217

제12장. 지구력 트레이닝 생애주기 전략

1. 여성 지구력 선수들의 생리적 특성 • 222
2. 유소년(초·중·고) 지구력 선수 • 226
3. 중·장년(40세 이상) 지구력 선수 • 228
4. LTAD(Long-Term Athlete Development) 모델 개요 • 231
5. 여성 및 중장년 건강·퍼포먼스 체크 • 232

제13장. 지구력 퍼포먼스 설계: 리듬·가동성·강화 전략

1. 호흡역학과 보완훈련 • 238
2. 조깅과 페이스 훈련에서 리듬의 중요성: 케이던스 • 240
3. 크로스컨트리 스키: 스트라이드와 폴링 리듬의 조화 • 241

4. 관절의 가동성: 지구력 퍼포먼스의 토대 • 243
5. 슬관절 근기능 테스트 • 250

에피소드 (6) 뉴질랜드에서 배운 오버트레이닝 • 255

제14장. 트레이닝 회복 전략

1. 피로(Fatigue)의 개념 • 260
2. 피로 이론(Fitness-Fatigue Model)과 회복 전략 • 264
3. 과훈련(Overtraining)과 과수행(Overreaching)의 구분 • 272
4. 자가근막이완(Self-Myofascial Release, SMR)과 폼롤러 • 273
5. HRV(Heart Rate Variability) 회복력 측정하기 • 277
6. 운동선수를 위한 낮잠(파워내핑) 가이드 • 280

제15장. 올바른 자세와 해부학적 적응

1. 반복의 긍정과 그 이면: 패턴 과부하(Pattern Overload) • 284
2. 해부학적 적응의 중요성: 자세 교정보다 먼저 준비할 것 • 285
3. 세포도 회복이 필요하다: 조직 피로의 과학 • 287
4. 예방의 핵심: 유연성과 동작의 다양성 • 289

제16장. 지구력 트레이닝과 영양

1. 지구력 트레이닝과 영양 전략 • 292
2. 에너지 대사의 기본 이해 • 293
3. 수분 및 전해질 보충 방법 • 294
4. 주요 영양소의 역할과 섭취 가이드라인 • 295
5. 훈련 전·중·후 영양 전략 • 296
6. 가성비 좋은 회복 음료 • 297
7. 지구력 운동을 위한 특별 영양 전략 • 298

8. 지구력 선수들을 위한 보충제 섭취 전략 • 299
9. 영양 전략에 대한 다양한 견해 • 309

제17장. 엘리트 훈련에서 배우다

1. 닐스 반 데르 포엘(Nils van der Poel)의 3년간 트레이닝 계획 • 314
2. 엘리우드 킵초게(Eliud Kipchoge)의 연간 마라톤 스케줄 • 317
3. 에이릭 미르 노숨(Eirik Myhr Nossum) • 320
4. 타데이 포가차(Tadej Pogačar) • 323
5. 노르웨이 크로스컨트리 스키 선수 마리트 뷔오르겐(Marit Bjørgen) • 328

제18장. 초보자에서 상급자까지: 적용 프로그램

1. 레이스 페이스(Race Pace)와 템포 트레이닝(Tempo Training) • 334
2. 템포 러닝 속도가 목표 페이스보다 빠른데, 심박수는 왜 낮을 수 있는가? • 335
3. 대표적인 훈련 방법 • 337
4. 초보자를 위한 10개월 주기화 훈련 프로그램 • 338
5. 중급 일반인 러너를 위한 10~20km 대회 대비 주기화 트레이닝 프로그램 • 341
6. 상급자(일반인)를 위한 마라톤 주기화 트레이닝 프로그램 • 347
7. 러너 · 사이클 · XC 스키 12주 훈련 프로그램 • 349

에피소드 (7) 결과에 집중하면, 과정이 흐려진다 · 354

제19장. 몰입의 기술 · 통제의 힘: Flow 트레이닝과 자기조절

1. 몰입(Flow)이란 무엇인가? • 358
2. Flow 트레이닝 적용 4단계 • 359
3. 몰입 상태 향상 전략 • 360
4. 실전 적용 예시 • 361
5. 러너스 하이(Runner's High) • 361

6. 몰입과 러너스 하이의 차이점 • 364
7. 결론 • 365

에필로그 • 366
한글색인 • 369
영어색인 • 374
참고문헌 • 379

프롤로그

현장에서 부딪히고 깨달은 30년: 내게 남은 이야기들

제가 졸업한 중·고등학교는 크로스컨트리 스키와 바이애슬론에서 오랜 전통을 자랑하는 학교였습니다. 하지만 제가 초등학교 지도자로 발을 들이던 무렵, 우리 학교는 점차 경쟁 학교들에 밀려 뒤처지고 있었습니다. 경쟁 학교들은 초등학교부터 체계적으로 선수를 육성해 중학교와 고등학교로 연계하는 시스템을 갖추고 있었지만, 중·고등학교는 초등학교 지도자 부재로 인해 초·중·고 선수가 겨우 12명에 불과한 상황이었습니다. 그중 초등학생은 단 두 명뿐이었습니다. 지도자가 된 저는 선수 모집부터 시작해야 했습니다. 당시 운동부에 대한 사회적 인식은 좋지 않았습니다.

부모님들을 찾아다니며, "폭력이나 언어폭력은 절대 없을 것"이라는 약속과 함께 "한 달만 경험해 보자"고 간절히 설득했습니다. 그렇게 조심스럽게 작은 팀이 꾸려졌습니다.

기억에 남는 에피소드가 하나 있습니다. 운동을 시작한 아이들 중에는 지구력 종목에는 어울리지 않는 체형을 가진 아이들도 많았습니다. 어린 선수들에게 다이어트를 강요하는 것이 편치 않았던 저는, 결국 아이들과 함께 다이어트를 시작했습니다.

189cm에 84kg이었던 저도 아이들과 함께 3kg을 감량하기 위해 땀을 흘렸습니다. 그 과정을 통해 우리는 신뢰를 쌓았고, 서로에 대한 믿음이 깊어졌습니다. 놀랍게도, 그때 함께 다이어트를 했던 아이들 중 네 명은 훗날 국가대표 선수로 성장하게 되었습니다.

제가 초등학교를 지도한 첫해에는 포디움에 오른 선수가 단 한 명도 없었습니다. 대부분이 스키를 처음 접한 아이들이었기 때문입니다. 그러나 저는 기초 훈련에 집중했습니다. "죄수처럼 끌려가는 저런 훈련을 왜 시키냐"는 스키장의 원로 선생님의 조롱도 들었지만, 저는 묵묵히 아이들과 함께 기본을 다졌습니다. 그 결과, 다음 시즌, 우리는 국내 최대 대회인 동계 전국체전 릴레이에서 당당히 우승을 차지할 수 있었습니다.

당시 저를 가장 많이 가르쳐 주고 도와주셨던 분은 모교 스키부 감독님이셨습니다. 초등학교 팀은 예산도, 월급도 제대로 지원받지 못했기에, 저는 중·고등학교 스키부의 도움을 받으며 팀을 유지할 수 있었습니다. 또한 비시즌에는 감독님에게 자청하여 중·고등학교 선수들과 함께 합숙훈련을 하며 새벽 훈련부터 오후 훈련까지 따라다니면서 트레이닝 방법에 대하여 많은 것을 배울 수 있었습니다. 특히 연령에 맞추어 눈높이 상담과 트레이닝 방법을 찾는 것이 매우 중요하다는 것을 깨달을 수 있는 시간이 되었습니다.

잊을 수 없는 한마디

저는 초등학교 지도자가 된 이후 스키라는 운동으로 승부보다는 교육과 경험, 추억을 만들어 주는 것이 중요하다는 생각으로 다양한 프로그램을 시도하였습니다. 그중에서도 일본으로의 전지훈련은 어린 초등학생들에게는 가장 좋아하는 훈련 프로그램이 되었습니다. 그렇게 일본 전지훈련을 시작하면서부터 우리는 놀라울 정도로 발전했습니다.

초등학교 지도자 3번째 시즌, 우리 선수들은 남자 초등부 개인

전과 단체전 모두에서 우승을 차지했습니다. 4번째 시즌에는 남녀 초등부 통틀어 24개 메달 중 13개 메달을 따내는 쾌거를 이루었습니다.

두 시즌 연속, 누가 봐도 완벽한 시즌을 만들어낸 것입니다. 그러나 그 다음 시즌 우리 팀에는 경기력이 부족하다는 평가가 있는 단 한 명의 6학년 남학생이 남아 있었습니다. 이 아이는 4학년에 스키를 시작했지만, 5학년 때까지는 같은 학년에서도 하위권 선수였습니다. 저는 이 아이를 꼭 우승시키고 싶었습니다. 천천히 단계적으로 진행하여도 우승이 가능하다는 것을 보여주고 싶었습니다.

저는 일본 하쿠바로의 해외 전지훈련을 추진했습니다. 고도 1,200m에서 매일 테크닉 훈련을 진행했고, 오후에는 회복 조깅과 보강 훈련을 함께했습니다. 그해 겨울, 이 아이는 단 한 경기를 제외한 모든 대회에서 우승했습니다. 하지만 전국체전 3km 경기에서는 1위와 6초 차이로 2위를 차지했습니다. 경기가 끝난 후, 아이는 저를 향해 이렇게 말했습니다.

"코치님, 죄송해요. 1등 했어야 하는데 2등 했어요."

그 순간, 저는 깊이 반성하게 되었습니다.

"내가 정말 가르치고 싶었던 것은, 1등이 아니라, 좋은 경험과 행복이었는데…"

나는 언제부턴가 1등을 목표로 삼게 했고, 아이들에게 나도 모르는 사이에 결과에 대한 부담을 안겨주고 있었던 것입니다.

새로운 다짐: 훈련은 즐거워야 한다.

그날 이후, 저는 지도 철학을 완전히 바꿨습니다. 훈련은 "놀이로 시작해서 놀이로 끝나야 한다. 경쟁이 아니라 스키를 통한 성장과 경험, 교육으로 이루어져야 한다"는 기본을 되찾았던 것입니다.

이후부터 특이성 훈련을 줄이고, 다양성 훈련과 기초 기술 중심의 프로그램으로 전환했습니다. 그러한 변화를 통해, 우리 스키부에는 입부를 희망하는 아이들이 늘어났고, 여섯 번째 시즌에는 대부분의 선수가 포디움에 오르는 기쁨을 맛볼 수 있었습니다. 과정의 내용이 훌륭하여야 결과를 겸허히 받아들이고 더 행복할 수 있다는 것을 배울 수 있는 시간이 되었습니다. 또한 저의 트레이닝 방법에 대한 주변의 인정으로 대한스키협회에서 종목마다 시상하는 최우수지도자상을 2009년에 수상하는 기쁨도 함께할 수 있었습니다.

2025년 9월
저자 **최용철**

제1장

지구력 훈련의 기초

지구력(endurance)은 흔히 '오래 버티는 능력'으로 정의됩니다. 운동선수들에게는 일정한 강도의 운동을 오랜 시간 동안 안정적으로 지속할 수 있는 능력, 일상에서는 끊임없는 도전과 스트레스를 견뎌내는 심리적 지속력으로 작용합니다. 하지만 지구력은 단순히 '신체적인 지속력'만을 뜻하지 않습니다. 지구력은 곧 정신적 강인함, 집중력, 회복력, 그리고 의지까지 포함하는, 몸과 마음의 총체적 내구성을 의미합니다. 영어로 'Endurance'는 세 가지 키워드를 내포하고 있습니다.

인내(Patience)
내구성(Resilience)
지속력(Sustainability)

이 세 단어는 단순한 번역을 넘어 지구력이라는 개념의 철학적 뿌리를 설명합니다. 인내를 통해 내구성이 형성되고, 결국 지속 가능한 힘이 만들어질 것입니다.

1. 지구력이란 무엇인가?

현장에서 지구력의 토대는 주로 VO₂max(상한), LT · 역치(지속 가능 강도), 유산소 대사 효율로 설명할 수 있다.

◼ 에너지 시스템 개요

구분	유산소 시스템	무산소 시스템
사용 연료	탄수화물, 지방	탄수화물
산소 사용	필요	불필요
에너지 속도	느리지만 지속적	빠르지만 단기적
예시 종목	마라톤, 크로스컨트리	스프린트, 언덕 질주

1) 유산소 시스템
- 정의: 산소를 이용해 지방 · 탄수화물을 연료로 ATP를 천천히 생성
- 유산소 시스템의 핵심 적응

구분	훈련 전(예시)	훈련 후(예시)	실질적인 의미 및 효과
미토콘드리아 발달	100개	150개	· ATP 생산 효율 증진 · 피로 지연 · 40% 이상 증가 가능
모세혈관 밀도 증가	200개/mm²	300개/mm²	· 산소와 영양소 공급 원활 · 산소 · 영양소 전달 개선 · 회복 속도 향상 · 25% 이상 증가 가능
마이오글로빈 농도 증가	0.5mg/g	0.8mg/g	· 근육 산소 저장량 증대 · 고강도 운동 시 안정적인 산소 공급으로 활동 유지 · 13~45% 증가 가능
대사 효소 활성도 증가	1.0fold	1.3fold	· 지방과 탄수화물 전환 과정 효율적 · 주어진 연료 최대한 활용하여 퍼포먼스 유지

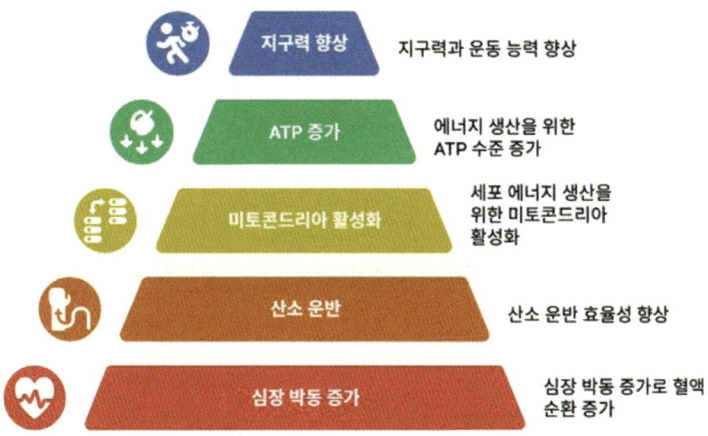

긍정적인 신체 변화는 특히 Z2 훈련에서 효과적으로 이루어집니다. Z2 훈련은 약간 숨이 차지만 대화가 가능한 정도의 낮은 강도로, 장시간 지속하는 것을 목표로 합니다. 이 강도에서 우리 몸은 지방을 주 에너지원으로 사용하며, 위에서 언급한 미토콘드리아 발달, 모세혈관 밀도 증가, 마이오글로빈 농도 증가, 대사 효소 활성화 등의 생리적 적응을 자연스럽게 유도합니다.

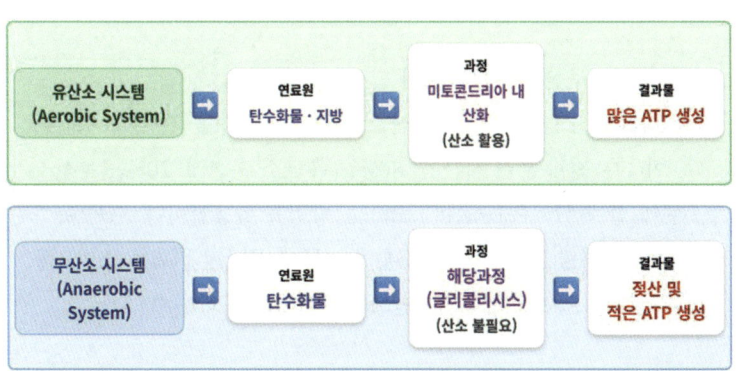

2) 무산소 시스템
- 정의: 산소 없이 빠르게 탄수화물을 분해해 에너지 생성
- 특징: 단시간 고강도 운동(스프린트·언덕 질주 등)에 활용

■ 무산소 훈련 적응 및 운동 능력 향상

구분	훈련 전(예시)	훈련 후(예시)	실질적인 의미 및 효과
젖산 완충 능력 향상	운동 강도 A: 젖산 농도 4mmol/L	동일 운동 강도 A: 젖산 3mmol/L	· 젖산 제거·활용 능력 증진 · 고강도 운동 유지 시간 연장 · 피로 물질에 대한 내성 강화
근육 섬유(속근) 강화	속근 비율 50%	속근 비율 60%	· 빠른 수축 섬유 발달 · 폭발적인 힘 발휘 능력 증진 · 순간적인 스피드 및 파워 향상

[젖산 대사 과정]

유산소와 무산소 훈련의 조화

엘리트 지구력 선수들은 무산소 훈련의 중요성을 잘 알고 있습니다. 이들은 전체 훈련 시간 중 80%는 유산소 훈련에, 20%는 무산소 훈련에 할애하는 'Polarized Training' 방법을 활용합니다. 이는 유산소 능력의 바탕 위에서 무산소 훈련을 통해 폭발적인 힘과 스피드를 더해, 궁극적으로 최고의 퍼포먼스를 끌어내는 전략입니다.

2. 유산소 훈련에 있어 걷기의 중요성

　지구력 운동을 시작할 때 걷기는 단순한 움직임을 넘어, 몸과 마음을 준비시키는 가장 중요한 첫 단계입니다. 걷기는 달리기 전에 신체를 안전하게 활성화시키고 유산소적 기반을 다지는 데 효과적이며, 부상을 예방하는 데 핵심적인 역할을 합니다. 걷기를 충분히 실천하다 보면 자연스럽게 "달리고 싶다"는 생각이 들게 됩니다. 이 신체적 욕구는 몸이 달리기에 적합한 준비 상태에 도달했음을 나타냅니다. 이때, 가벼운 조깅을 병행하기 시작하면 몸과 마음 모두가 조화롭게 운동에 적응할 수 있습니다.

　운동은 단순히 신체적 활동이 아니라, 몸과 마음이 함께 준비되고 조화를 이룰 때 비로소 의미를 가집니다. 마음만 앞서고 신체가 준비되지 않은 상태에서 무리하게 운동을 시작하면, 부상을 입거나 빠르게 동기를 잃고 포기할 위험이 큽니다. 운동을 시작하는 과정에서 가장 중요한 것은 서두르지 않는 것입니다. 걷기를 단순히 준비 단계로 간주하지 말고, 운동의 중요한 일부분으로 받아들인다면, 우리는 안전하면서도 지속 가능한 운동의 길을 열 수 있습니다.

1) 보폭과 빠른 걸음의 중요성

■ 핵심 목적
- 평소 사용 빈도가 낮은 햄스트링·둔근 활성화
- 신체 균형 및 안정성 강화

■ 구체적 효과
- 근육 동원 확대: 큰 보폭과 빠른 걸음으로 평소 잘 쓰지 않던 근육군을 자극
- 균형성 향상: 햄스트링·둔근 강화로 보행 시 골반·무릎의 안정성 증가

- 부상 위험 감소: 단계적 자극 적응을 통해 과부하 없이 근력 · 협응력 향상

■ 훈련 적용 방법
- **보폭 증가 훈련**
  - 평소 보행 대비 10~20% 보폭 확장
  - 20~30m 반복하며 정확한 자세 유지

- **빠른 걸음 훈련**
  - 목표 페이스로 30~60초 집중 워킹
  - 휴식 후 4~6회 반복

- **결합 세션**
  - 워밍업 → 보폭 확장 걷기 50m → 빠른 걸음 50m → 조절 보행 → 반복

2) 점진적 거리 및 시간 증가
- 예시: 30분 → 1시간 → 2시간 걷기
- 꾸준히 속도를 유지하며 점차 목표 시간 연장

3) 다양한 지면 환경 활용
- 해변(모래): 발목 · 코어 근육 강화
- 산악 · 불규칙 지형: 하체 근지구력 · 균형 능력 강화
- 포장도로: 일정한 속도 유지 능력 강화

[최고의 발란스 운동: 노르딕 워킹]

■ 핵심 용어 및 핵심 포인트

핵심 용어(설명)	핵심 포인트
지구력(Endurance) 오랜 시간 일정 강도를 유지할 수 있는 신체적 · 생리적 능력	지구력은 최대산소섭취량(VO_2max)과 지속 가능한 강도의 결합이다.
VO_2max 1분 동안 체내로 최대 섭취할 수 있는 산소량(mL/kg · min)	VO_2max는 유산소 능력의 상한선이며, 훈련을 통해 10~15% 개선할 수 있다.
젖산역치(Lactate Threshold) 운동 강도가 높아지며 혈중 젖산 농도가 급격히 상승하기 시작하는 지점	젖산역치가 높아지면 고강도 상황에서도 젖산 축적이 늦어져 지속 시간이 연장된다.
미토콘드리아 밀도 근육 세포 내 '에너지 공장'인 미토콘드리아의 수 또는 부피	미토콘드리아 증식은 에너지 효율을 높여 피로 저항성을 강화한다.
유산소 대사(Aerobic Metabolism) 산소를 이용해 탄수화물 · 지방을 분해하여 ATP를 생성하는 에너지 경로	유산소 대사 경로 전환 메커니즘을 이해하는 것이 훈련 프로그램 설계의 출발점이다.

※ 참고: LT(젖산역치), VO_2max(최대산소섭취량) 등 주요 용어의 상세 정의 및 측정 방법은 제2장 '운동 강도의 설정과 관리'에서 다룹니다.

제2장

운동 강도의 설정과 관리

운동 강도는 훈련의 효과를 결정짓는 중요한 변수 중 하나입니다. 훈련 강도를 적절히 설정하면 신체가 목표에 맞는 자극을 받고, 장기적으로 성과를 개선할 수 있습니다. 이 장에서는 운동 강도를 설정하는 주요 방법과 이를 활용한 트레이닝 관리법을 다룹니다.

1. 심박수 기반 설정

■ 카보넨 공식

- THR = (MHR − RHR)×Intensity + RHR
- MHR = 220 − 나이
- RHR = 안정 시 심박수(기상 직후 측정)
- Intensity = 목표 강도(예: 0.8)
- 예시: 30세 · RHR 50bpm · 강도 80% → THR = (190 − 50)×0.8 + 50 = 162bpm
- THR: Target Heart Rate(목표심박수)
- MHR: Maximum Heart Rate(최대심박수)
- RHR: Resting Heart Rate(안정 시 심박수) = 수면 최저 3일 평균
- HRR: Heart Rate Reserve(예비심박수)
- Intensity: Training Intensity(훈련 강도 비율)

■ 카보넨 공식 적용의 장점

- 개인별 최대 · 안정 시 심박수 차이 반영
- 과훈련 · 강도 부족 방지
- 회복 · 지구력 · 역치 개선 등 목적별 범위 세분화

■ 실용 팁

- RHR 주기 측정해 공식에 반영
- 스마트워치 · 심박수 모니터로 실시간 확인
- 주의: 220 − 나이 공식 한계, 질병 · 스트레스 영향

⚠ 220 − 나이는 개인 오차(±10~12bpm)가 큽니다. 실제 최대심박 '검증(필드 테스트/최근 레이스)' 후 개인화하세요.

1) 5-Zone Heart Rate Model

가장 널리 사용되는 훈련 강도 모델 중 하나로, 최대심박수(MHR)

백분율과 주관적 운동자각도(RPE)를 기반으로 훈련 구역을 5단계로 나눈다. Borg의 개정판 RPE(0~10) 척도를 활용하여 개인이 느끼는 운동 강도를 수치화함

Zone	심박수 비율(MHR%)	RPE*	주요 에너지 시스템	훈련 목표
1	50~60%	1~2	지방 대사	회복, 기초 체력
2	60~70%	3~4	지방 + 탄수화물 혼합	지구력 향상
3	70~80%	5~6	탄수화물 주도	역치 능력 강화
4	80~90%	7~8	무산소성 + 유산소성 혼합	스피드 지구력
5	90~100%	9~10	무산소성	최대 파워 발휘

2) 노르웨이 5-Zone 모델(Norwegian Five-Zone Model)

노르웨이 지구력 선수들의 훈련에 사용되는 이 모델은 젖산 농도, VO_2max 비율, 환기역치(VT) 등 생리학적 지표에 기반한 정밀한 강도 설정을 특징으로 한다. 이는 운동생리학적 관점에서 정량적인 훈련 분류를 가능하게 한다.

Zone	VO_2max%	최대 심박수(%)	젖산(mmol · L^{-1})	운동 지속 시간	특징 및 목적
1	50~65	60~72	0.8~1.5	1~6h	저강도 유산소, 회복, 장시간 지속
2	66~80	72~82	1.5~2.5 환기역치(VT1) 근처	1~3h	기초 지구력 발달, 효율적 에너지 사용
3	81~87	82~87	2.5~4.0 VT1~VT2 사이	50~90min	젖산 트레이닝, 지속적 중·고강도 유산소
4	88~93	88~92	4.0~6.0 젖산역치(LT2) 근처	30~60min	인터벌 훈련, LT 향상, 고강도 적응
5	94~100	93~100	6.0~10.0 무산소적 요소	15~30min	VO_2max 향상, 최대 출력, 스프린트

※ 젖산 농도는 Seiler & Kjerland(2006)와 Stöggl & Sperlich(2015) 기준

---

* RPE(Rating of Perceived Exertion): 개인이 운동 시 느끼는 주관적인 운동 강도를 수치로 표현한 지표

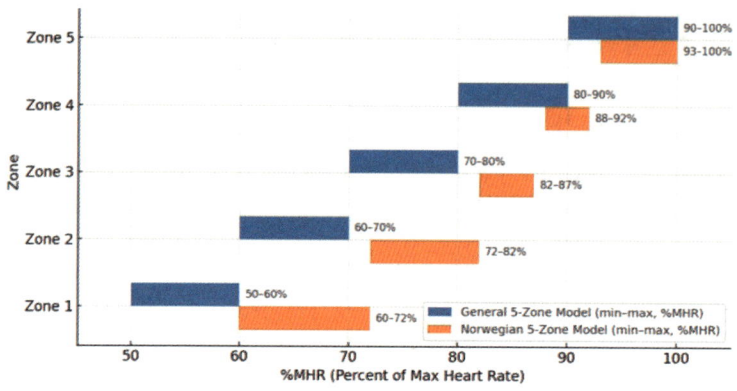

[일반 모델과 노르웨이 모델 비교]

3) 일반 모델과 노르웨이 모델의 차이 비교

- 정확도: 노르웨이 모델은 젖산역치 및 생리학적 지표 기반으로 강도 조절이 정확하다. 반면 일반 모델은 최대심박수 추정치 기반으로 정확도가 낮지만 사용 편의성이 높다.
- 훈련 전략: 노르웨이 모델은 Z1~2의 저강도 고볼륨과 Z4의 정밀 인터벌 훈련을 중심으로 하며 Z3(블랙홀 존)을 회피한다.
- 현장 적용성: 일반 모델은 초보자 및 일반인 대상에 적합하며, 노르웨이 모델은 엘리트 선수용 고정밀 맞춤형 트레이닝에 적합하다.

구분	노르웨이 5존 모델	일반 5존 모델(HR 기반)
기반 원리	생리학적 기준(젖산, 환기역치 등)	최대심박수(%HRmax) 기반
강도 구간	젖산 농도 및 VO_2 기준으로 정밀 분할	보통 %HRmax로 단순 비율 설정
생리 지표 사용	젖산(LT1, LT2), VO_2max, 환기역치(VT1, VT2)	HRmax 기준, 젖산 측정 없음
정밀도	매우 높음(개인별 역치 측정 필요)	상대적으로 낮음, 일반화된 모델
훈련 철학	과학적 계량화, 고빈도 인터벌 + 저강도 회복	심플한 트래킹 및 퍼포먼스 향상 도구
적용 대상	엘리트 지구력 선수 (철인, 스키, 마라톤 등)	일반인부터 선수까지 광범위

장비 필요성	젖산 측정기, 정밀 HR 트래커	스마트워치, HR 측정기 정도
활용	Blummenfelt, Iden, 노르웨이 XC 팀 등	Garmin, Polar 등 일반 웨어러블 사용

4) Zone(운동 강도)의 통합 구분

(1) Z1과 Z2의 경계: 젖산역치(LT; Lactate Threshold) 전

- Z1과 Z2의 경계는 흔히 젖산 농도 1.5~2.0mmol/L 부근에 위치한다.
- 이 경계는 LT1(첫 번째 젖산역치)의 바로 아래에 해당하며, 지방 대사의 최대 활성 구간의 끝에 가까운 지점이다.
- 이 구간까지는 젖산이 거의 축적되지 않으며, 근육 내에서 젖산 생성과 제거가 균형을 이룬다.

■ Z2 훈련의 생리학적 핵심

항목	내용
대사 변화	지방 산화 → 탄수화물 대사로 서서히 이동 시작
미토콘드리아 자극	크기 및 밀도 증가 유도
지방 사용 능력 향상	장거리 경기에서의 연료 효율 향상
젖산 제거 능력	젖산의 생성과 재활용 회로(코리 회로) 활성화
모세혈관 밀도 증가	산소와 대사물질의 운반 효율 개선

■ 실제 적용 기준(Z2 진입 확인 방법)

방법	지표
심박수 기반	최대심박수의 약 65~75%
젖산 측정	1.5~2.0mmol/L 수준 유지
RPE	2~4: 대화 가능하지만 '조금 숨이 찬' 정도
말 테스트	문장을 말하는 건 가능하되, 노래는 어려움

Z2의 상단(젖산 2.0~2.5mmol/L 전후)은 미세한 조절이 필요한 구간이며, 이 경계를 넘어서면 Z3로 진입(역치 훈련)하게 되어 다른 생리학적 목표로 전환하게 됩니다.

(2) Z2와 Z3의 경계: 첫 번째 젖산역치(LT1)

- LT1(첫 번째 젖산역치): 운동 중 젖산이 안정 상태를 벗어나 처음 상승하기 시작하는 지점을 의미한다.
- 대부분의 운동생리학 문헌에서는 젖산 농도 약 2.0mmol/L 부근을 LT1 기준으로 본다.
- Z2 상단 = LT1이고, 이 지점을 넘어서면 본격적인 역치 부근 훈련(Z3)에 들어가는 것으로 간주된다.

■ Z2 & Z3 경계의 생리학적 의미

항목	설명
대사 전환점	지방 대사 → 탄수화물 대사로 전환 비율이 급증
젖산 곡선 변화점	완만하던 젖산 증가 곡선이 기울어지기 시작
훈련 목적 변화	Z2: 기초 유산소 능력 → Z3: 젖산 처리 능력, 경기 속도 적응

■ 훈련 효과 비교

항목	Z2	Z3
훈련 목적	지방 산화 능력, 기초 지구력	젖산역치 상승, 경기 페이스 적응
훈련 시간	60~180분 이상	20~60분(지속 또는 인터벌)
회복 시간	짧음(하루 내 회복)	중간(1~2일 회복 필요)
적용 예	LSD, 회복주 훈련	템포 러닝, Threshold 인터벌

(3) Z3과 Z4의 경계: 두 번째 젖산역치(LT2)

- LT2 또는 Lactate Threshold: 젖산이 급격히 축적되기 시작하는 강도, 보통 지속 가능 한계의 기준점으로 사용됨
- OBLA(Onset of Blood Lactate Accumulation): 보통 4mmol/L로 정의되며, 젖산 축적이 현저히 시작되는 지점

■ LT2 생리학적 특징

항목	내용
젖산 농도	4.0mmol/L 전후, 급격한 상승 시작
대사 변화	유산소 → 무산소 대사의 비중 급증
근섬유 모집	빠른 연축 섬유(FT 섬유) 대거 동원
호흡 변화	환기량 급증, 말하기 거의 불가능
피로 유발 물질	수소 이온(H^+), 젖산, 이산화탄소 축적

■ LT2 훈련 효과

훈련 목적	설명
젖산 제거 능력 향상	높은 강도에서 젖산 축적 억제 및 제거 효율 향상
고강도 지속 능력 향상	레이스 페이스 유지 시간 증가
무산소 지구력 발달	VO_2max 향상과 병행하여 수행 능력 극대화
경기력 전환점 확보	페이스 저하 없이 고강도 지속 시간 증가

■ LT1 vs LT2 요약 비교

항목	LT1	LT2
젖산 기준	약 2.0mmol/L	약 4.0mmol/L
Zone 경계	Z2 ↔ Z3	Z3 ↔ Z4
운동감각	숨차지 않음, 대화 가능	숨이 참, 대화 거의 불가능
훈련 효과	지방 대사 향상, 기초 유산소	젖산역치 향상, 경기 페이스 적응
심박수	HRmax의 70~75%	HRmax의 88~92%
적용 훈련	LSD, 회복 런, 저강도 인터벌	템포 런, FTP 훈련, 중강도 인터벌

■ 요약

ZONE 경계와 의미(핵심 수치)

- Z1 ↔ Z2 = pre-LT1: 젖산 ~1.5~2.0mmol/L. 지방 대사 최적, 젖산 축적 거의 없음
- Z2 효과: 미토콘드리아·모세혈관↑, 지방 산화↑, 연료 효율↑
- Z2 ↔ Z3 = LT1: 2.0mmol/L, 이를 넘기면 탄수화물 의존·회복 부담 증가

- Z2: 장시간 기초 지구력 / Z3: 역치 내성·경기 페이스 적응
- Z3 ↔ Z4 = LT2(OBLA): ≈ 4.0mmol/L. 젖산 급증, 환기 급증, 말하기 힘듦
- 효과: 젖산 처리·고강도 지속 능력·VO$_2$max 향상에 기여

실무 설계 체크리스트
- RHR 측정 → 카보넨으로 개인 HR 구간 설정
- 가능하면 LT1/LT2(젖산·VT)로 구간 재보정
- 주간 배분: Z1~2 중심, 필요시 Z3/LT와 Z4 인터벌을 목적에 맞게 소량 배치
- RPE/말 테스트로 현장 보정, 피로·회복 모니터링

■ 일반 모델 + 종합 모델 Zone 설정 통합지표

항목	Z1(회복/초저강도)	Z2(기초 유산소/에어로빅 베이스)	Z3(템포/서브역치)	Z4(젖산역치/LT)	Z5(고강도 인터벌/VO₂max)
심박수 비율/범위	MHR의 50~60%	MHR의 60~70%	MHR의 70~80%	MHR의 80~90%	MHR의 90~100%
RPE(자각운동강도)	1~3점(매우 편안함)	3~4점(가볍지만 지속적 자극 있음)	6~7점(힘들지만 지속 가능)	7~8점(매우 힘듦, 한계 직전)	9~10점(최대 강도, 지속 불가 수준)
젖산 농도	1.0~1.5mmol/L 이하	1.5~2.0mmol/L (LT2 지점)	2~4mmol/L	4~6mmol/L (LT2 지점)	6mmol/L 이상
에너지/대사시스템	순수 유산소 대사(지방 대사 중심)	지방 대사 + 일부 탄수화물 병행	유산소 지배, 젖산 생성 증가	유산소/무산소 혼합, LT 부근	무산소 지배, 고젖산 축적
대화 가능 수준	완벽한 문장 대화 가능(숨 가쁘지 않음)	편안한 대화 가능(다소 긴 문장은 잠시 멈춰야 함)	짧은 문장만 가능("힘들어요" 수준)	한두 단어만 가능, 숨이 참	대화 불가능, 전력 집주 수준
운동 지속시간	30~90분 이상(가볍게 지속)	60~180분 이상(지속적 유산소 베이스)	30~60분 이상 지속 가능	20~40분 지속 또는 세트 반복	30초~5분 내외 반복
훈련 목적/목표	회복, 관절 운동, 순환 촉진	심폐기능 및 모세혈관 발달, 미토콘드리아 증가	유산소 호흡성 향상, 지속 페이스 유지 능력 개발	젖산역치 향상, 고강도 지속 능력 강화	최대산소섭취량 향상, 폭발적 에너지 시스템 지극
주요 효과	피로 제거, 회복 유도, 근육 경직 완화	체지방 사용 효율 증가, 장시간 운동 능력 향상	유산소 호흡성 향상, 지속 페이스 유지 능력 개발	젖산역치 향상, 고강도 지속 능력 강화	최대산소섭취량 향상, 폭발적 에너지 시스템 지극
적용 예시	가벼운 산책, 회복 조강, 아주 느린 자전거 타기	장거리 사이클, 러닝, 스키 기초 지구력	템포 러닝 6~8km FTP 80~90% 20~30분	10분×3세트 (LT 페이스) FTP 95~105% 5~8분 반복	1~3분×4~6세트 전력 질주, 30초 전력 + 1분 회복 반복
훈련 빈도	거의 매일(특히 고강도 후 다음날 권장)	주 2~5회(전체 유산소 훈련의 60~80% 이상)	주 1~3회(중간 강도 지속 훈련)	주 1~2회(역치 향상 훈련)	주 1~2회(VO₂max 자극 훈련)
회복 시간	6~12시간 이내	12~24시간(낮은 피로도 수반)	12~24시간	24~48시간	48시간 이상 회복 필요 가능

2. 젖산역치(LT; Lactate Threshold)

젖산역치(Lactate Threshold, LT)는 지구력 운동 중 혈액 내 젖산 농도가 급격히 올라가기 시작하는 시점을 가리키며, 이때부터 무산소 대사가 본격적으로 개입한다는 신호로 여겨집니다. 즉, 운동 강도가 일정 수준을 넘어서면 몸이 산소를 충분히 쓰지 못해 젖산을 빠르게 만들어내고, 이를 처리하느라 호흡과 심박이 더욱 가속화됩니다. 이 장에서는 먼저 LT가 어떻게 발생하는지 그 생리학적 배경을 설명하고, 실험실 및 현장 측정법을 통해 정확히 LT를 찾아내는 방법을 소개합니다.

1) 생리학적 원리
- 운동 중 유산소 대사: 산소 사용해 효율적 에너지 생산, 젖산 축적 적음
- 운동 중 무산소 대사: 산소 부족 시 빠른 에너지 생산, 젖산 부산물로 축적

2) 정의 및 역할
- 운동 강도 상승에 따라 혈중 젖산 농도가 급격히 올라가기 시작하는 지점
- 일정 수준까지는 신체가 젖산을 제거할 수 있지만, 특정 강도를 초과하면 젖산 제거 속도보다 생성 속도가 빨라져 혈중 젖산 농도가 급격히 상승
- '지속 가능한 최대 강도' 표시
- LT(젖산역치)가 높을수록 더 강하게·오래 운동 가능

3) 운동 강도에 따른 젖산 농도 변화
(1) 기초 단계 - 유산소 지배(저강도)
- 특징: 유산소 대사 주도, 생성된 젖산이 효과적으로 제거됨
- 젖산 농도: ≤2mmol/L
- 운동 강도: VO_2max 40~60%
- 심박수: MHR 50~70%
- 컨디션: 대화 가능, 피로 누적 없음

◆ 점진적 증가 단계 - LT1/VT1 도달(중강도)
- 특징: 젖산이 생성 증가되지만 그러나 제거와 균형 유지
- 젖산 농도: 2~4mmol/L
- 운동 강도: VO_2max 60~75%
- 심박수: MHR 약 70~85%
- 환기역치: VT1 도달
- 컨디션: 약간 힘들지만 지속 가능, 대화 어려워짐

◆ 가속화 단계 - LT2/VT2 초과(고강도)
- 특징: 젖산 생성 > 제거 → 혈중 농도 급격 상승
- 젖산 농도: 4~8mmol/L
- 운동 강도: VO_2max 75~90%
- 심박수: MHR 약 85~95%
- 환기역치: VT2 초과
- 컨디션: 호흡 급증, 피로 누적, 지속 시간 제한

◆ 최대 단계 - 무산소 지배(최고강도)
- 특징: 무산소 대사 중심, 짧은 시간만 유지 가능
- 젖산 농도: ≥8mmol/L
- 운동 강도: VO_2max ≥90%

- 심박수: MHR 95~100%
- 컨디션: 근육 산성화 · 수축 저하 → 수행 불가능 상태 도달

4) 젖산역치와 경기력

젖산역치는 VO_2max(최대산소섭취량)와 함께 지구력 성과를 결정짓는 핵심 요인이며, 젖산역치는 VO_2max의 70~85% 수준에서 발생하며, 훈련 상태가 좋은 선수일수록 이 비율이 더 높아지게 된다.

■ 젖산역치 측정 방법

젖산역치를 측정하려면 운동 중 혈중 젖산 농도를 모니터링하거나 심박수, 페이스, 파워 등을 기반으로 간접적으로 추정하는 방법이 있다.

■ 실험실 측정
- 실험실 측정: 점진적으로 증가하는 운동 강도에서 혈액 샘플을 채취하여 혈중 젖산 농도를 분석
- 일반적으로 혈중 젖산 농도 4mmol/L에서 젖산역치가 발생한다고 간주
- 장점: 정확한 데이터 제공
- 단점: 비용과 시간이 많이 소요됨

■ 포타블 측정(Portable Blood Lactate Meter)
- 현장 측정: 현장에서 혈중 젖산 농도를 분석함으로써 현장성은 높지만, 측정의 오류와 한계치가 있음

■ 간접 측정
- 심박수 기반 측정: 젖산역치는 최대심박수(MHR)의 85~90%에서 발생 (예) 최대심박수가 180bpm인 경우, 젖산역치는 약 153~162bpm(카보넨 공식)
- 페이스/파워 기반 측정: 지속 가능한 최대 페이스나 파워 출력에서 젖산역치를 추정 (예) 사이클링에서 FTP(Functional Threshold Power)를 사용
- 운동자각도(RPE): 젖산역치 강도는 RPE(6~8점)으로 느껴짐

3. 환기역치(Ventilatory Threshold, VT) 및 RPE

현장에서 환기역치를 적용하려면 복잡한 장비 없이도 '말하기 테스트(Talk Test)'와 심박수·RPE 연계를 활용할 수 있습니다. 먼저 가벼운 조깅 중에 대화를 시도해 보고, 말이 편히 오가는 구간을 VT1 이하, 몇 마디만 겨우 이어지는 구간을 VT2 근처로 설정합니다. 이후 달리기나 사이클링 시 스마트워치의 심박수 그래프에서 이 순간의 심

박수 범위를 '기초 지구력 존'으로 표시해두면 됩니다. 고강도 세션으로 넘어갈 때는 RPE가 7~8 정도로 느껴지는 시점을 VT2 전환점으로 삼고, 이때의 페이스나 파워를 기록해 '인터벌 존'으로 활용합니다. 이렇게 말하기 테스트와 주관적 강도(RPE), 웨어러블 심박수 데이터를 결합하면, 실험실 없이도 자신만의 환기역치 구간을 손쉽게 현장 훈련에 적용할 수 있습니다.

■ 정의
- 운동 강도 증가에 따라 호흡량이 비선형적으로 급증하는 지점
- 무산소 대사 전환과 젖산 축적을 중화하기 위해 호흡이 빨라지면서 발생

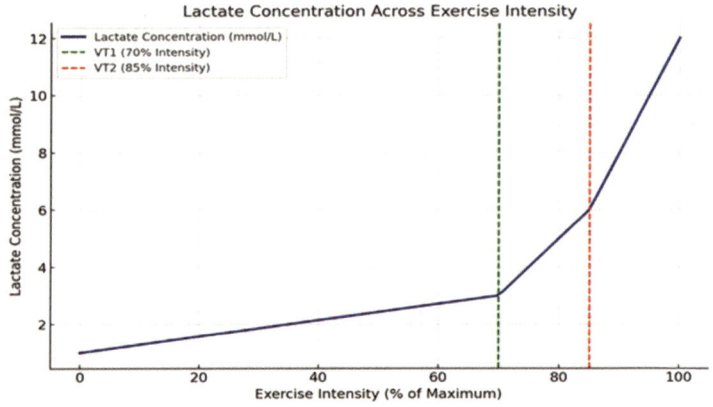

1) 환기역치의 특징

구분	특징
VT1	· 호흡량이 조금 빨라짐 · 대화는 가능하지만 점점 어려워짐 · 장시간 지속 가능한 유산소 강도

VT2	• 호흡량이 매우 빨라짐 • 대화 거의 불가능 • 무산소 대사 전환 시점, 단시간 고강도 유지
추가 팁	• 측정 방법: 가스 분석기 또는 호흡가스 마스크로 실시간 환기량 그래프 확인 • 간접 추정: RPE 기준으로 VT1 = RPE 4~5, VT2 = RPE 7~8 활용 • 연계 지표: 심박수 · 젖산역치 · VO_2max와 함께 사용하면 강도 관리 정밀도↑

■ 역할 및 활용

- VT1 지점에서 장거리 · 저강도 훈련 구간 설정
- VT2 지점에서 템포 · 인터벌 같은 고강도 훈련 구간 설정
- 두 역치를 기준으로 훈련 강도 구간을 나누면,
  - 과훈련 위험 줄이고
  - 목표한 생리 반응(유산소 vs 무산소) 정확히 자극 가능

2) 운동자각도(RPE)와의 연관성

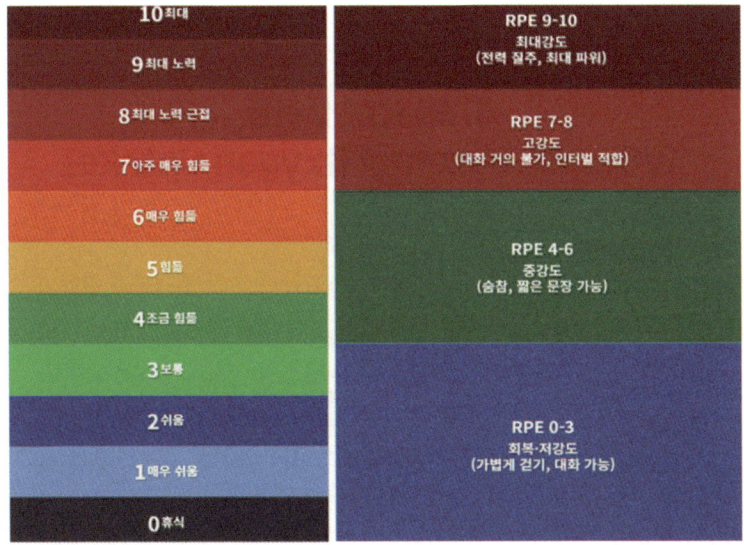

[RPE 자각도]

- 운동자각도의 정의는 운동 중 개인이 느끼는 힘듦의 정도를 숫자로 표현한 척도이다.
  - 0~10점 척도(Borg Scale; 수정된 RPE): 0은 안정 상태, 10은 최대 강도

◆ 훈련 세션 설계

구분	세부 내용
훈련 세션 설계	· 지구력 베이스: 30~60분간 RPE 3~4 유지 · 템포 세션: 20분간 RPE 6~7 유지(전·후 워밍업/쿨다운 포함) · 인터벌 훈련: 1분 RPE 8~9 + 2분 회복(RPE 2~3) 반복 4~6세트
실시간 강도 조절	· RPE가 너무 낮으면 → 페이스·저항·경사 증가 · RPE가 너무 높으면 → 페이스·부하 즉시 감소

- 스마트워치·웨어러블에서 VO_2max 예측값 참고
- 훈련 후 RPE·회복 상태 점검해 데이터 보완

4. 최대산소섭취량
(VO_2max, Maximal Oxygen Uptake)

운동 중 체내에 흡수되고 사용될 수 있는 산소의 최대량을 말합니다. 보통 ml/kg/min 단위로 측정하며, 지구력의 전반적인 능력을 나타내는 가장 대표적인 지표 중 하나입니다. VO_2max가 높을수록 근육이 더 많은 산소를 사용할 수 있으므로, 더 오래, 더 강하게 운동할 수 있습니다. 유전적인 요인도 영향을 주지만, 유산소 운동 훈련을 통해 향상시킬 수 있습니다.

■ 가스분석 주요 측정 항목

측정 항목	의미	단위	해석 방법 및 특징
VO_2(산소섭취량)	체내에 소비된 산소량	$mL \cdot kg^{-1} \cdot min^{-1}$ 또는 L/min	운동 강도 증가 시 VO_2도 증가. VO_2max는 최대 유산소 능력 지표
VO_2(이산화탄소 배출량)	호흡을 통해 배출된 이산화탄소양	L/min	호흡 및 대사율의 지표, VE/VCO_2 계산 시 사용
RER(호흡 교환율)	VCO_2/VO_2 비율	무단위(비율)	RER >1.10이면 최대 운동 도달 가능성. 0.7~1.0은 지방/탄수화물 사용 비율 반영
VE(환기량)	분당 환기되는 공기의 양	L/min	운동 중 점진적 증가. 과호흡 또는 호흡 한계점(ventilatory threshold) 확인에 활용
HR(심박수)	분당 심장 박동 수	bpm	최대심박수(MHR)에 근접 시 VO_2max 도달 가능성↑
VO_2/kg	체중 대비 산소 소비량	$mL \cdot kg^{-1} \cdot min^{-1}$	체중 보정 지표. 지구력 평가 시 중요
VE/VO_2, VE/VCO_2	산소당 환기량, 이산화탄소당 환기량	무단위	호흡 효율성 지표. VE/VCO_2↑는 환기 효율 저하를 의미
RR(호흡수)	분당 호흡 횟수	breaths/min	VE와 함께 환기 전략 파악에 사용됨
AT 또는 VT(무산소 역치/환기역치)	젖산이 축적되기 시작하는 시점	$\%VO_2max$ 또는 VO_2 값	유산소–무산소 전환점. 훈련 처방의 기준점
METs(대사당량)	안정 시 에너지 소모량의 몇 배인지	1MET = $3.5mL \cdot kg^{-1} \cdot min^{-1}$	운동 강도 분류: 3~6METs = 중강도, >6METs = 고강도

1) 훈련 구성 예시

- 주 1회 'VO₂max 인터벌': 4분(VO₂max 90%) + 2분 회복×4세트
- 주 1회 'LT 세션': 20분(VO₂max 75%) 지속주
- 잔여 세션은 60~70% VO₂max 장거리 지속주

2) 장점 · 주의사항

- 장점: 가장 직접적 · 객관적 지표로 강도 제어 가능
- 주의: 가스 분석기 필요, 장비 · 시간 · 비용 소요

- 간접 활용: 심박수(%HRmax), 페이스, 파워와 연계
- **실용 팁**
  - 6~8주마다 VO₂max 재측정해 구간 재설정

[2022년 제24회 베이징 동계올림픽 참가선수 테스트]

◼ 현장 경험

　심박, RPE, 혈중 젖산, 환기역치, 파워미터, 트레드밀 VO₂max 테스트를 통합적으로 활용하면, 개인의 능력과 컨디션에 맞춘 정밀한 훈련 설계가 가능합니다. 지표들은 강도의 골격을 세우고, 세션의 목적과 자극점을 명확하게 해줍니다. 그러나 현장에서는 때론 모니터링 장비를 내려놓고 '필링(by feel)'으로 수행하는 구간도 의도적으로 넣어야 합니다. 우리는 로봇이 아닙니다. 회복 또는 저강도 세션에서는 심박계가 오히려 스트레스로 작용해 회복의 질을 떨어뜨리는 경우를 여러 차례 보았기 때문입니다. 그래서 저는 회복 세션만큼은 선수 스스로의 느낌에 따라 진행하도록 지도해 왔습니다.
　2018 평창 동계올림픽 당시 노르웨이 크로스컨트리 스키 국가대표 감독도 제게 이렇게 말하였습니다.

"과학적 기준을 바탕으로 훈련을 통제하는 것이 매우 중요하지만, 때로는 느낌으로 훈련하는 것도 필요하다. 시합에서 경쟁자를 이기려면 심박수가 높아져도 속도를 유지할 수 있어야 하기 때문이다."

결론적으로, 훈련은 과학을 기반으로 하되 때로는 <u>야성적 직관을 전략적으로 활용</u>해야 한다는 것입니다.

"숫자로 설계하고, 감각으로 완성한다."

이것이 저의 코칭 철학 중 한 가지입니다.

[통합 운동 강도 설정 지표]

ZONE	생리 기준	심박 가이드	RPE (0-10)	젖산 (참고)	러닝 페이스	사이클 파워
Z1 회복	≤LT1(VT1-)	50~60% HRmax	1~2	~1~2	매우 편안	≤55% FTP/≤CP 이완
Z2 지구력	LT1± VT1	60~70% HRmax	3~4	~2	대화 가능	56~75% FTP
Z3 템포	LT1↔LT2 사이	70~80% HRmax	5~6	~2~4	대화 단답	76~90% FTP
Z4 역치	LT2(VT2)	80~90% HRmax	7~8	~4±	문장 불가	91~105% FTP
Z5 최대	>LT2	≥90% HRmax	9~10	>6	스프린트/VO$_2$	>105% FTP

■ 역치 평가 한눈표(실험실/포터블/간접)

항목	실험실(가스분석·젖산)	포터블(현장 젖산계)	간접(필드 테스트)
목적/핵심	· VT1/VT2 정확 측정 · 정밀·재현성 높음	· LT1/LT2 현장 추정 · 실전·가성비 균형	· FTP/CP·토크 테스트로 추정 가장 간편
프로토콜	· 트레드밀/사이클 증분 or 램프 · 2~3분 단계	· 트랙/롤러 6~8단계 · 각 3~4분 유지·채혈	· 20′ FTP×0.95, CP 다지점 표준 워밍업 후 실시

재테스트 주기	· 기본 8~12주 · 주기 전환 6~8주	· 기본 6~10주 · 전환기 4~6주	· 기본 4~6주 · 레이스 2~3주 전 점검
소요 시간	· 45~75분	· 40~60분	· 20~50분
비용(대략)	· ₩12만~35만/회	· 기기 ₩50만~150만 · 스트립 ₩1.5~3천	· ₩0(장비 보유 가정)
준비/환경	· 전날 고강도 · 카페인 제한 · 동일 장비 · 시간대	· 소독 · 채혈 숙련 · 가능하면 실내, 단계 안정	· 장비 보정 · 코스 기록 · 바람 · 경사 메모
해석 포인트	· VT1 = 회복 · 지방산화 상한 · VT2 = 템포 기준점	· LT1 = Z2 상한 설정 LT2 = 템포/마라톤 페이스	· 변화 ≥5%면 존 재설정 · RPE · HR · 파워 교차 확인

5. Z3 훈련에 대한 주의사항

3의 함정 - 비교심리와 자기기만

훈련 중 우리는 흔히 다른 사람의 속도와 강도를 의식합니다. 이때 Z3는 특히 위험합니다. 회복이 필요한 날에도 남들보다 빠르게 달리려는 욕심에 중강도로 밀어붙이면, 당장은 '열심히 했다'는 자기만족을 느끼지만 결국 회복 부족과 경기력 저하로 이어질 수 있습니다.

진정한 강함은 남과의 비교가 아니라, 내 훈련 계획과 몸의 신호에 충실할 때 드러납니다. 느리게 가야 할 날에 천천히 가는 것은 포기가 아니라 지혜입니다.

"훈련이란 강한 날에는 더 강하게, 쉬는 날에는 완전히 쉬는 것이다."

내 몸이 보내는 신호를 경청하고, 훈련 계획에 충실하며 무엇보다 스스로에게 정직해야 합니다.

Heart Rate Zones (Visual Representation)

| Zone 1 (50-60%) | Zone 2 (60-70%) | Zone 3 (70-80%) | Zone 4 (80-90%) | Zone 5 (90-100%) |

Heart Rate (% of Max HR)

  Z3는 흔히 'Yellow Zone'이라 불리며, 트레이닝 현장에서는 'Black Hole Zone(블랙홀 존)'이라는 별칭도 있다. 이유는 간단하다. 많은 노력을 들이지만 효과는 제한적이고, 피로만 누적될 수 있기 때문이다.

1) Z3의 생리적 특성
- 강도: LT1~LT2 사이(대략 VT1~VT2, 70~80% HRmax, RPE 5~6)
- 러닝 기준: 마라톤~하프마라톤 페이스 전후
- 사이클 기준: FTP 76~90%
- **생리적 특징**
    - 젖산은 점차 축적되지만 완전히 제거되지 않고, 동시에 최대 강도 자극에는 미치지 못함
    → 결국 저강도의 지방 대사 효과와 고강도의 속도·파워 향상 효과를 모두 놓칠 수 있다.

2) 장점과 위험
- 장점: 미토콘드리아 발달, 지속 페이스 능력, 내구성 향상
- 위험: 피로 누적 → 회복 지연, Z4~Z5 품질 저하, 장기적으로 과훈련 가능성 증가

3) 권장 활용법
- 주간 훈련 시간
  - 입문·중급자: 30~60분
  - 숙련자: 상한 60~90분
  - 피로 누적을 막기 위해 10~20분 블록(예: 3×15분)으로 분할 권장

- 주간 훈련 비율
  - 주간 훈련 총량에서 Z1~2는 70~85% 확보
  - Z4~5는 주 1~2회 품질 세션 중심
  - Z3는 '보조적·전략적'으로만 활용

4) 현장 적용 메모
- 마라톤이나 장거리 경기 페이스 훈련, 혹은 역치 이전의 내구성 구축에 유용
- 초보자나 회복기 선수에게는 중강도 적응의 징검다리 역할
- 일부 노르웨이 크로스컨트리 스키 엘리트 선수는 HRmax 약 75% 수준에서 Z3를 전략적으로 활용하지만, 주당 비중은 개인화가 원칙
- 피로 신호(수면 부족·HRV 급락·다리 무거움 지속 등)가 보이면 가장 먼저 줄여야 할 강도 영역은 Z3

■ 왜 많은 사람이 Yellow Zone을 본능적으로 선호하는가?
- 편안한 강도: Yellow Zone은 고강도의 불편함 없이 적당히 힘들기 때문에 많은 사람들이 본능적으로 이 강도를 선택하게 된다.
- 운동 시간 부족: 짧은 시간 동안 효과를 보려다 보니 중간 강도로 운동하는 경우가 많다.

5) 낮은 평균 심박수에 비교하여 높은 젖산 수치가 나타날 때
(1) 현상

템포 훈련으로 설계했음에도, 평균 심박수는 80~85% HRmax에 머무는 동안 혈중 젖산이 5mmol/L 이상으로 상승하는 사례가 관찰된다. 겉으로는 중강도 범위처럼 보이지만, 대사 수준에서는 이미 역치(LT2)를 넘어 무산소 기여도가 과도하게 증가한 상태다. 잘 훈련된 선수는 대개 HRmax 약 85% 부근에서 역치가 나타나지만, 준비가 덜 된 선수는 75~80% 수준에서도 역치가 발생할 수 있다.

(2) 기전

핵심 요인은 유산소 기반의 부족이다. 미토콘드리아 밀도와 모세혈관화가 충분하지 않으면 동일한 심박수에서도 젖산 생성-제거 균형점이 낮은 강도에서 무너진다. 더위·탈수·수면 부족과 같은 환경적 요인, 저탄수 상태, 업힐 구간이나 과도한 케이던스 변화 같은 기술적 요인도 젖산을 상승 방향으로 밀어 올린다. 결과적으로 심박-대사 간 분리가 커져 HR 지표는 중강도를 가리키지만, 대사적으로는 역치 이상에 해당하는 부하가 형성된다.

(3) 교정 원칙

교정의 1순위는 유산소 기반의 확보다. LT1 이하의 저강도·장거리(LSD) 시간을 체계적으로 늘려 미토콘드리아와 모세혈관 적응을 유도하면, 동일 심박수에서의 젖산 축적 속도가 완만해진다. 이어서 서브 역치(2~4mmol/L) 구간의 지속주를 통해 실제 역치 수준을 점진적으로 끌어올린다. 주간 강도 분배는 단순할수록 좋다. 중강도 누출(Z3 leak)을 억제하면서 고강도 세션을 소수(주 2회 이내)로 유지하는 POL 또는 피라미달 패턴이 안정적이다.

(4) 훈련 구성

저강도는 주간 시간의 75~80%를 확보한다. 대화 가능 호흡을 기준으로 롱런·롱라이드를 배치하고, 장거리에서의 HR-파워(혹은 페이스) 디커플링이 5% 이하로 안정될 때까지 기반을 다진다. 역치 적응은 2~4mmol/L 구간에서 15~30분 지속을 1~3세트(예: 2×20′, 3×12′, 4×10′)로 구성한다. 호흡은 문장이 이어지기엔 답답한 수준, 체감 강도는 RPE 6~7 범위를 유지한다. 레이스 페이스는 별도의 리허설 세션에서 연습하고, 템포는 역치 적응이라는 본연의 역할에 집중한다.

(5) 회복·영양·근력

고강도와 템포 사이에는 24~36시간의 회복 창을 둔다. 탄수화물 공급은 템포·역치 세션 전후에 충분히 확보하여 글리코겐 고갈을 방지한다. 수면 위생과 철 상태를 점검하고, 주 2회 기초 근력(하지·코어 중심)을 통해 주행 효율과 내구성을 보강한다. 고온·탈수 환경에서는 동일 심박수 대비 대사 부담이 증가하므로 환경 보정이 필요하다.

(6) 재평가와 캘리브레이션

- 4~6주 간격으로 LT1/LT2를 간이 혹은 단계 테스트로 재평가하여 HR·페이스·파워 존을 갱신한다. 동일 코스·유사 컨디션에서 동일 심박수에 대한 젖산 값이 3~4mmol/L로 안정하

는 추세가 나타나면, 교정이 유효하게 진행 중인 신호로 해석한다.
- 당일 조정
- 워밍업 시간을 5~10분 연장하고 목표 페이스·파워를 2~3% 낮춰 시작한다. 10~15분 경과 후에도 젖산이 과도하게 상승하면 당일 템포는 LIT와 짧은 스트라이드 조합으로 전환하여 대사 자극보다 기술·리듬 유지에 초점을 옮긴다. 불량한 템포 1회는 양질의 기반 세션 여러 회분을 상쇄할 수 있음을 염두에 둔다.

(7) 기대 변화

3~6주 경과 시 중강도(80~85% HRmax)에서 젖산이 3~4mmol/L 범위로 안정하며, 템포 후반의 페이스 변동이 줄고 다음날 회복감이 향상된다. 시계의 숫자와 대사의 언어가 다시 정합을 이루며, 템포는 이름 그대로 "지속 가능한 역치 근처 주행"으로 기능하게 된다.

▣ 핵심 메시지

Z3는 '중간만 하는 훈련'으로 남용되면 노력 대비 효율이 떨어지는 블랙홀이 될 수 있습니다. 그러나 적절히 활용한다면 내구성을 다지고, 장거리 페이스 유지 능력을 키우는 전략적 도구가 됩니다. 원칙은 단 하나! Z3는 '적당히', 저강도와 고강도를 명확히 구분한 균형 속에서만 의미가 있다는 점입니다.

6. 최근 젖산 훈련 방법 : 노르웨이식 이중 젖산역치 (Double Threshold) 트레이닝

지구력 트레이닝에서 "젖산역치(Lactate Threshold, LT)"는 높은 강도(속도·파워)를 오래 지속할 수 있는 핵심 지표로 간주됩니다. 보통은 주 1~2회의 템포나 인터벌 세션으로 LT를 자극하지만, "하루에 두 번" 정확한 젖산 수준을 모니터링하며 훈련한다면 어떨까요?

이 질문에 대한 해답으로 각광받는 기법이 바로 "노르웨이식 더블 젖산 트레이닝(Double Threshold Training)"입니다. 2020도쿄올림픽(2021년 개최) 1,500m 챔피언 야야코브 잉에브릭트센(Jakob Ingebrigtsen)과 그의 형제들(중·장거리 육상선수), 2020도쿄올림픽(2021년 개최) 트라이애슬론 챔피언 크리스티안 블루멘펠트(Kristian Blummenfelt), 2022년 아이언맨 세계선수권 우승자 구스타프 이덴(Gustav Iden), 그리고 마라톤 코치 마리우스 바켄(Marius Bakken) 등이 적극적으로 활용하며 대회에서 경이로운 성과를 거두었습니다. 노르웨이 크로스컨트리(XC) 스키 국가대표팀도 이 방법을 택해, 짧은 기간 안에 고강도 훈련 빈도를 높이면서도 과부하를 관리해 높은 경기력을 보유하고 있습니다.

1) 노르웨이식 더블 젖산 트레이닝이란?
- 보통 하루 중 아침(오전)과 오후에 두 번의 고강도 훈련 세션을 실시
- 두 세션 모두 젖산역치(LT) 부근에서 진행되어, 신체가 고강도의 '지속 가능한' 훈련에 반복적으로 적응하도록 만듦
- **예시**
  - 오전: 젖산 2~4mmol/L 수준(역치보다 약간 낮은 강도)
  - 오후: 오전과 비슷하거나 약간 더 높은 강도(3~5mmol/L)
  - 세션 간 4~6시간의 충분한 회복(식사, 낮잠, 마사지)을 통해

오후 훈련에서도 품질 높은 자극을 반복

2) 왜 '이중 젖산 트레이닝'을 하는가?
(1) 짧은 시간에 높은 훈련 효과
- 무산소 인터벌(HIIT, 6~8mmol/L 이상)을 자주 하면 회복이 오래 걸려, 주간 고강도 훈련 빈도가 제한
- LT 부근(2~5mmol)은 고강도이되 여전히 '지속 가능한' 범위이므로, 하루 2회라는 높은 빈도를 소화해도 과부하 위험이 비교적 낮음

(2) 지속 능력(중·장거리) 강화
- 역치 구간은 경기 실전 페이스 또는 그보다 조금 빠른 속도 영역
- 이 구간에서 자주 훈련하면 중·장거리(5km, 10km, 하프마라톤, 철인3종, XC 스키 등) 경기 후반의 페이스 유지와 스퍼트가 크게 좋아짐

■ 세계적인 크로스컨트리 스키 선수들의 경기 중 심박수 및 젖산 농도 특성
- **경기 시간 분포**
  - 약 67%: 평균 심박수 91% HRmax 수준에서 진행
  - 약 33%: 평균 심박수 80~90% HRmax 구간에서 진행

- **젖산 농도(Lactate Concentration)**
  - 91% HRmax일 때: 7.3mmol/L
  - 92~93% HRmax일 때: 7.7~9.0mmol/L

3) 젖산 생산-제거 시스템 발달
- 하루 2회, 꾸준히 젖산 농도 2~5mmol/L 주변을 지킬 경우, 근육과 혈중 젖산을 재활용(산화)하는 기능이 크게 향상
- 고강도에서 젖산이 폭증하지 않으니, 피로 누적도 서서히 진행돼 장시간 안정된 페이스가 가능해짐

4) 정신적 강인함
- 하루에 두 번의 고강도 훈련을 소화하려면, 선수의 심리적 부담이 크다.
- 이 과정을 견디는 과정 자체가 "고강도의 반복적 훈련"을 이겨내는 멘탈을 길러주고, 경쟁력을 배양한다는 평가도 있다.

5) 이중 젖산 트레이닝의 일반 구조
오전과 오후, 각각 15~30분(인터벌 혹은 지속주 형태)로 역치 근방(2~5mmol)의 강도를 설정

(1) 오전 훈련
- 젖산 농도: 2~4mmol/L(역치 이하~역치선 근접)
- 예시 1: 20분 템포×2세트(세트 간 3~5분 휴식)
- 예시 2: 5분 인터벌×4~5회(젖산 2~3mmol/L에서 시작 → 최대 4mmol/L 미만 유지)

- 특징
  - 몸이 회복된 상태라 비교적 긴 세트를 안정적으로 유지 가능
  - 세트 종료 시 젖산이 4mmol/L에 미치지 않도록 페이스 조절

(2) 오후 훈련
- 젖산 농도: 3~4mmol/L(실질적 역치 수준 혹은 약간 상회)

- 예시 1: 15분 템포×3세트(세트 간 2~3분 휴식)
- 예시 2: 5분 인터벌×4~5회(오전보다 약간 높은 강도)

- **특징**
  - 오전 훈련 누적으로 피로가 약간 쌓여, 동일 강도라도 젖산 농도가 더 빨리 올라갈 수 있음
  - 3~5mmol/L 범위를 넘지 않도록 페이스나 파워를 미세 조정
  - 심박수는 오전 대비 더 높게 찍힐 수 있음

(3) 훈련 간 회복
- 4~6시간 휴식
- 식사(탄수화물 + 단백질), 낮잠(20~30분), 마사지, 가벼운 스트레칭 등
- 오후 세션 전까지 혈중·근육 내 대사산물이 과도하게 누적되지 않게 관리

6) 실제 훈련 예시

구분	오전 세션(젖산 2~4mmol)	오후 세션(젖산 3~5mmol)
시간/형태	· 20분 템포×2세트 · 5분×4~5회 인터벌	· 15분 템포×3세트 or 3~5분×5회 서브 LT
젖산 관리	· 세트 시작 시 2~3mmol/L · 종료 시 4mmol/L 미만 유지	· 3~5mmol/L 범위 유지 · 5mmol/L 초과 시 강도 다소 낮게 실시
회복	· 세트 간 2~5분 휴식 – 세션 후 4~6시간 휴식(영양, 낮잠)	· 세트 간 2~3분 휴식 · 저녁 식사 + 수면으로 완전 회복
특징	· '역치 이하~직전' 구간에서 안정적 훈련	· 역치 수준~살짝 초과 구간에서 고효율 반복

■ Marius Bakken 사례

- 젖산 3.0mmol 미만을 유지했을 때 가장 좋은 퍼포먼스를 얻었다고 보고되었습니다.
- 젖산역치보다 10% 높은 운동은, 10% 낮은 운동 대비 피로가 4~5배 더 높다는 연구도 있습니다.
- 야코브 잉에브릭트센은 이중 젖산 트레이닝을 통하여 5,000m 세계선수권 획득 시 평균 심박수 174bpm, 3,000m 세계 기록과 성과를 달성할 때 177bpm으로 알려져 있습니다. 보통 선수라면 상상도 할 수 없는 낮은 평균 심박수 수치를 나타낸 것으로 보고되고 있습니다.

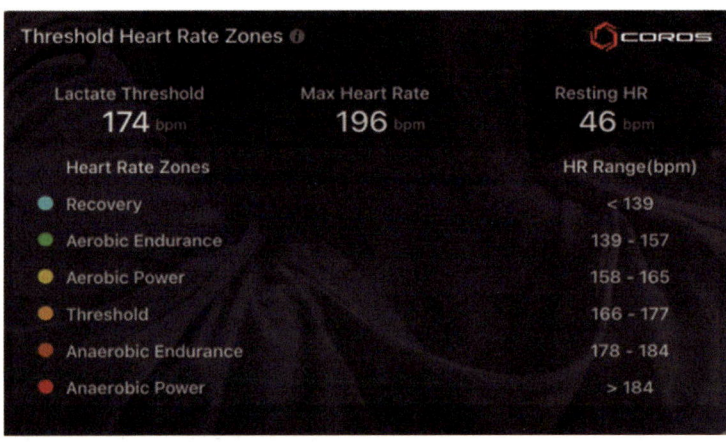

[출처: COROS, 야코브 잉에브릭트센의 심박수 영역]

7) 이중 젖산 훈련의 장점과 주의사항

■ 장점

- 역치 극대화: 하루 2회 '고강도이지만 지속 가능한' 세션 → 단기간에 젖산역치 개선 속도가 빠름
- 효율적 자극: 무산소 HIIT(6~8mmol/L↑)처럼 극단적 피로

누적 없이도 주 2회(×하루 2세션) 고강도를 소화 가능
- 실전 스피드 + 지속력 향상: 중·장거리 종목(5km, 10km, 하프~풀 마라톤, XC 스키 등)에서 "후반부 스퍼트, 페이스 유지" 능력이 크게 개선
- 정신적 강인함: 고강도를 하루 2번 반복한다는 부담이 멘탈 훈련 효과로 이어짐

■ 주의사항

(1) 과훈련 위험
- 하루 2회 고강도이므로, 주당 1~2회에 그치고, 나머지 날은 저강도·회복·근력 위주
- 회복일(또는 회복 주간)을 꼭 배치해야 누적 피로를 방지

(2) 선수별 개별화
- "2~5mmol/L" 범위는 평균값일 뿐, 역치가 낮은 선수는 2~3mmol/Ll에서도 무리일 수 있음
- 실제 측정치와 RPE, 심박을 종합해 강도를 조정해야 함

(3) 충분한 회복
- 오전·오후 사이 4~6시간 휴식(식사 + 낮잠), 저녁 수면, 영양 섭취, 마사지, 스트레칭 등으로 대비
- 회복이 불충분하면 오후 세션 품질이 현저히 떨어져 역효과

(4) 유산소 기초 미흡 시 역효과
- 에어로빅 베이스가 약한 상태에서 무리하면, LT를 훌쩍 넘어 6~8mmol/L 이상 젖산 폭발 → 극심한 피로, 오히려 역치 상승도 어려움
- 먼저 LSD(장거리)·기본 템포 등으로 기반을 충분히 닦은 뒤

점진적으로 이중 역치 기법을 도입하는 것이 바람직

8) 현장 적용 사례
(1) 노르웨이 크로스컨트리(XC) 팀
- 주중 1~2회 이중 젖산 세션 편성, 나머지 일은 저강도 롱런 + 기술 + 근력
- 오전: 젖산 2~4mmol/L(20~30분 지속, or 인터벌)
- 오후: 젖산 3~5mmol/L(15분×여러 세트)

(2) 잉에브리크센 형제(중거리 육상)
- 1,500~5,000m 대비 "Double Threshold Days"를 화·금(주 2회)에 고정
- 오전: 역치 이하(2~3mmol/L), 오후: 실제 역치(3~5mmol/L)
- 세트 간 짧은 휴식(30초~1분)으로 중·장거리 지속주보다 많은 훈련량 확보
- 회복일(수·토·일 등)을 충분히 배치, 과훈련 예방

(3) 블루멘펠트, 이덴(철인3종·아이언맨)
- 수영·사이클·런 3종목을 모두 커버해야 하므로, 더블 LT를 특정 종목 혹은 '러닝 + 사이클' 조합으로 운영
- 무리한 스피드 인터벌보다 역치 구간에서 "다회 반복"으로 적정 자극을 주고, 과한 근피로를 피함

9) 노르웨이식 젖산 훈련 혁신에 대한 고찰: 왜 같은 방법만으로는 계속 승리하기 힘든가?
- 경쟁자들이 빠르게 모방 및 대처 전략을 개발, 개별 선수의 유전·심리적 차이, 환경·경기 일정 변화 등
- 따라서 아무리 "이중 젖산 트레이닝"이 효과 좋아도, 지도자와

선수가 끊임없이 새 변형과 개인화 접근을 시도해야 우위를 유지할 수 있음

10) 자신에게 맞는 훈련 방법 찾기
- 과학적 탐구: 더블 LT, 양극화 트레이닝, HIIT 등 다양한 기법을 실험적으로 적용하여 개인 효과를 비교
- 개인화된 조정: 심박수 · 젖산 · RPE 등 데이터를 통해 강도 · 운동량을 지속적으로 수정
- 통합적 평가: 생리학적 성과 외에 심리적 · 정신적 건강, 회복력도 고려
- 협력과 공유: 지도자 · 선수 간 피드백으로 훈련 방식을 계속 개선

■ 요약

◆ 핵심 개념
- 이중 젖산(Double Threshold): 하루 2회 역치 부근(젖산 2~5mmol/L)의 고강도 세션을 배치해, 역치 · 유산소 대사 효율을 단기간에 끌어올리는 방법입니다.
- 목적: 중 · 후반 페이스 유지와 스퍼트 능력 향상

◆ 적용 원칙(권장선)
- 주간 Z1~2 볼륨 70~85% 확보(회복 · 기초 지구력)
- Z3(옐로우 존)은 일일 20~30분 이내로 분할해 과도 누적 방지
- 고강도(≥Z4)는 주 1~2회(비시즌 1회, 시즌 최대 2회)
- 근력 훈련(하체) 주 1~2회, 중량일과 러닝/라이딩일 분리
- 더블 역치 운용: 주 1회 이내, 세션 간 ≥6h, 총 수면 ≥7h 확보

◆ **절대선**
- 주간 총량: 직전 4주 평균 대비 +15% 초과 금지
- 더블 역치 주 1회 초과 금지, 세션 간 ≥6h 간격 미준수 금지, 수면 부족(<7h) 금지

◆ **금지선(품질 붕괴 트리거)**
- 연속 고강도 2일 진행
- 통증이 48h 이상 지속되는데도 훈련 강행

　세션 중 젖산이 폭주하지 않도록(2~5mmol 범위) 관리해야 하며, 오전 세션은 3mmol을 넘기는 것은 피하는 것이 좋습니다. 3mmol과 4mmol의 피로도와 회복 시간은 완전히 다르기 때문입니다.

에피소드 1

훈련의 양을 높이다
실패와 마주하다

　지구력 스포츠를 지도하다 보면 늘 마주하게 되는 고민이 있습니다. 바로 훈련의 '양'과 '질', 그 균형을 어떻게 조절할 것인가 하는 문제입니다. 이는 엘리트 선수는 물론이고 아마추어, 지도자 모두가 공통적으로 부딪히는 질문이기도 합니다. 저 역시 지도자 초기에는 훈련의 '양'보다는 '높은 강도의 세션'과 '충분한 회복'을 조합하여 좋은 성과를 만들 수 있었습니다.

　첫해와 두 번째 시즌까지는 이러한 방식이 잘 작동했습니다. 하지만 세 번째 시즌, 저는 새로운 시도를 했습니다. 국가대표 선수들이 2018년 평창 동계올림픽을 준비하면서 훈련량을 많이 증가시키고 있어서 훈련량이 부족하면 경쟁에서 뒤처진다는 생각에 국가대표팀 훈련량 수준에 맞추어 대학 선수들에게 적용해 보기로 한 것입니다. 훈련량이 많아지면 더 많은 선수가 더 좋은 성과를 낼 수 있을 것이라 생각했습니다.

　그러나 그 결정은 제게 큰 반성을 남겼습니다. 대학교 선수들은 단지 운동선수가 아닙니다. 그들은 수업에도 참여하고, 과제도 수행해야 하며, 저녁에는 친구들과의 사회적 관계 속에서 회복에 방해가 될 수 있는 활동들도 종종 합니다. 대표적인 것이 자주 음주를 한다는 것이었습니다. 그런 현실을 간과한 채, 국가대표 수준의 훈련량을 그대로 적용했던 결과는 생각보다 실망스러웠습니다. 훈련량은 충분했지만, 경기력은 기대에 미치지 못했습니다.

세 번째 시즌이 끝난 후, 저는 깊은 고민에 빠졌습니다. 특히 주 4회 이상 실시하던 새벽 훈련(6시 30분 시작)에 대한 회의감이 커졌습니다.

"이 새벽 훈련이 정말 필요한가?"

사실 훈련 시간을 줄인다는 것은 지도자 입장에서 심리적으로 가장 불안한 선택이었습니다. 하지만 오히려 그 용기를 내야 한다고 느꼈습니다. 그래서 다음 시즌부터는 훈련 시작 시간을 늦추고, 세션의 개수를 줄이는 쪽으로 방향을 전환했습니다. 몇 해가 지나고, 지도자 경력의 중반에 접어들면서 저는 더욱 분명한 결론에 도달하게 되었습니다.

"훈련량을 늘리기 위해서는, 훈련 강도와 피로를 고려한 단계적 접근이 필요하다. 반드시 새벽 훈련을 고수할 필요는 없다."

지도자나 선수 모두에게 매일 새벽 훈련을 반복한다는 것은 체력적으로도 정신적으로도 큰 부담입니다. 특히 대학생 선수의 학업, 수면, 회복 능력을 생각하면 훈련 효율성이라는 측면에서도 새벽 훈련은 오히려 역효과가 될 수 있습니다. 그렇게 훈련의 패턴을 바꾸며 여러 해가 흐른 뒤, 지도자 경력 후반부에 다시금 하나의 중요한 전환점이 찾아왔습니다.

"결국 지구력 선수에게 충분한 훈련량이 없으면 생리학적 개선도, 훈련의 질도 제한된다."

이 단순하지만 본질적인 진실 앞에서 저는 다시 한번 훈련 구조를 조정하게 되었습니다. 하지만 이번에는 '훈련량 확보'를 다시 하되, 방법은 달랐습니다. 새벽 훈련이 아닌, 선수 개개인의 공강 시간, 피로도, 약점 보강 요소에 맞추어 맞춤형 훈련 세션을 개별로 분배하는 방식을 택했습니다. 국가대표 선수들만큼의 훈련량을 소화할 수는 없었지만, 대학교 선수들에게 맞는 형태의 훈련량과 강도 설계는 가능했습니다. 결과적으로 이 방식은 더 효과적이었고, 선수들도 심리적· 육체적 스트레스 없이 트레이닝에 집중할 수 있었습니다.

훈련이라는 것은 결국 인생과 닮아있다고 생각합니다. 몇 번의 시행착오 끝에 "이게 최선이다"라고 믿게 된 방법도 어느 순간 다시 새로운 질문을 던지게 합니다. 사람마다 체력, 생리적 특성, 회복력, 심리적 성향이 다르고, 훈련의 반응도 역시 천차만별입니다. 결국 훈련의 양과 질 사이에 정답은 없습니다. 단 하나 중요한 건, "스스로에게 맞는 최적의 균형을 찾는 것!" 그것이 선수와 지도자 모두가 훈련 속에서 마주해야 할 진짜 과제가 아닐까 생각합니다.

제3장

디지털 · 수치 기반 훈련 강도 설정

1. FTP(Functional Threshold Power)의 이해와 확장

- 정의(사이클): 잘 보정된 상태에서 1시간 유지 가능한 최대 평균 파워
- 역할: 개인의 생리적 역치(LT/CP 근처)를 수치화한 기준점 → 훈련 존 설정, TSS 계산, 레이스 전략의 앵커
- 타 종목 확장: 러닝 Critical Power(CP), 로잉/철인3종의 파워·페이스 임계값으로 동일 철학 적용

1) TSS(Training Stress Score)

> TSS(Training Stress Score)는 TrainingPeaks가 만든 지표로, 한 세션(또는 하루)의 훈련 부하를 '강도×시간'으로 수치화해 0~200+ 점수로 나타냅니다. 단순 시간·거리만으로는 보이지 않는 강도 정보까지 반영해 줍니다.

■ 목적 및 효과
- 정교한 훈련 계획: 세션·주·월·시즌 단위 로드를 일관된 숫자로 관리
- 피로·회복 판단: 누적 피로를 객관화하여 회복일·테이퍼 시점 조정

■ 적용 범위
- 사이클: 파워 기반 TSS(FTP/NP/IF 활용)
- 러닝: 러닝 파워 또는 rTSS(러닝 전용)
- 철인/지구력 전반: 종목 특성에 맞는 변형 TSS로 로드 관리

■ 계산 방식: 주로 사이클 파워미터나 러닝 파워미터(또는 심박수)를 활용하여 계산하며, 다음 공식을 기반으로 한다.
- IF(Intensity Factor): 운동 중 평균 파워(또는 유효 파워) 대비 FTP(Functional Threshold Power) 비율을 의미한다.
- IF가 1.0이면 FTP 강도로 1시간 운동했음을 의미하며, 0.8이라면 FTP의 80% 수준 강도로 운동했음을 뜻한다.
- NP(Normalized Power): 사이클링에서 사용되는 개념으로, 변동이 많은 실제 파워를 일정한 "생리적 부담" 관점에서 재평가한 값이다. 러닝 등 다른 종목에서도 유사한 개념(Normalized Speed 등)을 적용할 수 있다.
- 장점: 주간, 월간, 연간 훈련 부하를 숫자로 축적하여 잔여 피로와 회복 필요성 등을 객관적으로 판단할 수 있다. 무작정 훈련량을 늘리기보다 고강도 훈련과 시간을 고려한 정교한 훈련 계획 수립이 가능해진다.
- 주의점: 파워 및 심박수 데이터의 정확성이 중요하며, 개인별 피로 반응(나이, 회복력 등)에 따라 TSS와 실제 피로 감각이 다를 수 있으므로 주관적 피로도(RPE)나 컨디션 지표와 병행하여 점검하는 것이 필요하다.

◆ 공식 : TSS = (운동 시간[시간])×(IF^2)×100 = (운동 시간[분]/60)×(IF^2)×100

- IF = NP(현재 속도 또는 심박수)/FTP(60분 속도 또는 평균 심박수)
- IF = 0.8로 30분 → $0.5 \times 0.8^2 \times 100 = 32$
- IF = 0.65로 2시간 Z2 → $2 \times 0.65^2 \times 100 = 2 \times 0.4225 \times 100 = 84.5$

2. CTL/ATL/TSB: 시간 척도에 따른 관리

지표	정의	계산/시간 척도	해석·활용
CTL	장기 평균 부하	42일 가중 이동평균 TSS	기초 체력·적응의 "몸통" 크기
ATL	단기 평균 부하	7일 가중 이동평균 TSS	최근 피로 수준 (누적 스트레스)
TSB	회복 vs 피로	TSB = CTL − ATL	+: 컨디션 상승 −: 피로(테이퍼/회복 판단)

- CTL: Chronic Training Load – 장기 훈련 부하(보통 42일 스케일, 일명 "Fitness")
- ATL: Acute Training Load – 단기 훈련 부하(보통 7일 스케일, 일명 "Fatigue")
- TSB: Training Stress Balance – 훈련 스트레스 균형 = CTL − ATL(일명 "Form")

※ 테이퍼 힌트: A 레이스 전 5~10일, 주간 TSS 30~50% 감량 + TSB 0 → +10~25로 유도

▣ 현장 운용 규칙(짧게)
- TSB <−10이 여러 날 누적되면: 회복일/감량 주 삽입
- TSB 0~+10: 품질 세션·컨디션 점검에 적합
- 레이스 5~10일 전: 주간 TSS 30~50% 감량 → TSB를 플러스

1) TSB 계산법
▣ 계산 방법
- **CTL(42일)**
  - 오늘의 CTL = 어제 CTL + (오늘 TSS − 어제 CTL)÷42

→ 최근 6주 정도의 평균 부하를 서서히 반영하는, 느린 변화의 척도

- **ATL(7일)**
  - 오늘의 ATL = 어제 ATL + (오늘 TSS - 어제 ATL)÷7
  → 최근 1주 정도의 평균 부하를 빠르게 반영하는, 민감한 피로 척도

- **TSB(훈련 스트레스 밸런스)**
- 오늘의 TSB = 오늘 CTL - 오늘 ATL
  → 플러스면 컨디션 상승(+), 마이너스면 피로(-)가 우세

2) 오늘부터 TSS 기록을 시작한다면
- 초기값이 TSS = 0이라면: 오늘 CTL = 오늘 TSS÷42
- 초기 ATL = 0이라면, 오늘 ATL = 오늘 TSS÷7

■ 예시 주간 계획(현실적인 TSS 산출 근거 포함)
- 시작값 CTL_0 = 0, ATL_0 = 0, CTL = 42일 · ATL = 7일 지수이동평균
- 일공식: TSS = (운동 시간[시간])×(IF^2)×100

요일	세션 요약(예)	TSS	CTL	ATL	TSB
1일(월)	Z2 60'@IF 0.63 → 1.0×0.63^2×100	40	1.0	5.7	-4.8
2일(화)	템포 + SS 90'@IF 0.66 → 1.5×0.66^2×100	65	2.5	14.2	-11.7
3일(수)	휴식	0	2.4	12.2	-9.7
4일(목)	템포 75'@IF 0.77 → 1.25×0.77^2×100	75	4.1	21.1	-17.0
5일(금)	이지 60'@IF 0.71 → 1.0×0.71^2×100	50	5.2	25.3	-20.0
6일(토)	롱디스텐스 2h @IF 0.74 → 2.0×0.74^2×100	110	7.7	37.4	-29.6
7일(일)	회복 45'@IF 0.64 → 0.75×0.64^2×100	30	8.3	36.3	-28.0

- 주간 합계 TSS = 370
- 끝날 때 값(일요일 기준): CTL 8.3 / ATL 36.3 / TSB -28.0
- 해석 & 다음 주 운영
  - 첫 주는 ATL이 빠르게 오르고 CTL은 천천히 따라와서 TSB가 크게 음수가 된다(피로 우세).
  - 다음 주: 주간 TSS를 30~40% 감량(예: 220~260점대)해 ATL을 떨어뜨리고, 완전 휴식·아주 가벼운 날을 1~2회 넣어 TSB를 0에 근접시키는 것이 바람직하다.
  - 실제로 최근에도 운동을 해왔다면: 시작값을 0으로 두기보다, 지난주 평균 일일 TSS(= 지난주 합÷7)로 초기 ATL/CTL을 시드하면 현실성이 높다.

▣ TSS 지표 요약

TSS 범위	훈련 예시/특성	피로 수준 & 회복
0~30점	- 짧은 조깅(20~30분) - 가벼운 사이클(30분 정도, 저강도) - 회복주, 스트레칭 등	- 회복, 아주 가벼움 - 당일 회복
30~60점	- 중간 강도 템포·인터벌(예: 20~30분 템포, 4×3분 인터벌 등) - 약 1시간 내 중강도 사이클	- '중간 정도' 피로 - 24~48h 가벼운 회복
60~90점	- 1~2시간 중·고강도(예: 템포 40~60분, 장거리 1.5h Z2~3, 5×5분 인터벌)	- 상당히 힘든 세션 - 1~2일 회복 권장(가벼운 운동, 휴식)
100점 전후	- "1시간 FTP" 수준(또는 이와 유사한 강도·시간의 고부하) - 강도·지속 시간 둘 다 높은 세션	- 매우 큰 피로감 - 최소 2일 정도는 회복 위주 - 마사지·충분한 수면 필수
150점↑	- 3~4시간 이상 장거리 + 중간중간 고강도 포함 - 고부하 합산(롱런·사이클 + 강도)	- 과부하·부상 주의 - 2~3일 휴식·저강도 권장
200점↑	- 울트라, 철인 풀코스 등 장시간·극지구력 운동	- 극도로 높은 피로 - 3일 이상 회복 - 부상·멘탈·영양 철저 관리

3. 파워미터(Power Meter)의 기본

타데이 포가차르의 훈련은 'Z2'에 초점을 맞추는 것으로 유명합니다. 그의 코치인 이니고 산 밀란 박사의 철학에 따라, 포가차르는 긴 시간 동안 Z2 훈련을 진행합니다. 이 훈련에서 그의 심박수는 140~150bpm에 머물지만, 이때 발생하는 파워는 320~340W에 달합니다. 이는 일반 아마추어에게는 Z4~5에 해당하는 매우 높은 강도입니다. 이러한 높은 파워는 그의 뛰어난 심폐 능력과 Z2 훈련의 효과를 잘 보여줍니다.

그의 최대심박수는 200bpm 이상이며, 안정 시 심박수는 37bpm으로 매우 낮습니다. 또한, 훈련은 유산소와 무산소 훈련을 80:20 비율로 나누는 'Polarized Training' 방식을 활용하는 것으로 알려져 있습니다.

■ 측정 원리: 크랭크 · 페달 · 허브 등에 부착된 센서로 실제 출력(Watt) 측정

◆ 장점
 - 속도 · 심박수보다 빠르고 안정적인 지표
 - 풍속 · 경사 · 피로도와 무관하게 '순간적 신체 출력' 확인
 - FTP 테스트로 훈련 존(zone) 설정 → 실시간 강도 조절

1) 러닝 CP(Critical Power) 활용
■ CP 정의
 - CP(Critical Power)는 일정 시간(보통 20~40분) 유지 가능한 최대 파워를 의미하는 지구력 역치다. 이는 사이클의 FTP와 유사한 개념이다.

- 유사 개념: 사이클 FTP와 동일한 지구력 역치

■ CP 계산법
- Time Trial 기반 수학적 추정: 서로 다른 지속 시간(예: 3분, 10분)의 TT(Time Trial)를 수행하여 파워-시간 그래프의 회귀 분석을 통해 CP와 W′를 추정한다.
- 자동 계산(앱 연동): Stryd 센서를 활용해 일정 데이터를 수집하면 앱에서 자동으로 CP와 훈련 Zone을 설정해 준다.

$P_1 = 330W, t_1 = 180s(3분)$
$P_2 = 280W, t_2 = 600s(10분)$
$CP \approx (P_2 \cdot t_2 - P_1 \cdot t_1)/(t_2 - t_1)$
$CP \approx (280 \cdot 600 - 330 \cdot 180)/(600-180)$
$CP \approx (168{,}000 - 59{,}400)/420$
$CP \approx 108{,}600/420$
$CP \approx 258.57W$

이 계산에서 나온 258.57W가 CP 값에 해당한다. CP는 '일정 시간(보통 20~40분) 유지 가능한 최대 파워'이므로, 예시에 사용된 3분(330W)과 10분(280W) 동안 유지된 파워는 이 CP(258.57W)보다 높은 값이다. 이는 CP가 30분 동안 유지 가능한 최대 파워를 의미하며, 그보다 짧은 시간 동안은 더 높은 파워를 낼 수 있다는 것을 보여준다.

또한, CP의 정의에서는 '보통 20~40분'으로 언급되었지만, 실제 계산에서는 다양한 지속 시간의 TT 데이터가 활용될 수 있다. 3분과 10분이라는 예시의 지속 시간은 CP를 추정하기 위한 데이터 포인트로 사용된 것이며, 이는 CP의 개념을 더 명확하게 이해하는 데 도움이 될 수 있다.

2) 러닝 파워미터(Stryd) 활용
- 구성: 신발·인솔·가슴 스트랩 등에 부착
- 센서: GPS, 가속도계, 기압계 → 착지 충격·지면 반발·속도·경사 등 복합 데이터 산출

◆ 특징
- 페이스 대신 '파워(Watt)'로 달려 외부 환경 영향 최소화
- 자동 CP/Zone 추정 기능(앱 연동)

■ 핵심 장점
◆ 일관된 강도 측정
- 심박: 스트레스·온도·탈수에 민감
- 페이스: 지형·날씨 영향
- 파워: 순수 출력 반영

◆ 정확한 에너지 분배
- 언덕·바람 구간에서도 동일 파워 유지

◆ 정밀한 부하 관리
- TSS 계산 정확도 향상
- CTL·ATL 모니터링 기반 계획 가능

◆ 주의 & 보완점
- 비용·학습 곡선: 초기 장비 구매 부담, 사용법·소프트웨어 해석 필요
- 해석 노하우: 개인별 효율성·알고리즘 차이 고려
- 단계적 도입 권장: 초보자는 RPE·심박 → 차츰 파워미터 활용

- 주관적 요소 병행: 심리 · 수면 · 컨디션 등도 함께 평가

3) 실제 적용 예시: 데이터 기반 트레이닝 설계
◆ **역치 테스트(6~8주 주기)**
  - FTP 또는 젖산역치(LT) 측정 → Zone 재설정

◆ **주간 TSS 목표 설정**
  - 예: 1주 600TSS → 매주 +10% → 4주 후 회복주(500TSS)

◆ **CTL · ATL 모니터링**
  - CTL 주당 상승폭 6~8 이상 주의 → 부상 위험
  - ATL 과다 상승 시 회복 강화

◆ **테이퍼링**
  - 레이스 2주 전 TSS 30~50%↓ → TSB +10~25 목표

◆ **훈련 피드백 루프**
  - 매일 TSS · RPE · 수면 기록 → 수치 + 감각 종합 해석 → 계획 조정

■ 요약

- 파워미터 & Stryd: 환경 영향 배제한 '순수 출력' 지표, 정확한 부하 관리
- 도입 팁: 초보자는 심박 · RPE 병행 → 데이터 해석 역량 강화 후 본격 활용
- CP 활용: 러닝에서도 FTP 개념 적용, 정교한 Zone 설정 가능

- 개인 특성
  - 일부 달리기 주법(착지, 보폭)에서 Stryd 센서가 오차를 낼 수 있음
  - CP가 과대/과소 추정될 수 있으니 실전·경험치로 보정 필요

- 초단거리(스프린트) 반영 어려움
  - CP는 지구력적 역치 파워이므로, 10초 전력 스프린트 능력 등과는 다름

■ 러닝 CP(Critical Power) STRYD 실제 활용 예

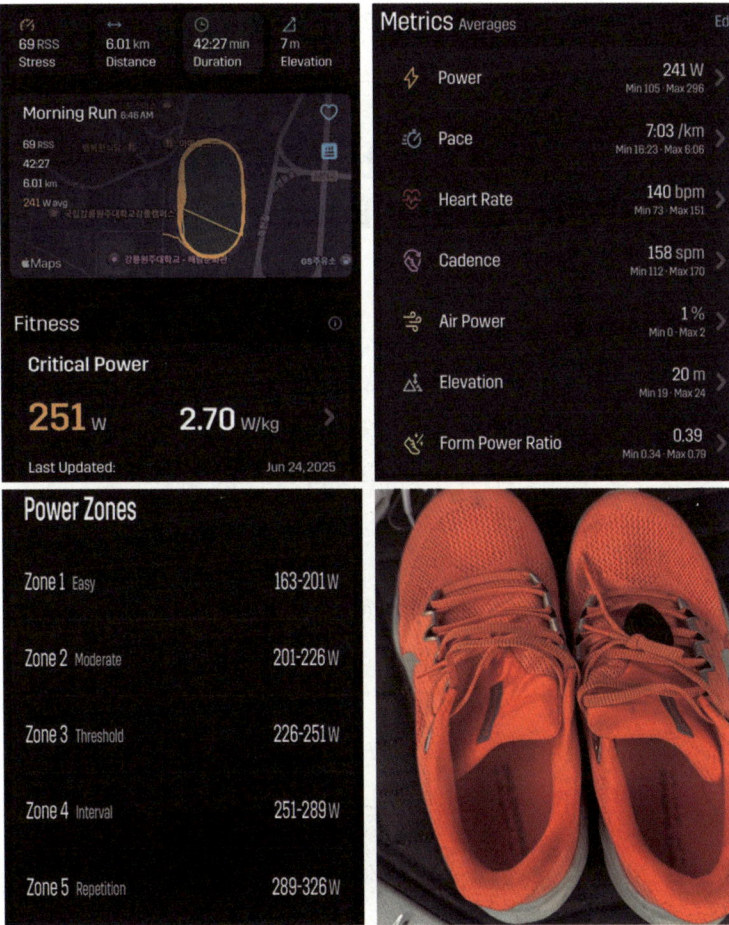

[Stryd 실제 착용 모습 및 분석]

■ CP 258.57W 기준 훈련 강도 구분표(예)

훈련 존	% of CP	파워 범위(W)	훈련 목적	예시 세션
Z1(회복)	<68%	~176W	회복, 부하 제거, 혈류 촉진	회복 조깅, 회복일 러닝
Z2(지속주, LSD)	68~83%	176~214W	에어로빅 지구력, 지방 대사 촉진	장거리 달리기 60~90분
Z3(템포, LT 훈련)	83~95%	214~246W	젖산역치 향상, OBLA 지연	20분 템포, LT 인터벌
Z4(역치 상단, VO_2max)	95~105%	246~271W	LT~CP 부근, 고강도 지구력	6~10분×3세트 인터벌
Z5(인터벌, 고강도 반복)	105~120%	271~310W	VO_2max 향상, 무산소성 파워	3분×4~5세트 간헐 훈련
Z6+(무산소성 스프린트)	>120%	310W 이상	스프린트 파워, W' 소모	30초 전력 질주 + 회복 반복

4. Load Monitoring Toolkit (sRPE-TRIMP & Edwards TRIMP)

운동 부하 관리의 현장 고민: '보이지 않는' 피로를 찾아서

저는 스포츠 현장에서 선수들을 지도하며 운동 부하 관리의 중요성을 항상 느껴왔습니다. 특히, 외부 부하와 내부 부하의 균형을 맞추는 것이 선수들의 경기력 향상과 부상 예방에 핵심적인 요소라고 생각합니다. 러닝이나 사이클과 같은 유산소성 훈련은 심박수나 젖산 농도 측정을 통해 내부 부하를 쉽게 파악할 수 있지만, 웨이트 트레이닝이나 축구 같은 구기 종목은 강도 변화가 불규칙해 피로도를 정확히 측정하기 어려운 경우가 많습니다.

저의 경험에 따르면, 크로스컨트리 스키 선수들의 비시즌 훈련에서 이러한 어려움이 특히 두드러졌습니다. 선수들에게 즐거움을 주기 위해 실시했던 축구 또는 배드민턴과 같은 레크리에이션 활동이 예상치 못한 피로도 상승을 유발하여, 다음날 훈련에 지장을 주거나 심지어 부상으로 이어지는 경우를 종종 발견했습니다. 그래서 저는 시즌 시작 전 빌드업 기간에는 축구 훈련을 금지했던 경험을 가지고 있습니다.

이러한 문제에 대한 해결책으로, 저는 모든 훈련에 적용 가능한 sRPE-TRIMP(Session-RPE Training IMPulse)의 활용을 제안합니다. 이 방법은 특별한 장비 없이도 모든 종류의 훈련 세션에 대한 내부 부하를 객관적인 수치로 환산할 수 있는 강력한 도구입니다. 비시즌 레크리에이션 활동까지 훈련 부하의 일부로 관리할 수 있게 해줍니다. sRPE-TRIMP를 적용하여 선수들의 '숨겨진 피로'를 찾아내고, 더 과학적이고 안전한 훈련 환경을 구축하시기를 권해드립니다.

1) 외부 부하(External Load) vs 내부 부하(Internal Load)

- 외부 부하는 운동 자체의 객관적인 양을 의미한다. 측정 장비나 지표를 통해 누구나 동일하게 파악할 수 있는 물리적인 데이터이다.
  - 측정 지표: 웨이트 트레이닝에서의 중량, 세트 수, 반복 횟수, 달리기나 사이클에서의 거리, 속도, 시간 등

- 내부 부하는 외부 부하에 대한 신체의 주관적인 생리적, 심리적 반응을 의미한다. 같은 운동을 해도 개인의 컨디션에 따라 다르게 느껴지는 신체 내부의 스트레스이다.
  - 측정 지표: 심박수(HR), 젖산 농도(Lactate), 산소섭취량(VO_2), 지각된 운동 강도(RPE) 등

2) sRPE-TRIMP(TRaining IMPulse)

> 러닝이나 사이클과 같이 지속적인 유산소 운동은 심박수나 젖산 농도로 내부 부하를 비교적 쉽게 측정할 수 있습니다. 하지만, 웨이트 트레이닝이나 구기 종목처럼 운동의 강도 변화가 잦아 내부 부하를 측정하기 어려운 경우에는 sRPE-TRIMP가 매우 유용합니다.

(1) sRPE-TRIMP 정의 및 계산법
- sRPE-TRIMP(AU) = 세션 시간(분)×세션 RPE(CR10 척도)
  - RPE(지각된 운동 강도): 훈련 직후 "오늘 운동은 전체적으로 얼마나 힘들었나?"라고 질문하고, Borg CR10(0~10) 척도로 답하게 한다.
  - 세션 시간: 해당 훈련 세션의 총 지속 시간(분)
  - AU(Arbitrary Units): 운동 부하를 나타내는 임의 단위

※ 예시: 축구 75분 훈련 후 RPE가 6이었다면, 75분×RPE 6 = 450AU

(2) 주간 부하 지표로 확장(Monotony & Strain)
- ■ 단순히 일일 부하를 합산하는 것을 넘어, 훈련의 질을 평가하는 두 가지 핵심 지표인 Monotony와 Strain을 계산하여 과부하 위험을 예측할 수 있다.
- 주간 Load(총 부하): 일주일 동안의 모든 sRPE-TRIMP 값의 합계
- Monotony(단조성): 주간 일일 평균 부하를 표준편차로 나눈 값
  - Monotony = 주간 일일 평균 부하÷표준편차
  - 이 값이 높을수록 매일의 훈련 강도가 비슷하고 변화가 적다는 의미이며, 과훈련의 위험 신호로 간주된다.

- Strain(부하 압력): 주간 총 부하에 Monotony를 곱한 값
  - Strain = 주간 Load×Monotony
  - 높은 부하량과 단조로운 훈련이 결합될 때 급격히 상승하며, 질병이나 부상의 위험이 커질 수 있음을 나타내게 된다.

(3) 실제 예: sRPE-TRIMP, Monotony, Strain 계산

■ "균형 잡힌 주(직장인 러너 예)"

- 일일 기록(세션 종료 20~30분 뒤 CR10으로 RPE 기입)

요일	시간(분)	RPE	일일 Load(AU)	비고
월	0	0	0	휴식
화	60	6	360	
수	45	3	135	
목	50	6	300	
금	30	2	60	
토	90	5	450	
일	40	3	120	
합계	—	—	1,425	주간 합계

- 주간 Load: 1,425
- Monotony = 일일 평균(203.6)÷표준편차(155.0) = 1.31
- Strain = 주간 Load(1,425)×Monotony(1.31) = 1,871AU

※ 해석: 이 사례는 훈련 강도에 강약 변화가 있고(휴식 + 강/약 배치), Monotony가 1.5 미만이므로 과부하 위험이 낮은 안전한 훈련 계획으로 볼 수 있다.

(4) "단조로운 주(매일 비슷한 강도)"

- 예시: 7일 내내 비슷한 강도(예: 60분×RPE 3~4)로 훈련
- 결과: 일일 부하의 변동이 거의 없어 표준편차가 매우 작아지게 된다. 이로 인해 Monotony가 2 이상으로 급증하고, Strain도 함께 상승한다.

※ 해석: Monotony가 2를 초과하면 질병이나 부상 위험이 높아질 수 있다는 연구 결과가 있으므로, 훈련 강도에 의도적인 변화를 주어 단조성을 낮춰야 한다.

(5) 과부하 신호등 기준

지표	녹색(안전)	황색(주의)	적색(경보)
Monotony	<1.5(강·약 변주)	1.5~2.0(단조성 상승)	>2.0(질병·부상 위험)
Strain	±0.5SD 이내	+0.5~1.0SD	>+1.0SD 또는 직전 주 대비 +30~50% 급증

- Monotony: 1.5 미만은 이상적인 훈련 계획을 의미한다. 1.5를 넘어가면 휴식일이나 가벼운 훈련의 비중을 늘려야 한다.
- Strain: 절대적인 기준보다는 개인의 최근 4주 평균치를 기준으로 관리하는 것이 효과적이다. Strain이 급증할 경우, 다음 주 훈련 볼륨을 30~50% 줄여 회복에 집중해야 한다.

(6) 주간 Load(합산 AU) - 현장 감각치

- 직장인 중급 러너/사이클: 보통 800~2,000AU 범위에서 빌드·감량을 오가는 것이 바람직하다(개인 역치/세션 설계에 좌우).
- 엘리트·캠프 주: 2,000+ AU도 가능하지만 Monotony와 Strain을 반드시 동반 관리(세션 간 강·약 대비, 회복 주기적 삽입)

(7) 현장 적용 규칙(요약)

- 측정 규칙: 훈련 종료 20~30분 뒤에 CR10 척도로 RPE를 기록해야 한다. 질문은 항상 "오늘 훈련 전체적으로 얼마나 힘들었나?"로 동일하게 유지해야 한다.
- 주간 훈련 설계: 고강도 훈련 2회, 장거리 훈련 1회, 회복/기술 훈련 2~3회, 그리고 휴식일 1일을 포함하는 구조를 권장한다. 이는 자연스럽게 Monotony를 1.5 미만으로 유지하는 데 도움

이 된다.
- 경보 대응: Monotony가 2를 초과하거나 Strain이 개인 기준을 넘어 급증할 경우, 즉시 다음 주 훈련 볼륨을 20~40% 줄이고, 수면 및 영양 관리를 철저히 해야 한다.

2) Edwards TRIMP
(1) Edwards TRIMP 정의
- 심박수(Heart Rate, HR)를 기반으로 훈련의 내부 부하를 측정하는 지표이다. 심박수 구간별 체류 시간과 가중치를 곱하여 산출하므로, 복잡한 계산 없이 현장에서 쉽게 활용할 수 있다.
- TRIMP(Training IMPulse) = 각 HR Zone 체류 시간×Zone별 가중치

운동 강도 (Zone)	% HRmax	가중치
Z1	50~60%	×1
Z2	60~70%	×2
Z3	70~80%	×3
Z4	80~90%	×4
Z5	90~100%	×5

※ 예시: 60분 훈련 중 Z2에서 15분, Z3에서 20분, Z4에서 10분, Z5에서 5분 보냈다면, TRIMP = (15분×2) + (20분×3) + (10분×4) + (5분×5) = 30 + 60 + 40 + 25 = 155AU

(2) 주간 부하 지표로 확장(Monotony & Strain)
일일 TRIMP 값을 바탕으로 주간 훈련의 질을 평가하는 Monotony와 Strain을 계산할 수 있다.

- Weekly Load(주간 합계): 일주일 동안의 모든 일일 TRIMP 값의 총합

- **Monotony(단조성)**: 주간 일일 평균 부하를 표준편차로 나눈 값
  - Monotony = 주간 일일 평균÷표준편차
  - 이 값이 높을수록 매일의 훈련 강도 변화가 적다는 뜻이며, 과훈련의 위험을 나타내게 되는 것이다.

- **Strain(부하 압력)**: 주간 총 부하에 Monotony를 곱한 값
  - Strain = Weekly Load×Monotony
  - 훈련량이 많으면서 단조롭기까지 할 때 급격히 상승하며, 부상 위험이 높다는 신호이다.

(3) 실제 계산 사례 및 해석

요일	세션 (설명)	Z1 (분×1=점수)	Z2 (분×2=점수)	Z3 (분×3=점수)	Z4 (분×4=점수)	Z5 (분×5=점수)	일일 TRIMP (AU)
월	휴식						0
화	역치 인터벌 60′	5×1=5	15×2=30	25×3=75	15×4=60		170
수	이지 45′	10×1=10	30×2=60	5×3=15			85
목	VO₂ 인터벌 50′	10×1=10	15×2=30	10×3=30	10×4=40	5×5=25	135
금	리커버리 30′	15×1=15	15×2=30				45
토	롱런 100′	20×1=20	60×2=120	20×3=60			200
일	이지 40′	10×1=10	25×2=50	5×3=15			75
주간 합계							710

■ 주간 지표 계산
- Weekly Load: 710AU
- Monotony: 1.55(일일 평균 101.43÷표준편차 65.45)
- Strain: 1,100AU(710×1.55)

※ 해석

- Weekly Load(710AU): 직장인 중급 러너에게 적당한 중간 볼륨 수준이다.
- Monotony(1.55): '주의' 영역(1.5~2.0)에 해당한다. 훈련 강도의 변동성이 부족하다는 신호이므로, 다음 주에는 휴식일이나 아주 가벼운 회복 훈련을 추가하여 훈련의 단조성을 낮추는 것이 좋다.
- Strain(1,100AU): Monotony가 주의 영역에 진입하면서 Strain도 상승했다.

(4) 과부하 신호등 기준

지표	녹색(안전)	황색(주의)	적색(경보)
Monotony	<1.5(강·약 변주)	1.5~2.0(단조성 상승)	>2.0(질병·부상 위험)
Strain	±0.5SD 이내	+0.5~1.0SD	>+1.0SD 또는 직전 주 대비 +30~50% 급증

- Monotony: 1.5 미만은 이상적인 훈련 계획을 의미한다. 2.0 이상은 부상이나 질병 위험이 높아지므로 다음 주 훈련량을 대폭 감량해야 한다.
- Strain: 개인별 최근 4주 평균치를 기준으로 판단하는 것이 가장 효과적이다. 급증할 경우, 다음 주 훈련 볼륨을 30~50% 줄여 회복에 집중해야 한다.

■ 핵심 용어 및 핵심 포인트

핵심 용어(설명)	핵심 포인트
FTP(Function Threshold Power) 1시간 유지 가능한 최대 평균 파워(W)	FTP 테스트로 개인별 기준 파워를 산출한다.
NP(Normalized Power) 파워 변동을 가중해 '실질적' 부하를 계산한 값	NP는 강도 변동을 정규화해 실제 부하를 파악한다.
TSS(Training Stress Score) 운동 시간×(IF^2)×100으로 훈련 스트레스를 수치화한 지표	TSS = 운동 시간×(IF^2)×100으로 훈련 부하를 수치화한다.
IF(Intensity Factor) NP/FTP로 세션 강도를 상대적 비율로 나타낸 값	IF = NP/FTP로 세션 강도 지표화
CTL(Chronic Training Load) 42일(6주) 이동평균 TSS로 장기 훈련 부하 수준을 나타냄	CTL · ATL · TSB 지표로 장 · 단기 피로 · 회복을 관리한다.

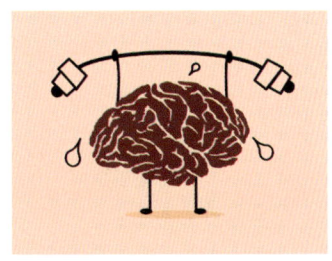

제4장

기록-분석-피드백의
설계 방법론

"측정할 수 없으면 관리할 수 없다."
— 피터 드러커(1909–2005)

측정과 데이터 적립은 단순히 기록을 남기는 행위가 아니라, 트레이닝의 효과를 극대화하고 선수 개개인의 잠재력을 끌어내는 필수적인 도구입니다. 크로스컨트리 스키 선수들의 기술 발전과 경기력 증진을 위해 관절 가동 범위 측정, 젖산역치점 분석, 훈련 레코드 관리 등의 과정을 적용했을 때, 데이터가 어떻게 변화를 이끌 수 있는지를 저는 경험으로 확인할 수 있었습니다.
"기록하지 않으면 발전할 수 없고, 측정하지 않으면 개선할 수 없다"는 철학을 바탕으로, 과학적 데이터와 경험적 통찰을 조화롭게 활용하는 것이 지도자와 선수 모두에게 중요함을 이 장에서 강조합니다.

1. 왜 우리는 훈련을 '측정하고 데이터화'해야 하는가?

"측정할 수 없으면 관리할 수 없다."
이 말은 단순하지만 강력한 의미를 담고 있다. 신체적 상태를 정확히 파악해야 그에 맞는 계획을 세울 수 있으며, 측정을 통해 개선점을 찾아 지속적인 발전을 이룰 수 있다는 뜻이다.

- 측정은 발전의 시작: 선수의 신체적 변화를 객관적으로 평가할 수 있어야 훈련의 효과를 극대화할 수 있다. 단순히 "느낌이 좋다"거나 "예전보다 나아진 것 같다"는 감각적 판단만으로는 체계적인 발전을 기대하기는 어렵다.
- 데이터는 강력한 동기부여의 도구: 훈련 기록을 통해 자신의 성취를 직접 확인하면, 선수들은 더 큰 목표를 향해 나아갈 수 있는 동기를 얻을 수 있다. 기록이 남아 있지 않다면, 과거와 현재의 차이를 인식하기 어렵고 발전의 과정 또한 모호해질 수 있기 때문이다.
- 결과보다는 과정에 충실: 훈련의 효과는 하루아침에 나타나는 것이 아니다. 꾸준한 측정과 데이터 분석을 통해 변화의 흐름을 읽고, 그 과정에서 점진적인 발전을 이루어야 한다. **"운동은 과학과 철학이 동반되어야 한다."**
- 과학은 단순한 수치와 이론만으로 완성되지 않는다. 데이터를 활용하는 것은 필수적이지만, 그것을 해석하고 적용하는 과정에서 선수와 지도자의 경험과 철학이 함께 녹아들어야 한다. 훈련이 단순히 과학적 접근으로만 이루어진다면 기계적인 과정이 될 수 있지만, 지도자와 선수의 신뢰와 소통, 그리고 경험이 더해질 때 비로소 완전한 훈련이 될 수 있다.

1) 스키 및 러닝에서 기술 증진 부족의 원인

많은 경우 스키나 러닝의 기술적 문제를 '자세'로만 해석하지만 실제 원인은 다양한 원인에서 기인되는 경우가 많다.

- 가동 범위 부족: 유연성 부족은 움직임의 질 저하를 초래하여 기술을 온전히 발휘하기 어렵게 만든다.
- 근력 및 반응 속도 미흡: 필요한 근력이 뒷받침되지 않고 반응 속도가 느리면 정확한 자세 유지가 실패하고 기술 수행 능력이 떨어지게 된다.
- 피로 누적: 신체적 피로가 쌓이면 집중력과 신체 제어 능력이 저하되어 기술 구현 자체가 어려워진다.
- 생리학적 적응 부족: 신체가 훈련에 충분히 적응하지 못하면 새로운 기술 습득이 지연되고 발전 속도가 더뎌지게 된다.

◆ **해결책은 '측정'**
- 가동 범위 측정: 무릎, 발목, 고관절의 가동성 확인
- 유산소/무산소 역치 측정: 트레드밀 테스트로 LT · VT 파악
- 데이터 기반 훈련 설계: Zone별 인터벌, 회복주 주기화 등
- **동작 영상 분석 활용**

[Dartfish & kinovia 등 동작 영상 분석 프로그램 활용]

• 관절 가동성 측정

[Y발란스 테스트]

측정 > 분석 > 계획 > 발전
현재 성능   데이터 분석 및   전략 개발   운동수행력 향상
수준 평가   개선 영역 식별

2. 훈련일지는 선수의 거울이다

훈련일지를 작성하지 않는 선수나 일반인은 훈련에 대한 집중력 부족, 의욕 저하, 혹은 생활 패턴이 제대로 형성되지 않았다는 신호일 수 있다. 이는 단순히 훈련 기록의 부재를 넘어 훈련과 삶의 절제력 부족을 반증할 수 있다.

- 선수: 훈련일지를 통해 자신의 발전을 점검하고, 훈련 계획에 대한 신뢰를 갖게 된다.
- 일반인: 체계적인 훈련 기록은 건강한 생활 습관을 유지하고,

지속적인 동기를 유발할 수 있다. 훈련일지는 단순한 기록의 도구가 아니라, 훈련과 생활의 균형을 유지하고 자신을 관리하는 중요한 수단이 된다.

1) 기본적인 훈련일지 작성법
■ 기본 신체 컨디션 기록

항목	측정 방법	의미	주의 신호
기상 안정 심박수	기상 후 5분간 측정	회복 수준	평소보다 5~10bpm↑
공복 체중	기상 후 배변 후 측정	에너지/수분 상태	1kg 이상 급격한 변화
소변색	1~8단계 육안 확인	수분 상태	4단계 이상은 탈수 경고
HRV(심박변이도)	스마트워치 or 앱으로 기상 직후 측정 (ms 단위 RMSSD 기준)	자율신경계 회복 상태(스트레스 지표)	평소보다 20% 이상 감소 시 회복 부족 또는 스트레스 과중 가능

- 기상 안정 시 심박수: 심장 건강과 회복 상태를 나타내는 중요한 지표이다. 잘 훈련된 선수일수록 안정 시 심박수가 낮으며, 정상보다 5~10bpm 이상 높으면 피로, 질병, 과훈련의 가능성이 높다.
- 소변색: 체내 수분 상태를 쉽게 확인할 수 있는 지표로, 1~3단계(투명한 색이나 연한 레몬색)가 이상적이다.
- 공복 체중: 전날 훈련과 식이 영향, 수분 균형 상태를 파악하는데 도움이 된다. 급격한 체중 감소는 탈수나 과도한 에너지 소비를, 체중 증가는 수분 저류나 영양 과잉을 의미할 수 있다.
- HRV 값이 높을수록 부교감신경이 활성화되어 회복 상태가 양호함을 의미하며, HRV 값이 낮을수록 교감신경이 우세해져 과훈련, 피로, 수면 부족, 스트레스 가능성이 있다.

■ 훈련 세션 기록 예시

구분	내용	세부 설명
기본 정보	날짜/시간/날씨	훈련을 진행한 날짜, 시작 시간, 소요 시간, 당시 날씨(기온, 습도 등)
훈련 목적	회복/템포/인터벌 등	해당 훈련의 주된 목표(예: 회복 훈련, 지구력 증진, 템포 훈련, 인터벌 훈련, 근력 향상 등)
운동 유형	유산소/무산소/근력/복합훈련	러닝, 사이클링, 수영, 로잉, 스프린트, HIIT, 플라이오메트릭, 웨이트 트레이닝, 저항 밴드 운동
거리/시간	GPS 또는 워치 활용	GPS 스포츠워치, 스마트폰 앱, 실내 훈련 장비 내장 측정기
심박수 측정	평균/최대심박수	훈련 강도 분석
	회복심박수	템포 및 인터벌 훈련 후 심박수 회복 속도 측정
RPE	훈련 강도에 대한 주관적인 느낌	1(매우 쉬움)부터 10(최대 노력)까지의 척도로 기록
추가 메모	통증, 느낀 점, 환경 조건 등	훈련 중 발생한 통증 부위나 정도, 개인적인 컨디션 변화, 훈련 중 느낀 점(수월함, 어려움), 환경 조건(바람, 지형), 장비 문제 등 특이사항 기록

2) 엑셀 프로그램 피벗을 활용한 훈련일지 작성

엑셀은 단순한 표 작성 도구를 넘어, 개인 맞춤형 훈련 분석 시스템을 구축할 수 있는 가장 실용적이고 강력한 툴 중 하나입니다. 특히 지구력 트레이닝처럼 장기간에 걸쳐 누적되는 데이터를 분석하고 피드백하는 데 매우 효과적입니다.

- 정량적 기록의 체계화: 날짜, 운동 시간, 거리, 강도, 심박수, RPE 등 다양한 변수를 하나의 양식 안에서 체계적으로 기록할 수 있으며, 훈련 주기별 비교 및 성과 변화 분석이 용이해진다.
- 피벗 테이블을 활용한 자동 분석: 주간·월간 거리 합계, 강도별 분포, RPE 평균 등 복잡한 계산을 클릭 몇 번으로 자동화할 수 있다. 시각화(그래프)도 간편하게 가능하여 한눈에 이해하

기 쉬운 피드백을 제공하여 준다.
- 반복되는 훈련의 패턴 파악: 훈련이 누적될수록, 자신의 강점과 취약한 패턴이 명확하게 드러난다(예: 월요일 RPE가 높고 심박수도 높다면 회복이 부족하다는 신호).
- 훈련 강도 조절 및 회복 모니터링: 심박수, RPE, 강도존 분포를 통해 과훈련 예방과 회복 시기 판단이 가능하며, 필요시 훈련 계획을 조정할 수 있는 '자기 피드백 루프'를 형성할 수 있다.
- 다양한 방식으로 확장 가능: 여러 시트 구성(유산소/근력 분리, 회복일지, 식단 추적 등), 개인별 통계 요약, 코치-선수 간 공유 등으로 훈련의 '과학화'가 가능하다.

3. 스마트워치만으로는 충분하지 않은 이유: 훈련일지가 여전히 필요한 이유

◼ "숫자"는 "정보"가 아니다.
- 데이터(data) = 사실적 측정값
- 정보(information) = 데이터 + 맥락 + 해석
- 스마트워치는 '데이터'까지 자동 제공하지만, 정보를 만들려면 사용자의 해석이 필수다. 훈련일지는 그 해석 과정을 기록으로 남긴다.

◼ 주관·객관의 통합이 성과를 결정
- 생리적 지표(HR, 파워, 페이스)와 심리적 지표(동기, 스트레스)는 서로 영향을 주고받는다.
- 연구에 따르면 객관 데이터 + 주관적 RPE를 함께 사용할 때 과훈련 예측 정확도가 단독 사용 대비 향상

◼ '쓰기' 행위 자체가 퍼포먼스 도구
- 일지를 쓰는 과정은 마인드풀니스와 유사한 효과: 현재 상태를 차분히 성찰 → 과도한 감정 반응 억제, 목표-행동 정렬
- 코칭심리학에서는 이를 "반성적 루프(Reflective Loop)"라고 부르며, 자기-조절(self-regulation)의 핵심 전략으로 제시한다.

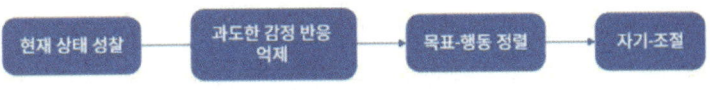

[일지 작성의 반성적 루프]

▣ 알고리즘 의존 리스크 관리

- HRV 기반 회복 점수, 훈련 부하 지수는 제조사마다 계산식이 다르다.
- 동일 세션이라도 가민의 "피크 부하"와 폴라의 "카디오로드" 해석이 엇갈릴 수 있음 → 일지는 사용자 맞춤 규칙으로 재해석할 수 있는 공간을 제공

▣ 데이터 지속 가능성과 확장성

- 클라우드 서비스 폐쇄·요금 변경 시 데이터 접근성이 제한될 수 있음
- CSV → 엑셀·R·Python으로 변환하여 일지에 통합하면 장기 연구·논문·코칭 매뉴얼로 재활용 가능

※ 결론: 훈련일지의 가치

> 훈련일지를 작성하는 습관은 단순한 기록을 넘어, 스스로의 상태를 이해하고 훈련 목표에 맞는 방향으로 나아가는 과정입니다. 선수들에게는 자기 점검과 피드백의 도구가 되고, 일반인들에게는 절제된 생활과 지속적인 발전의 계기를 제공합니다. 훈련일지는 관리의 시작이며, 측정 가능한 데이터를 통해 발전의 기회를 제공합니다. "측정할 수 없으면 관리할 수 없다"는 철학을 바탕으로 훈련일지를 습관화한다면, 누구나 더 나은 성과와 건강한 삶을 이룰 수 있습니다.

▣ 스마트워치와 훈련일지 함께 활용하기

논리적 근거	스마트워치가 제공하는 것	훈련일지가 보완하는 것
데이터의 '맥락(Context)' 부재	HR·속도·거리 등 숫자	당시 날씨, 지형, 컨디션, 감정, 영양 상태 같은 상황 변수 기록
주관적 체감(Subjectivity) 통합 필요	RPE·피로도는 간접 추정(알고리즘 기반)	본인이 직접 서술한 RPE, 통증 위치·강도, 정신적 스트레스 수준

종합/다차원 분석	개별 세션 · 주간 요약 위주 대시보드	시즌 목표, 기술 · 전술 메모, 보조 운동 · 식단 · 수면 데이터를 한 문서로 통합
오류 · 노이즈 검증	GPS 드리프트, 광학 HR 센서 오류 가능	"느낌 · 기록 불일치"를 수기로 확인 → 데이터 클렌징 · 재해석
반성적 학습(Reflective Practice)	자동 리포트는 결과만 보여줌	"무엇이 잘/못 되었나?"를 글로 정리하며 메타인지 · 전략 수정
코치 · 팀 커뮤니케이션	플랫폼이 달라지면 데이터 공유 제한	간결한 텍스트 · 표는 이메일 · 문서로 누구와도 손쉽게 공유 · 토론
소유권 · 장기 보존	서비스 종료 · 업데이트 시 데이터 유실 위험	로컬-파일(엑셀/노션 등) 백업 → 연구 · 출판 · 회상 자료로 재사용

■ 핵심 용어 및 핵심 포인트

핵심 용어(설명)	핵심 포인트
ATL(Acute Training Load) 7일 이동평균 TSS로 단기 피로 상태를 나타내는 지표	ATL(7일 평균 TSS)로 단기 피로 상태를 진단한다.
TSB(Training Stress Balance) CTL-ATL로 피로와 신선도의 균형 상태를 파악	TSB = CTL − ATL로 피로 · 신선도 밸런스를 판단한다.
RPE(Rating of Perceived Exertion) 주관적 운동 강도 지각 척도(Borg 척도 등)	RPE는 주관적 부하 평가의 보완 지표로 활용된다.
HRV(Heart Rate Variability) 심박 간격 변이도로 자율신경 회복 상태를 반영	HRV 측정으로 자율신경 회복 상태를 점검한다.
피드백 루프(Feedback Loop) 데이터 수집 → 분석 → 훈련 조정의 순환 프로세스	데이터 → 분석 → 조정의 순환으로 훈련 계획을 최적화한다.

에피소드 2

자신만의 건물을
쌓아 올려야 한다

    대학교에서 지도자로 활동한 지 몇 년이 지나던 시기, 2018 평창 동계올림픽을 앞두고 크로스컨트리 스키와 바이애슬론 국가대표팀은 경기력 향상을 위해 외국인 지도자를 선임했습니다. 이는 매우 자연스럽고도 당연한 결정이었습니다. 세계적인 경험과 시스템을 갖춘 이들과 함께하는 것이 국가대표팀에게는 더 나은 선택처럼 보였기 때문입니다.

    그런 흐름 속에서 제가 지도하던 대학 선수들 역시, 더 뛰어난 선수 커리어와 풍부한 경력을 가진 외국 지도자에게 배워보고 싶어 하는 마음을 갖는 것은 어쩌면 당연한 일이었습니다. 제 자신도 충분히 이해할 수 있었습니다. 그때 저는 지도자로서 무언가 새로운 전환점이 필요하다는 생각을 하게 되었습니다.

    그러던 중, 초등학교부터 대학 지도자로의 여정을 함께하였던 제 아내가 어느 날 저에게 조용히 한마디를 전했습니다.

    "당신 선배인 실업팀 A 감독이나 국가대표 코치로 활동 중인 B 친구에 비하면, 카리스마가 부족한 것 같아. 고민 좀 해봐."

    저는 그 말을 듣고 깊은 생각에 빠졌습니다.

    '과연 나는 어떤 지도자인가?'

    '나는 어떤 방향으로 가고 있는가?'

    세계적인 외국인 코치들과의 비교, 국내 유능한 지도자들과의 차이, 그리고 내가 걸어온 길과 지도 철학에 대해 근본적으로 다시 돌아

보고 성찰할 수밖에 없었습니다. 그리고 마침내 제 나름의 결론을 내리게 되었습니다.

"나는 그들과 같을 수 없다. 선수 커리어도 다르고, 환경도 다르며, 지도하는 대상과 소통 방식도 전혀 다르다. 그렇다면, 나만의 방식으로, 나만의 철학으로 건물을 지어야 한다."

저는 세계적인 스포츠 지도자들이 쓴 책을 즐겨 읽었고, 그중에서도 미국 대학농구 역사상 최고의 지도자로 평가받는 존 우든(John Wooden) 감독의 저서에서 깊은 영향을 받았습니다. 그의 지도 철학 중 특히 아래의 문장이 제 마음에 큰 울림을 주었습니다.

"부드러운 것보다 강한 것은 없다."

이 말은 이전부터 제가 지도자로서 훈련 프로그램을 설계하고, 선수들과 소통하며 관계를 쌓는 데 있어 가장 중요한 원칙 중 하나가 되었습니다. 저는 선수들에게 이렇게 말하곤 했습니다.

"각자 건물을 짓는 방식은 다르다. 건물을 올리기 전에 반드시 땅을 다져야 한다. 기초가 단단하지 않으면 어떤 구조든 무너질 수밖에 없다. 우리가 짓는 건물은 한옥일 수도, 서양식일 수도 있다. 몇 층까지 올라갈 수 있을지는 아무도 모른다. 하지만 우리는 우리가 가진 재료와 도면으로, 우리만의 건축을 완성해야 한다. 나를 믿고 함께 그 건물을 올려보자."

그 이후 실제로 국가대표 지도자 후배들에게서 이런 이야기를 들을 수 있었습니다.

"강릉원주대학교 선수들은 이상하리만큼 최용철 교수 말에 의심이 없는 것 같다. 외국 지도자의 조언보다 오히려 교수님이 말한 내용을 더 믿고 따른다."

그들은 이런 현상을 '광신도'처럼 표현하기도 했지만, 저에게는 그것이 지도자로서 가장 값진 평가였습니다. 그것은 단순히 말의 힘 때문이 아니라, 오랜 시간 함께 쌓아 올린 신뢰와 소통, 그리고 철학이 만들어낸 결과였기 때문입니다.

제가 독자 여러분께 꼭 전하고 싶은 메시지는 이것입니다. 우리는 각자 다른 재료와 기반 위에 서 있습니다. 나이, 성별, 체력 수준, 경험, 환경은 모두 다릅니다. 누구의 레시피를 그대로 따라 한다고 해서 똑같은 결과가 나올 수는 없습니다. 과학적인 원칙과 기본적인 지침을 충실히 따르되, 자신의 몸, 생활, 철학에 맞는 나만의 시스템과 훈련 방식을 만들어야 합니다.

훈련도, 성장도 결국은 자신의 집을 짓는 과정입니다. 기반을 닦고, 뼈대를 세우고, 그 위에 자신만의 삶과 철학을 쌓아야 합니다. 남들과 비교하며 흔들리는 것이 아니라, 자신의 속도와 설계도로 자신만의 건물을 올릴 수 있다면, 그 자체로 가장 단단하고 가치 있는 성취가 될 것입니다.

제5장

트레이닝의 원리와 접근

지구력 훈련은 단순히 운동 시간을 늘리는 것이 아닙니다. 과학적 원칙에 기반해 체계적으로 설계해야 효율적이고, 부상 위험을 줄이며, 장기적 발전을 보장할 수 있습니다.

1. 과부하의 원칙(Overload)

- 현재 수준보다 높은 부하를 줘야만 신체에 적응 자극이 발생
- 훈련 중 신체가 "낯선 자극"을 받으면, 근육, 심혈관계, 에너지 시스템은 그 자극에 적응하려는 반응
    - 예시: 주간 러닝 거리를 30km → 33km로 점진적 증가
    - 예시: 무산소 능력 개선을 위해 인터벌 세션 강도를 높이는 것

- 중량, 세트, 횟수, 속도, 거리, 강도 분포, 세션 수, 총 볼륨(volum) 등으로 <u>과부하를 유도할 때 핵심 원칙은 한 번에 하나의 변수를 적용하는 것이 원칙이다.</u>

1) 적용 규칙 5가지
(1) 주(週) 단위: 핵심 레버는 딱 1개
- 예) 주간 러닝 총거리 30km → 33km(볼륨↑)이면, 강도 분포(Z4~5)와 세션 수(빈도)는 유지
- 예) 인터벌 강도(또는 반복 수)↑이면, 그 주의 총 볼륨은 동일 또는 -10~20%

(2) 두 변수를 함께 움직일 땐 '보상 원칙'
- 허용 조합: 강도↑ ↔ 볼륨↓, 밀도↑(횟수↑) ↔ 강도↓, 지형 난도↑ ↔ 볼륨↓
- 금지 조합: 볼륨↑ + 강도↑, 볼륨↑ + 밀도↑, 강도↑ + 지형 난도↑ (특히 같은 주)

(3) 변수의 종류를 명확히 구분해 관리
- 지구력(러닝/사이클): 볼륨(시간/거리), 강도 분포(Z1~Z5), 세

션 밀도(주당 횟수), 지형/환경(언덕·고온/한랭), 롱런 길이, 보강 훈련(플라이오·근력)
- 근력: 중량, 세트, 반복 수, RIR/RPE, 템포, 휴식 시간 → 한 번에 1개만 올리고 나머지는 고정

(4) 가드레일(계기판)로 안전장치 걸기(『고요한 전진』의 운영 룰과 연결)
- TSB <-20 상태가 3일 이상 이어지면 그 주는 변수 추가 금지 (회복 삽입)
- Monotony >2.0(주간 단조로움↑)이면 변수를 올리기보다 구성만 다변화(패턴 바꾸기)
- 자각 피로↑ / 수면 저하 기간엔 유지가 최선

(5) 증분의 크기는 '작고 정확하게'
- 볼륨: 주당 +5~10% 범위(상한선은 컨디션·경력에 따라 보수적으로)
- 강도: 세션 1개에서만 변화 → 이후 반응 보고 확장
- 밀도: 주 1회 세션 추가 시, 그 주의 총 볼륨은 동일 혹은 소폭 감량

▣ 현장 예시

◆ **현장 예시(러닝)**
- (안전) 롱런 18km → 20km로 늘림 → 그 주 Z4 인터벌은 유지 (반복 수/페이스 동일)
- (보상) 트랙 인터벌 강도 한 단계↑ → 그 주 총거리 -10% 또는 회복 조깅을 1회 줄임
- (금지) 롱런 거리↑ + 인터벌 강도↑ + 언덕 코스 도입(동시 3변수) → 불가

- ◆ **현장 예시(근력)**
  - (안전) 스쿼트 중량↑ → 세트·반복·템포·휴식은 유지
  - (보상) 세트 수↑ → 중량 -5~10% 또는 반복 수 -2회
  - (금지) 중량↑ + 세트↑ + 템포 느리게(타임언더텐션↑) → 불가

2. 점진적 증가의 원칙(Progressive Overload)

- 부하 증가 속도가 너무 빠르면 부상·과훈련, 너무 느리면 적응 정체
- **10% 룰: 주간 훈련량 또는 강도를 최대 10%까지만 증가**
  - 초기에 운동량이 낮을 때는 두 번째 주에 20% 정도 증가시키고, 세 번째 주에는 두 번째 주와 같이 유지하는 방법을 사용할 수 있다.
- 주기화: 3주 증가 → 1주 회복 사이클 혹은 5주 블록 주기화

3. 특이성의 원칙(Specificity)

- 정의: 특이성은 훈련 자극을 목표 경기의 요구—시간-강도(대사적), 동작·역학(기계적), 기술·인지(전술/심리), 환경·장비(컨텍스트)—에 단계적으로 정합(整合)시키는 원칙이다.
- 대원칙: 준비기 초반에는 일반성(General)으로 토대를 깔고, 피크로 갈수록 특이성(Specific)을 높인다(General → Specific

의 문턱은 6~10주 전에 선을 긋고 서서히 전개).
- 변수 하나만 강조: 특이성 강화주에는 볼륨·강도·환경 중 핵심 1개만 올리고 나머지는 유지한다(과부하 원칙과 동일 가드레일).

1) 특이성의 네 층(Layered Specificity)
(1) 대사적 특이성(시간·강도 영역)
- 마라톤: 장시간 Z2 중심 + Z3(마라톤 페이스) 내성
- 5K/10K: Z4(VO_2max)·Z3(역치) 혼합, 짧은 고강도 반복
- 트랙 스프린트/단거리: 무산소 인터벌/스프린트(짧고 강하게)

(2) 역학·기술 특이성(동작 형태·속도·ROM)
- 주법/케이던스/접지(러닝), 에어로 포지션/케이던스(사이클), 더블폴/킥-글라이드(XC)
- "그 속도대에서 그 기술"을 연습(느린 속도 기술은 빠른 속도에 자동 이식되지 않음)

(3) 인지·전술 특이성(페이싱·연료·결정)
- 마지막 10km 페이싱, 급수/젤 타이밍, 집단 주행에서의 위치 싸움 등 결정 상황을 훈련에 삽입

(4) 환경·장비 특이성(코스·기후·기어)
- 노면/고도/기온/바람을 경기와 유사하게(언덕/열/추위/고지 적응)
- 신발/휠/폴 길이·왁스/에어로킷은 최소 3~4주 전 확정 후 반복 사용

2) 구현 규칙(운영 체크리스트)

- Rule 1. 시간이 곧 종목이다: 목표 경기 지속 시간대에서 경제성·내성을 만든다(예: 마라톤 페이스 블록 런, 40km TT 연속 주행).
- Rule 2. 속도-기술 결합: 목표 페이스/파워에서 기술을 리허설(Stride/Drill은 레이스 페이스 전후에 배치)
- Rule 3. 장비·영양 리허설: 경기 동일 장비·연료로 장거리 세션을 소화(새 배치/새 제품은 14일 이전 도입 원칙)
- Rule 4. 환경 모사: 언덕/열/한랭/고지를 소용량 → 중용량으로 적응(첫 72시간 고지 HIT 금지 원칙 유지)
- Rule 5. 변수 1개만 올리기: 특이성 주에는 강도↑ ↔ 볼륨↓, 언덕↑ ↔ 강도↓ 등 보상 원칙 적용

3) 종목별 예시(현장 적용)

(1) 러닝(마라톤)

- 8~10주 전부터 마라톤 페이스(MP) 세그먼트 포함 롱런(예: 28km 중 MP 12~16km)
- 급수·젤 타이밍을 실전처럼: 노면·기온을 경기와 유사하게 실시한다.
- 스파이크/레이싱화는 최소 3주 전 확정 후 반복 사용한다.

(2) 러닝(5K/10K)

- Z4 인터벌(예: 1k×5) + Z3 템포 러닝 혼합
- 오픈·피니시 페이싱 리허설(첫 400m, 마지막 600m 가속)

(3) 사이클(40km TT/로드)

- 에어로 포지션 고정 인터벌(Z3~Z4) + 지형 특이 리핏(바람/언덕)
- 보틀·게이지 위치 포함 장거리 주행 리허설

(4) XC 스키/바이애슬론
- 더블폴 파워 + 업힐 테크닉 세션, 추위 적응(장갑/호흡 리듬) 병행
- 사격/구간 전환은 심박 상승 상태에서 반복한다(결정 상황 특이성).

4) 특이성과 변이의 균형(지루함·과부하 방지)
- 80~90%는 종목·경기 특이, 10~20%는 보조 변이(기술 드릴/보강/크로스트레이닝)로 오버유즈·단조로움을 줄인다 (Monotony/Strain 가드레일 병행).
- 너무 이른 과특이화 금지: 준비기 초기에 속도·장비를 경기형으로 고정하면 총 볼륨·기초가 줄고 부상 위험이 높아진다.

5) "특이성 점검" 6문(훈련표 작성 전 자문)
- 내 경기의 시간·강도 영역은? (예: 3h MP, 60′ Z3 TT)
- 그 속도/파워에서 기술이 무너지지 않는가?
- 장비·영양·페이싱을 리허설했는가?
- 코스·기후를 모사했는가?
- 이번 주에 올릴 변수는 1개뿐인가?
- 이 주에 일반성(근력/기술/드릴) 변이를 10~20% 확보했는가?

> **"특이성 — 짧은 결론"**
> - 경기와 닮게, 그러나 너무 일찍 너무 많이는 아니다.
> - 속도는 기술과 묶고, 환경은 장비와 묶는다.
> - 이번 주엔 딱 하나만 올리고, 나머지는 고정한다.

4. 회복의 원칙(Recovery)

- 적응은 '훈련'이 아닌 '훈련 후 회복' 중에 일어난다.
- 적극적 회복(저강도 운동), 스트레칭·마사지, 수면(7~9시간), 영양 주기화 필수
- 훈련 계획에 회복일 및 회복 주기 표기

1) 1일 1회 훈련과 2회 훈련의 장단점 및 회복과의 상관성
◾ 1일 1회 훈련 장점
- 회복 시간 확보: 훈련 후 충분한 휴식을 취할 수 있어 신체적 회복과 재생에 유리하다.
- 효율적인 훈련 집중: 한 번의 세션에 전력을 집중할 수 있어, 훈련 강도와 질을 높이는 데 유리하다.
- 시간 관리가 용이해 직장인 아마추어 선수들에게 적합하다.
- 부상 위험 감소: 과도한 부하로 인한 부상의 위험을 줄이고, 안정적으로 지구력을 향상시킬 수 있다.
- 멘탈 부담 감소: 하루 한 번 훈련은 심리적 부담이 적어, 훈련 계획을 꾸준히 지속하기 쉽다.

◾ 1일 1회 훈련 단점
- 훈련량 제한: 하루 한 번의 훈련으로는 훈련 볼륨을 충분히 늘리기 어렵다. 엘리트 선수에게는 경기 수준의 높은 부하를 재현하기에 부족할 수 있다.
- 적응 속도 저하: 한 번의 세션으로 자극과 회복을 반복하기 때문에 특정 에너지 시스템의 발전 속도가 더뎌질 수 있다.
- 세부 목표 조정의 어려움: 훈련 시간 안에 유산소, 무산소, 기술 훈련을 모두 포함해야 하므로 각 요소에 충분히 집중하기 어렵다.

■ 1일 2회 훈련 장점
- 훈련 볼륨 확대: 하루에 두 번 훈련을 진행하면 더 많은 운동량을 소화할 수 있어 지구력 및 체력 강화에 효과적이다. 엘리트 선수의 경기 수준에 적합한 부하를 줄 수 있다.
- 특화된 훈련 가능: 아침과 오후 세션에 각각 다른 훈련 목표(예: 유산소 훈련과 기술 훈련)를 설정할 수 있어 효율적인 자극을 줄 수 있다.
- 젖산 제거 및 회복 능력 강화: 두 번의 고강도 세션은 젖산역치 향상 및 신체의 회복 메커니즘을 효과적으로 훈련할 기회를 제공한다.
- 신체 적응 가속화: 반복적인 자극을 통해 체력과 기술 적응 속도를 높일 수 있다.

■ 1일 2회 훈련 단점
- 피로 누적 위험: 하루 두 번 훈련은 체력 소모와 피로 누적을 가속화시켜 과훈련(Overtraining)의 위험을 높인다. 아마추어 선수에게는 체력적으로 큰 부담이 될 수 있다.
- 회복 시간 부족: 두 세션 간 회복 시간이 부족하면 두 번째 훈련에서 성과가 저하될 가능성이 높다.
- 시간적 부담: 두 번의 훈련은 직장인이나 학생 같은 아마추어에게 시간 관리의 어려움을 초래할 수 있다.
- 심리적 스트레스 증가: 두 번의 훈련에 대한 심리적 부담이 클 수 있어, 지속적으로 훈련에 몰입하기 어렵다.

구분	1일 1회 훈련	1일 2회 훈련
장점	회복 시간 충분, 부상 위험↓, 시간 관리 용이	훈련 볼륨↑, 세션별 목적 분리 가능, 적응 가속
단점	세션당 훈련량 한계, 적응 속도 느림	피로 누적·과훈련 위험↑, 시간·심리적 부담 증가
추천 대상	아마추어·직장인·대학생	엘리트·회복 빠른 선수
적용 예시	60분 지구력 베이스 또는 템포 런	오전 인터벌 + 오후 저강도 회복 러닝

2) 엘리트 선수와 아마추어 선수 간 훈련 접근 방식

■ 엘리트 선수에게 1일 2회 훈련의 적합성

- 장점: 높은 체력과 적응력으로 고강도 및 고부하 훈련을 효과적으로 소화하며, 기술 훈련과 체력 훈련을 분리하여 전문성을 강화할 수 있다.
- 단점: 피로 누적 시 성과가 저하될 수 있으므로, 정밀한 강도 조절과 회복 관리가 필수적이다.

■ 아마추어 선수에게 1일 1회 훈련의 적합성

- 장점: 체력 수준과 생활 환경을 고려할 때 더 적합하며, 부상 위험을 줄이고 꾸준한 훈련 습관을 형성하는 데 유리하다.
- 단점: 훈련량 부족으로 지구력 향상 속도가 더딜 수 있다. 만약 1일 2회 훈련을 시도한다면, 낮은 강도로 시작하여 점진적으로 강도를 조절해야 한다.

■ 엘리트 지구력 선수의 1일 2회 훈련 시 세션 간 적절한 휴식 시간

- 엘리트 지구력 선수들이 하루에 두 번 훈련할 때, 두 세션 사이의 최적 휴식 시간은 훈련 강도, 세션 목표, 개별 회복 속도에 따라 달라지지만, 일반적인 가이드라인이 있다.
- 최소 휴식 시간: 글리코겐 보충, 신경근 회복, 피로 감소를 위해 최소 4~6시간의 휴식이 필요하다. Gibala et al. (2009) 연구에서는, 4시간 이하의 짧은 회복 시간은 글리코겐 고갈과 회복 지연을 초래할 가능성이 크다고 보고되었다.
- 최적 휴식 시간: 특히 저강도-고강도 훈련을 병행하는 경우 (예: 오전 유산소 + 저녁 고강도), 6~8시간의 휴식을 권장한다. Seiler (2010), Mujika & Padilla (2003) 연구에 따르면, 세션 간 최소 6시간의 휴식을 확보하는 것이 최적의 운동 적응을 유도한다고 보고되고 있다.

3) 엘리트 선수들의 실제 훈련 사례
- 엘리우드 킵초게(마라톤 선수): 하루 2회 훈련 진행, 두 세션 간 최소 6시간 휴식 유지(오전: 장거리 훈련 또는 고강도 인터벌 / 오후: 회복 조깅 또는 짧은 거리 훈련)
- 노르웨이 크로스컨트리 스키 선수들(요하네스 클레보, 테레세 요하우그): 오전(장거리 유산소 훈련 2~3시간) / 오후(근력 및 기술 훈련 1~1.5시간), 세션 간 5~8시간 휴식(식사, 수면, 휴식 포함).
- 사이클리스트(타데이 포가차르, 요나스 빈게고르): 오전(긴 거리 훈련 4~5시간) / 오후(회복 훈련 또는 웨이트 트레이닝 1~1.5시간), 세션 간 약 6시간 휴식

4) 회복을 돕는 주요 요소
- 영양 섭취: 첫 번째 훈련 후 탄수화물과 단백질 보충이 중요
- 수면/낮잠: 낮잠(20~30분)은 회복을 촉진
- 능동적 회복: 가벼운 스트레칭, 폼롤링, 수영 등 저강도 활동은 회복에 도움이 됨

낮잠과 수면관성(Sleep Inertia)

낮잠 직후 즉시 운동하거나 활동을 시작할 때 나타나는 일시적 기능 저하 현상으로, 주요 특징은 다음과 같습니다.

◆ **인지・신체 반응 속도 저하**
- 깨어난 직후 30~90분 동안 반응 시간 느려짐
- 근력 발휘 능력 감소
- 판단력・집중력 저하

◆ **코어 체온 저하**
- 정상적으로 오후 3시경에 도달하는 체온 최고점(afternoon peak)이 낮잠 후 회복되지 않음

- 체온이 충분히 오르지 않아 근육·신진대사 효율 떨어짐

◆ 호르몬 불균형
- 멜라토닌 잔류: 아직 충분히 분해되지 않아 각성 준비 미흡
- 코르티솔 분비 하강: 하루 중 분비 정점이 지나 피로·무기력감 촉발

◆ 실전 적용 시 주의사항
- 낮잠 후 바로 고강도 훈련 지양
- 깨어난 뒤 최소 30분 이상 가벼운 스트레칭·워밍업
- 코어 체온·코르티솔 회복을 위한 적절한 준비 시간 확보

[선수들 회복을 위하여 고압력 산소치료기를 활용하고 있음]

5. 개별성의 원칙(Individuality)

개별성 훈련의 중요성과 훈련의 철학

지구력 훈련은 고독한 시간이 많습니다. 장거리 훈련이나 템포 러닝을 혼자 수행하면서 우리는 스스로와의 대화 시간을 가지게 됩니다. "고독을 견디는 훈련은 정신적 강인함으로 이어집니다."

◆ **무리 훈련의 위험성**

지구력 선수들은 훈련이 지루하다는 이유로 무리를 지어 같은 속도로 달리는 경우가 많습니다. 그러나 이 과정에서 각 선수의 능력 차이가 무시됩니다. 능력이 높은 선수에게는 훈련이 너무 쉬울 수 있고, 능력이 낮은 선수에게는 과훈련이 될 수 있습니다. "지구력 훈련은 고독 속에서 자신을 단련하는 시간임을 받아들이는 것이 중요합니다."

모든 사람은 신체적 특성, 체력 수준, 생활 패턴이 다르다. 따라서 훈련 계획은 개별적인 특성을 반영해야 한다. 체력 수준이 낮은 초보자는 저강도, 짧은 운동 시간으로 시작하고, 체력 수준이 높은 엘리트 선수는 고강도 훈련과 긴 운동 시간을 포함하는 식으로 조절해야 한다.

1) 개별성의 원칙과 알로스타시스(Allostasis)

알로스타시스(Allostasis)는 "항상성(Homeostasis)"과 관련된 생리학적 개념에서 파생된 용어로, 스트레스나 환경 변화에 따라 신체가 균형을 유지하기 위해 적응하는 과정을 의미한다. 항상성이 내부 환경을 일정하게 유지하려는 신체의 노력이라면, 알로스타시스는 변화하는 외부 조건에 대응하기 위해 신체가 새로운 균형점을 찾아가는 동적 과정이라 할 수 있다.

■ **알로스타시스(Allostasis)의 핵심 개념**

- 항상성(Homeostasis): 체온, 혈압, 혈당과 같은 내부 상태를 일정하게 유지하려는 신체의 자동 조절 메커니즘을 의미한다(예: 체온이 37℃를 유지하려고 발한 또는 떨림 반응이 일어남).
- 알로스타시스(Allostasis): 스트레스, 환경 변화, 생리적 요구에 따라 새로운 균형 상태를 형성하려는 신체의 적응 과정으로,

신체가 단순히 일정 상태를 유지하려는 것이 아니라 변화하는 조건에 맞춰 조정하는 과정을 포괄한다(예: 운동 중 심박수와 호흡 속도가 증가하거나, 장기적인 스트레스에 따라 호르몬 수준이 변함).

■ 알로스타시스의 주요 원리

신체는 외부 환경의 변화에 따라 적응적 반응을 통해 에너지 사용과 생리적 메커니즘을 조정하게 된다. 이러한 조정은 신경계, 내분비계, 면역계의 통합 작용에 의해 이루어지며, 주로 스트레스 호르몬(코르티솔, 노르에피네프린 등)이 중요한 역할을 한다. "알로스타틱 부하(Allostatic Load)"라는 개념은 신체가 이러한 적응을 지속적으로 수행함으로써 발생하는 누적된 스트레스와 비용을 의미한다.

- 운동 중 적용: 신체는 산소 수요 증가, 체온 상승, 젖산 축적 등 다양한 변화에 적응하기 위해 알로스타틱 반응을 활성화한다. 이는 퍼포먼스 향상에 도움이 되지만(예: 고지대 훈련에서 낮은 산소 환경에 적응하여 적혈구 생성 증가), 과도한 부하는 피로, 부상, 과훈련증후군으로 이어질 수 있다.
- 스트레스와 정신 건강: 알로스타시스는 심리적 스트레스에 대한 신체의 반응을 설명하는 데도 사용된다. 단기적 스트레스는 신체가 적응하여 대처 가능하지만, 장기적 스트레스는 알로스타틱 부하를 증가시켜 질병(고혈압, 당뇨, 우울증 등)의 위험을 높이게 된다.
- 건강과 질병 관리: 알로스타틱 부하를 효과적으로 관리하면 만성질환 발생을 줄이고 회복 탄력성을 높일 수 있다. 건강한 생활 습관(운동, 수면, 균형 잡힌 영양)은 알로스타틱 부하를 줄이는 중요한 요인이 된다.

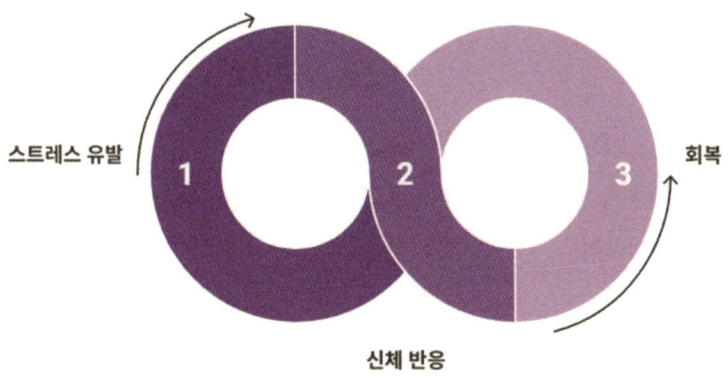

■ 알로스타틱 부하(Allostatic Load)의 관리

알로스타틱 부하는 신체가 스트레스에 반복적으로 적응하기 위해 과도하게 에너지를 소비할 때 발생하는 누적된 생리적 비용을 의미한다.

- 원인: 지속적인 스트레스, 과도한 운동, 회복 부족, 불균형한 생활습관
- 결과: 만성 염증, 면역력 저하, 대사질환, 심리적 소진(Burnout)
- 관리 방법: 운동 후 충분한 회복 시간 확보, 스트레스 관리 기술(명상, 심호흡 등), 규칙적인 수면과 영양 섭취를 통해 신체의 적응 능력을 최적화해야 한다.

"알로스타시스는 단순히 변화에 대응하는 과정이 아니라, 신체가 지속 가능한 성장과 균형을 이루는 기회이다."

2) 스트레스 · 회복(Allostasis) 기반 설계

◙ 스트레스 평가
- 시험 · 업무 · 수면 부족 시 '고스트레스' 구간으로 간주
- 훈련 강도 조절
- 고스트레스: 저강도 걷기 · 요가로 회복 촉진
- 중간 스트레스: 템포 러닝 · 근력 세션 유지
- 저스트레스: 고강도 인터벌 · 유산소 혼합 세션

◙ 과거 대학생 선수 지도 경험에서 배운 교훈

> 과거 대학 운동선수들을 지도할 때, 저는 학생들의 라이프스타일과 문화적 요소를 충분히 고려하지 못한 실수를 한 적이 있습니다. 밤 늦게까지 음주나 과도한 공부로 인해 수면과 회복이 부족한 상태에서 훈련 강도를 기존과 동일하게 유지했습니다. 결과적으로 선수들은 피로가 누적되고 경기력은 오히려 저하되었습니다.
>
> Allostasis 개념을 적용하여 시험 기간처럼 스트레스가 높은 시기에는 훈련량과 강도를 조정했습니다. 정신적 스트레스와 신체적 피로를 모두 고려한 트레이닝을 설계하면서 선수들은 더 효율적으로 회복할 수 있었고, 경기력도 향상되었습니다.

6. 가역성의 원칙(Reversibility)

가역성의 원칙은 훈련을 중단하면 그동안 얻었던 훈련 효과가 사라진다는 중요한 원칙이다. 신체는 주어진 자극에 적응하지만, 자극이 사라지면 다시 이전 상태로 되돌아가려는 경향이 있다.

- 내용: 훈련을 중단하거나 강도/빈도를 현저히 줄이면, VO_2max(최대산소섭취량) 감소, 근력 약화, 지구력 저하 등 훈련으로 향상되었던 신체 능력이 점진적으로 감소하게 된다.
- 적용: 부상이나 휴식기 등으로 훈련을 중단한 뒤에는 재적응 프로토콜이 필요하다. 이는 감소된 VO_2max와 근력을 안전하게 회복하고, 신체를 다시 훈련 부하에 적응시키는 과정이다. 갑작스러운 고강도 훈련은 부상으로 이어질 수 있으므로 점진적인 접근이 중요하다.

1) 훈련 중단에 따른 심폐지구력(VO_2max) 감소 양상
- 2주차: VO_2max 약 4% 감소 시작
- 4주차: 약 6~8% 감소
- 8주차: 약 12~15% 감소
- 12주 이상: 최대 15~20%까지 감소, 이후에도 '무훈련 전' 수준으로 회복되기 어려움

2) 훈련 중단에 따른 근력(Strength) 감소 양상
- ≤3주: 근육 단면적·최대 근력 큰 변화 없음
- 4~6주: 주당 약 1~2%씩 서서히 감소
- 8~12주: 총 5~8% 감소
- 12주 이상: 근력 이득 대부분 소실, 훈련 전 수준으로 회귀

3) 실전 적용 가이드
◼ 심폐지구력 유지
- 2주 이상 쉬어야 할 때는 주 2회 이상 30분 내외의 가벼운 유산소(조깅·사이클) 실시

▣ 근력 유지
- 3주 이상 장기 휴식 시 주 1회 저강도·저볼륨 근력 세션 유지

▣ 복귀 전략
- 휴식 후 1~2주: 볼륨·강도 50~60% 수준에서 점진 재개
- 4주 이상 중단 시: 첫 4주 동안 가역성 손실 보완용 '기본 유산소 + 근력 혼합' 프로그램 적용

7. 반복성의 원리(Principle of Repetition)와 스포츠 기술·부상 관리

반복성의 원리는 특정 동작이나 기술을 반복 훈련함으로써 신경-근육 경로가 효율적으로 재구성되고, 운동 수행의 정확도와 일관성이 높아진다는 개념입니다. 스포츠 기술 학습에 필수적이지만, 지나친 반복은 과사용 부상(overuse injury) 위험을 동반하므로 적절한 설계가 중요합니다.

1) 기술 숙달을 위한 반복 훈련
- 신경 경로 강화: 같은 동작을 반복하면 뇌와 근육을 잇는 시냅스 연결이 강화되어, 반응 속도와 동작의 정확도가 향상된다. 이는 마치 좁은 도로에서 고속도로처럼 넓어지고 매끄러워지는 과정과 같다.
- 근육 기억(Muscle Memory): 반복적인 동작은 근육의 미세 구조를 변화시키고, 특정 운동 패턴에 최적화된 신경근 시스템을 형성한다. 이를 통해 의식적인 노력 없이도 무의식적으로 자동 수행이 가능해진다.

- 단계적 분절 연습: 복합적인 기술은 작은 단위(예: 템포, 동작 순서)로 나누어 반복 연습한 후, 이를 다시 통합하여 전체 동작을 완성하는 것이 효과적이다.

2) 과사용 부상과 회복의 균형

반복 훈련은 중요하지만, 과사용 부상의 위험을 항상 염두에 두어야 한다. 적절한 회복과 전략적인 훈련 설계가 부상 예방에 필수적이다.

요인	메커니즘 및 예시	대응 전략
반복 과부하	테니스 서브, 유연성 스트레칭 등 동일 동작 과다 반복 – 힘줄·건(腱)·인대 미세 파열 축적	- 변형 반복: 강도·속도·각도 약간씩 변형 적용 - 교차 훈련: 유사하지 않은 운동 도입
회복 부족	반복 동작 사이 회복 시간 없으므로 조직 재생 불충분	- 적극적 회복: 마사지·폼롤링, 가벼운 순환 운동 - 주기화: 반복 세션 후 저강도 회복일 배치
과사용증후군	러너의 무릎 관절염, 골프엘보(골퍼 팔꿈치) 등 특정 부위 스트레스 누적	- 예방 스트레칭: 관절 가동범위·근막 이완 집중 - 근력 밸런스: 약한 반대 근육군 강화

3) 반복 횟수에 따른 기술 숙련도

정확한 동작이 온전히 자신의 기술이 되기 위해서는 단순한 반복 횟수뿐 아니라 동작의 질(정확성), 피드백, 그리고 의도적인 연습이 중요하다. 다음은 일반적인 가이드라인이다.

- 기초 숙련(기능 인식 단계): 대략 100~300회 반복을 통해 동작 패턴을 인지하고, 근육-신경 경로가 기본 형태를 학습하는 단계
- 중간 숙련(기능 고도화 단계): 500~1,000회 반복 시 '무의식적 수행(automaticity)'에 근접한다. 동작이 자연스러워지고, 외부 간섭에도 일관성을 유지할 수 있다.

- 고급 숙련(숙련 완성 단계): 수천 회(≥3,000회)를 반복해야 '실전 수준'에서 압박, 피로, 환경 변화에도 효율적인 수행이 가능하다.
- 전문가 수준(마스터리): 복잡한 기술이나 정밀한 운동 조절이 요구되는 분야(예: 골프 스윙, 서브, 체조 동작)는 만여 회 이상의 '의도적 반복(deliberate practice)'을 통해 비로소 최고 성능에 도달할 수 있다.

※ 왜 이렇게 많은 반복이 필요할까?
- 신경 경로 강화: 같은 동작을 계속하면 시냅스 연결이 굵어지고, 자극·반응 루프가 빠르고 정확해진다.
- 근육 기억: 반복을 통해 근육·건·인대 등 미세 구조가 동작 패턴에 최적화된다.
- 의도적 연습(Deliberate Practice): 단순 반복이 아니라, 매회 피드백을 받고 점진적으로 난이도·조건을 바꾸면서 수행해야 고정화가 빨라진다.

4) 단일 세션 내 피로와 기술 수행 수준

단일 세션 내에서 피로가 누적되면 오히려 기술 수행 수준이 떨어질 수 있습니다.

- 신경-근육 제어 능력 저하: 근육 피로가 진행되면 중추신경계의 움직임 제어 신호 전달이 약해지고, 말초 근섬유의 반응성도 떨어지게 된다. 이로 인해 원래 정확히 수행하던 동작의 타이밍과 강도가 흐트러지며, 기술의 일관성이 감소하게 된다.
- 운동 학습 및 습관화 방해: 피로 상태에서 연습한 동작은 뇌에 비효율적인 패턴으로 저장될 수 있어, 차후 신선한 상태에서 연

습할 때도 잘못된 동작이 재생될 위험이 있다. 즉, "잘못된 반복"이 누적되어 오히려 기술 수준이 장기적으로 저하될 수 있다.
- 근력-정확도 트레이드 오프: 피로 시 최대 근력(힘)과 세밀한 조절 능력 사이의 균형이 깨져, 힘을 쓰는 동작은 유지되더라도 정교한 움직임(예: 임팩트 지점, 궤적 제어 등)은 흐트러지게 된다.

5) 실전 예시
■ 크로스컨트리 스키 - 폴링 & 킥 패턴

구분	내용
분절 연습	· 폴링 단독 20회×3세트 · 킥 단독 20회×3세트
통합 드릴	· 폴링 → 킥 → 글라이드 순서로 사이클
강도 · 부하 변형	· 평지: 가볍게 · 낮은 저항 · 언덕: 무게감 높여 · 깊은 킥
회복 & 교차	· 세트 사이 2분간 저강도 롤러 스키 · 주 1회 사이클, 수영(30분 Z1)으로 근육 · 관절 부담 분산

■ 러닝

구분	내용
분절 연습 (Segmented Drills)	· 무릎 리프트 드릴: 15m×4회, 무릎을 가슴 높이까지 끌어올리며 보폭 짧게 · 힙 스냅 드릴: 15m×4회, 엉덩이 뒤로 강하게 밀어내며 스냅 감각 익히기 · 암 스윙 드릴: 5m×4회, 팔꿈치를 90°로 고정하고 앞뒤로 흔들기 · 캐치업 드릴: 15m×4회, 뒤쪽 발을 앞쪽 발에 "붙이듯" 빠르게 당겨오기
통합 드릴 (Integrated Drill)	· 폼 런(Form Run): 50m×6세트, 위의 4가지 드릴을 한 사이클로 연결하여 자연스럽게 달리기 · 각 사이클 후 30초 휴식
변형 반복 (Variable Reps)	· 평지: 50m×4세트(폼 런) · 약간 경사: 50m×4세트, 다리 · 팔 스윙 각도 조금씩 변화
회복 & 교차 훈련	· 주 1회 교차 – 수영(30분, Z1) 전신 순환 촉진 · 코어 안정성 운동(플랭크 · 브릿지 각 3×30초) 등

※ 결론 및 실천 팁

피로가 진행될수록 오히려 '잘못된 동작 학습'이 일어날 수 있으므로, 반복 횟수만 늘릴 것이 아니라 품질을 유지할 수 있는 휴식과 피드백 전략을 반드시 병행해야 합니다.

- "피로 임계점" 설정: 한 세트당 반복 횟수를 제한하고, 피드백 및 충분한 휴식 후 다음 세트를 재실행해야 합니다.
- 의도적 회복 배치: 기술 연습 사이에 저강도 가벼운 움직임(가벼운 조깅, 스트레칭)을 삽입하여 회복을 돕습니다.
- 피로 측정 도구 활용: RPE(주관적 운동자각도)나 간단한 반응 속도 테스트 등으로 피로 임계 후 즉시 중단하는 판단 기준을 마련해야 합니다.

■ 핵심 용어 및 핵심 포인트

핵심 용어(설명)	핵심 포인트
과부하 원리(Overload) 기존 능력 이상의 자극이 있어야 신체가 적응하여 능력이 향상된다는 원칙	**과부하 원리** 적절한 자극이 없으면 적응도 없다.
점진적 증가(Progression) 훈련 강도·부하를 체계적으로 점차 높여가는 설계 원칙	**점진적 증가** 부하·강도의 주기적 상승을 설계한다.
가역성(Reversibility) 훈련 중단 시 적응 효과가 점차 소실되는 현상	**가역성** 휴식 시 적응이 역퇴하므로 유지 전략이 필요하다.
다양성(Variation) 훈련 형태·강도·부하를 주기적으로 변화시켜 과훈련을 방지하고 동기 유지	**다양성** 과훈련 방지와 동기 유지를 위해 훈련에 변화가 필수적이다.
특이성(Specificity) 목표 종목·능력에 맞춰 훈련 내용을 설계해야 최적의 성과를 얻을 수 있다는 원칙	**특이성** 목표 종목 특성에 맞춘 훈련을 선택해야 한다.

제6장

트레이닝 프로그램 설계

운동 목표를 설정하는 과정은 훈련 프로그램의 첫 단계이자, 가장 중요한 부분입니다. 잘 설정된 목표는 훈련 방향을 명확히 하고 동기부여를 유지하는 데 도움을 줍니다. 목표를 구체적 · 측정 가능 · 달성 가능 · 관련성 · 기한 명시로 설계하면 동기부여와 일관된 훈련 진행이 쉬워지게 됩니다.

1. 핵심 SMART 기법

요소	설명	예시
Specific	누구에게, 무엇을, 어디서, 언제, 왜 수행할지 명확히 기술	내년 6월 10km 마라톤을 1시간 이내 완주
Measurable	수치나 지표로 진척을 확인할 수 있어야 함	주간 러닝 30km, 심박수 데이터 기록
Achievable	현재 능력과 자원을 고려해 현실적인 목표 설정	1개월 안에 5km 달리기 무리 없이 완주
Relevant	장기 비전·훈련 목적과 일치해야 함	지구력 향상 → 내년 마라톤 준비
Time-bound	목표 달성 기한을 분명히 정함	12주 안에 최대심박수 70%로 10km 완주

1) 목표 설정 사례
- 초보자: 3개월 내 매주 5회, 하루 30분 빠르게 걷기(주간 10km, HR 60~70%)
- 중급자: 6개월 내 10km 마라톤 1시간 완주(주간 20km, 템포 세션 1회 포함)
- 고급자: 내년 하프마라톤 PB -2분(주간 40km, 인터벌·장거리 각 1회)

2. 훈련 주기 설계(Periodization)

- 훈련 부하와 회복을 주기적으로 배분해 최고 성과를 이끌어내는 방법

목표 설정 → 주기화 설계 → 역순 계획 → 모니터링 및 조정

- 훈련 주기화는 장주기(Macrocycle) → 중기 주기(Mesocycle) → 소기 주기(Microcycle)로 나누어 설계하는 것이 전통적 방식

주기 유형	기간	목적 및 특징
장주기 (Macrocycle)	수개월~1년 이상	- 시즌 전체를 포괄 - 목표 경기나 대회를 중심으로 준비기 · 빌드업기 · 시합기 · 회복기 단계 배분
중기 주기 (Mesocycle)	3~6주	- 한 가지 훈련 목표(예: 지구력 강화, 스피드 향상, 회복)에 집중 - 3주 부하↑ → 1주 회복 패턴 대표적
소기 주기 (Microcycle)	1주(5~10일)	- 주간 단위 훈련 계획 - 인터벌 · 템포 · 회복 세션 배치 - 일별 · 시간별 강도 · 형태 세부 조정

1) 연간 주기(Annual Cycle)

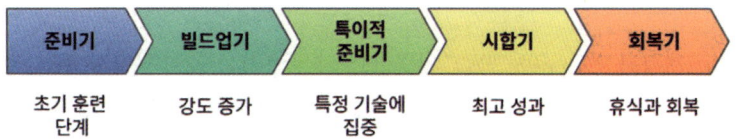

■ 연간 주기화 예시(마라톤 시즌이 11월인 경우)

단계	기간	주요 내용
준비기 (기초 체력 형성)	1~3월	- 저강도 유산소 훈련(Z1~2) - 기초 지구력 및 근지구력 구축
빌드업기 (강도 · 부하 점진 증가)	4~6월	- 장거리 러닝 + 템포 세션 병행(Z2~3) - 젖산역치 향상 훈련
특이적 준비기 (종목 맞춤)	7~9월	- 경기 코스 · 환경 시뮬레이션 훈련(Z3~4) - 기술 · 전략 연습 집중
테이퍼링 (컨디션 조절)	10월	- 훈련량 대폭 감소 - 피로 해소 및 최적 컨디션 유지를 위한 회복 중심
시합기 (피크 컨디션)	11월	- 목표 대회 출전 및 완주 - 현장 전략 최종 점검 · 실행

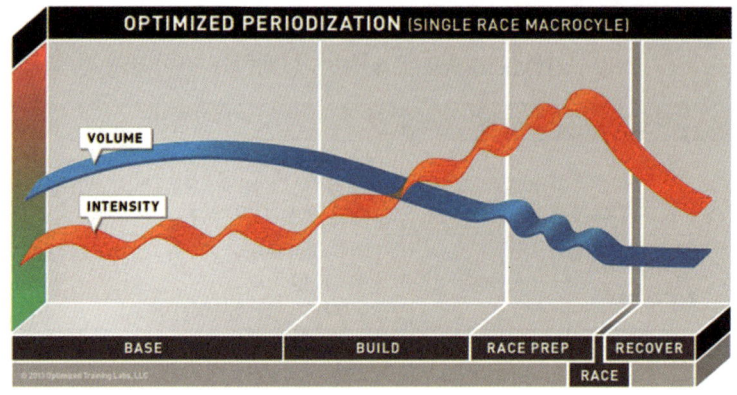

[출처: Optimized Training Lab]

■ 현장 지도자들을 위한 조언

　계획된 연간 훈련 프로그램을 선수와 공유하는 것이 중요합니다. 지도자의 머릿속에 연간 훈련 프로그램을 명확히 구상해 두어도, 선수들이 그 내용을 모른다면 훈련의 의미가 반감될 것입니다. 마치 서울에서 부산으로 가는 길을 알고 있어도, 함께 가는 선수들은 교통편과 경유지, 소요 시간을 모른다면 여정이 지루하고 힘들 뿐 아니라 언제 쉬어야 할지, 지도자가 없을 때 어디로 향해야 할지조차 알 수 없을 것입니다.
　어린 선수들일수록 추석, 설날과 같은 연휴 기간에 가족과 같이 보내기를 더 많이 원할 것입니다. 연간 프로그램을 이용하여 미리 연휴 기간을 회복 기간으로 설정한다면 선수들의 심리적인 면과 생리적인 면인 모두를 만족할 수가 있을 것입니다.

■ 실제 적용 예시

◆ 1주기

주기	기간	장소	훈련 시간	중점사항
1-1주기	4월 13일~5월 1일	강릉원주대학교	30시간	Rehabilitation
R1	5월 2일~5월 5일			Recovery
1-2주기	5월 6일~5월 22일	강릉원주대학교	35시간	strength training
R2	5월 23일~ 5월 25일	연휴 기간		Recovery
1-3주기	5월 26일~ 6월 13일	강릉원주대학교	40시간	Endurance, flexibility
R3	6월 14일~ 6월 16일			Recovey
평가 및 연간 훈련 프로그램 수정 및 보완				

◆ 3주기

주기	기간	장소	훈련 시간	중점사항
3-1주기	7월 13일~ 8월 12일	뉴질랜드	60시간	Technique, Speed, Endurance
R1	8월 13일~ 8월 18일			Recovery
3-2주기	8월 19일~ 9월 25일	강릉원주대학교	65시간	Power, anaerobic, aerobic
R2	9월 26일~ 9월 29일	연휴 기간		Recovery
평가 및 연간 훈련 프로그램 수정 및 보완				

2) 중주기(Mesocycle)

2~4주 단위로 구성되어지며 일반적으로 가장 많이 이용되고 있는 훈련 단위라 할 수 있습니다. 소주기(1주) 프로그램을 계획하고 제공하는 것은 바람직하지 않습니다. 훈련에 대한 심리적 준비를 어렵게 할 뿐만 아니라 컨디션 주기를 형성하는 데 어려움을 가질 수 있습니다.

4주 단위의 훈련 프로그램을 제공받는 선수들은 4주차에 회복 훈련 프로그램이 제공된다는 것을 미리 알고 있기 때문에 3주차 훈련에 최선을 다할 수 있을 것입니다.

반면 1주 단위의 훈련 프로그램을 제공받는 선수들은 3주차 훈련 프로그램 강도보다는 4주차 훈련 프로 강도가 더 강해질 수 있다고 생각되어지기 때문에 4주차 훈련 기대(걱정 or 목표)로 인하여 3주차 훈련에 집중을 못하거나 최선을 다하지 못하는 경향이 나타날 수 있습니다.

- **4주 블록: 3주 부하 증가 → 1주 회복**

주차	강도(%)	목적
1주차	60	적응 · 중강도 시작
2주차	75	부하 증가 · 지속 시간 연장
3주차	90	최대 부하 · 고강도 세션 포함
4주차	50	회복 주간 · 강도 대폭 감소

위의 표에서 4주차는 회복을 위한 주간으로, 강도를 약 50% 수준까지 낮춰 신체가 회복할 수 있는 시간을 확보하는 것이 핵심이다.

3) 소주기(Microcycle)

요일	오전 훈련	오후 훈련	비고
월요일	휴식/가벼운 조깅 (30~60분, Z1)	요가 · 스트레칭	회복 중점
화요일	템포 트레이닝 (30~40분, Z3)	하체 근력 훈련	젖산역치 개선
수요일	가벼운 러닝 (40~50분, Z2)	크로스 트레이닝(수영 · 사이클)	부하 분산
목요일	인터벌 (4~6×1,000m, Z4~5)	코어 · 전신 근력 훈련	스피드 · 지구력 향상
금요일	회복 조깅 (30~40분, Z1)	완전 휴식	피로 회복

토요일	장거리 러닝 (90~150분, Z2)	가벼운 코어 운동	근지구력 · 심폐지구력 강화
일요일	가벼운 조깅 (40~50분, Z1~2)	요가 · 마사지	회복 · 유연성 향상

위의 프로그램은 초보자부터 중급자까지 모두 활용할 수 있으며, 개인의 체력 수준에 맞게 거리와 강도를 조절할 수 있다.

3. 역순 계획(Reverse Planning)

 연간 훈련 프로그램을 역순으로 작성하면, 목표 경기에서 최상의 경기력을 발휘하도록 모든 훈련 단계를 체계적으로 조정할 수 있습니다. 이를 통해 훈련의 효율성이 높아지고, 부상의 위험을 줄이며, 동기부여를 유지할 수 있습니다. "목표에서 출발해 과정을 설계한다"는 역순 계획은 훈련의 방향성과 의도를 명확히 하여, 훈련이 목적을 이루기 위한 효과적인 도구가 되도록 만듭니다. 훈련은 단순한 반복이 아닌, 체계적이고 의미 있는 과정이 되어야 합니다. 역순 계획은 이 과정에서 가장 강력한 방법론 중 하나입니다.

■ 중요 시합에서 역으로 훈련 단계를 설계해 테이퍼링과 강도 조절을 자연스럽게 포함

1) 장점
- 목표 시기에 최상의 컨디션 보장
- 단계별 소요 기간을 현실적으로 배분
- 부상 · 과훈련 예방을 위한 회복 계획 선제 반영

2) 핵심 흐름
- 목표일 설정(11월 마라톤)
- 테이퍼링 기간(2~3주) 역산
- 특이적 준비기(2개월) 역산
- 빌드업기(4개월) 역산
- 기초 형성기(4~6개월) 역산

◼ 실제 적용 예시

실제 제가 대학 스키팀을 지도하면서 적용했던 역순 훈련 프로그램입니다. 2월 전국동계체전에 맞추어 작성하였던 것입니다.

- 강릉원주대학교 연간 트레이닝 프로그램(2019/2020 시즌)

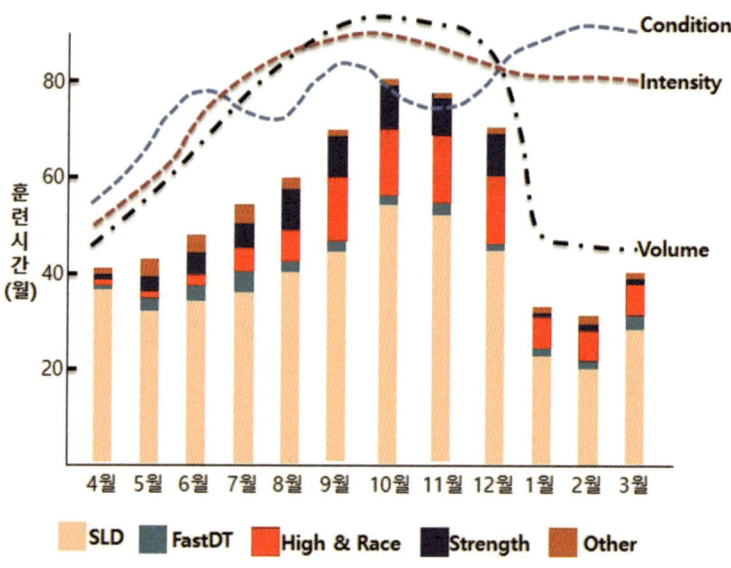

- SLD - Slow Long Distance(Z1~2)

- FastDT - Fast Distance Training(Z3)
- High & Race - High Intensity training and Races(Z4~5)
- Strength - Weight training, Resistance training
- Other - Ball exercise, Swim

4. 모니터링 · 평가 및 조정

■ 효과적인 훈련 관리를 위해 데이터와 주관적 지표를 함께 활용
- 정량적 지표: 거리, 페이스, 심박수, 파워(FTP), TSS, CTL/ATL/TSB
- 주관적 지표: RPE, 수면 질, 피로도, 컨디션 저널
- 정기 테스트: 월 1회 FTP/VO₂max 테스트, LT(젖산역치) 측정

■ 조정 원칙
- 목표 대비 진척이 부족하면 강도 · 볼륨 조절
- 피로 과다 누적 시 회복 주기 연장
- 시즌별 목표 변경 시 역순 계획 업데이트

■ 모니터링 피드백 루프

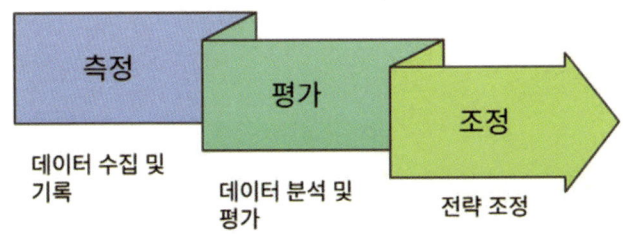

5. FITT-VP 원칙
(training prescription의 기본 틀) 적용하기

요소	정의	예시
Frequency 빈도	주당 훈련 세션 수	러닝 4회/주, 근력 세션 3회/주
Intensity 강도	심박수(%HRmax), RPE, 파워(%FTP) 등으로 정량화	Z2(60~70% HRmax), RPE 4~5
Time 시간	1회 세션당 지속 시간 또는 거리	러닝 45분, 사이클 90분
Type 유형	운동 형태 및 목표 에너지 시스템 반영	- 유산소: 장거리 조깅 · 로잉 - 무산소: 인터벌 스프린트 · 파워 웨이트
Volume 볼륨	일정 기간(주간 · 월간)의 총 훈련량	주간 러닝 총거리 50km, 주간 웨이트 토털 세트 수 18세트
Progression 점진성	부하를 안전하고 계획적으로 증가시키는 원칙	- 10% 룰: 전주 대비 ≤10% 증가 - 주기화: 3주 부하 → 1주 회복

훈련은 몸을 단련하는 과정인 동시에, 마음의 균형을 찾아가는 여정이기도 합니다. 너무 빠르게 앞으로만 나아가려 애쓰지 말고, 가끔은 멈춰 서서 숨을 고르고 자신의 페이스를 돌아보십시오. 진정한 강함은 '멈출 줄 아는 용기'에서 비롯됩니다.

에피소드 3

대학교 첫해의 기적

1998년, 강원도의 한 대학교에 스키팀이 창단되었을 때 저는 그 팀의 유일한 창단 선수였습니다. 그때부터 모교 스키팀에 대한 애정은 남달랐습니다. 초등학교 선수들을 발굴해 대학까지 진로를 이어주는 연결고리를 만들고 싶었습니다. 하지만 대학교 스키팀은 지도자가 없는 상황이었고, 후배 선수들의 상황도 좋지 않았습니다. 그래서 저는 초등학교 지도자였지만, 틈틈이 대학 선수들을 도왔습니다. 그 경험은 저에게 성인 선수도 충분히 지도할 수 있겠다는 확신을 심어주었습니다.

2010년 7월 1일, 드디어 모교와 지방 체육회의 지원으로 대학교 스키팀을 지도하게 되었습니다. 저는 누구보다 설렜고, 확신도 있었지만 주변에서는 기대가 거의 없었다고 합니다. 저를 채용한 대학교와 체육회조차 마찬가지였습니다. 그럼에도 불구하고, 제 지도자 인생에서 가장 특별한 시즌은 단연 2010~2011년 시즌, 지도자 첫해였습니다.

운동을 거의 포기할 뻔했던 세 명의 선수들(남자 2명, 여자 1명)이 단 6개월 만에 놀라운 변화를 보여주었습니다. 동계 전국체전에서 이들은 저뿐 아니라 주변 모두를 깜짝 놀라게 했습니다. 그중 한 남자 선수는 대학부 개인전에서 국가대표 선수들을 꺾고 전 종목 우승이라는 이변을 일으켰고, 훗날 2022년 베이징 동계올림픽에 출전했습니다. 또 다른 남자 선수는 바이애슬론으로 전향해 릴레이에서 눈부신 활약을 펼쳤으며, 여자 선수는 아깝게 입상에는 실패했지만 실업팀 선수들과 비교해도 손색없는 경기력을 보여주었습니다. 이 여자 선수는 훗날 제가 있는 대학에서 함께 선수들을 지도하게 되었고, 지금은 우리 대학팀의 감독으로 활약 중입니다.

  이 작은 기적을 가능하게 했던 가장 큰 힘은 선수들의 단결력과 지도자에 대한 신뢰였다고 생각합니다. 저는 초등학교 및 대학교에서 시작 공통점은 학교로부터 지원이 거의 없는 상태에서 준비되지 않은 선수들과 함께 팀을 리빌딩하는 것이었습니다. 물론 저의 급여도 초등학교 및 대학교 초반 몇 년은 정상적인 수준과는 차이가 많았습니다. 하지만 제 자신과 선수들의 미래를 위하여 훈련비가 어느 정도 안정이 될 때까지 대부분의 급여를 훈련비로 사용하였습니다. 선수와 학부모들도 저의 순수한 열정에 신뢰와 유대감으로 보답하기 시작하였습니다.

  우리는 동계 시즌 중 오후 스키 훈련을 줄이고, 러닝과 웨이트 트레이닝에 집중하는 테이퍼링 전략을 시도했습니다. 지금은 당연한 접근처럼 보이지만, 당시만 해도 국가대표팀조차도 체계적인 근력 훈련이나 테이퍼링을 실천하지 않던 시기였습니다. 우리의 접근은 파격적이었고, 결과는 분명했습니다. 그 시즌을 통해 저는 확신했습니다. 트레이닝은 결국 과학적 이론이 현장에서 수없는 시행착오와 경험을 통해 완성되어야 한다는 것!

  이후 저는 대학원 과정과 대학원 박사 취득 후에도 운동생리학, 생체역학, 스포츠영양학, 트레이닝 방법론, 운동처방 등을 깊이 있게 공부했고, 이론과 실전을 넘나들며 지속적인 연구를 이어갔습니다. 그 결과, 국내외 학술지에 논문을 게재하고 최신 과학적 정보를 지도 현장에 접목할 수 있었습니다. 그러한 과정 속에서, 비교적 낮은 랭킹으로 입학한 대학 선수들을 지도하면서 13년 동안 크로스컨트리 스키 국가대표 7명, 바이애슬론 국가대표 3명을 배출할 수 있었습니다.

제7장

주기화 트레이닝 프로그램

초등학교 및 대학교 지도자 초기에는 연간 훈련 프로그램을 작성하지 않고 월간 훈련 프로그램만 작성하여서 선수들에게 제공하였는데 이것이 가장 큰 문제였다는 것을 알게 되었습니다. 연간 계획 없이 단기적인 계획만으로는 훈련 주기의 큰 흐름을 조절하기 어렵고, 선수들의 장기적인 경기력 향상에 한계가 생긴다는 것을 알게 되었습니다.

그 다음부터는 개인적으로 저는 연간 훈련 프로그램을 먼저 설계한 후, 이를 기반으로 월간 훈련 프로그램을 작성하는 방식을 하였습니다. 연간 계획이 없는 상태에서 월간 프로그램을 운영하는 것은 마치 목표 없이 방향만 설정하는 것과 같으며, 선수들의 발전을 체계적으로 관리하기 어렵다고 판단했기 때문입니다.

현재 작성된 트레이닝 프로그램은 2025년 7월 기준으로 계획된 것으로 책을 집필하는 지금 시점에서는 여러 가지 보완이 필요한 것으로 보입니다. 하지만 제가 강조하고 싶은 핵심은 연간 훈련 계획에서 중강도 및 고강도 훈련을 총 몇 회 수행할 것인지 미리 설정하는 것이 중요하다는 점입니다. 이는 과훈련을 방지하고 주기화된 훈련을 체계적으로 운영하는 데 큰 도움이 됩니다.

훈련 프로그램을 체계적으로 주기화하는 것은 초보자뿐만 아니라 엘리트 선수들에게도 필수적입니다. 주기화를 통해 훈련 강도와 회복을 균형 있게 조절하여 지속적인 경기력 향상을 도모할 수 있습니다.

1. 지도자가 블록 주기화 훈련을 제공해야 하는 이유

- 선수들의 훈련 이해도와 적극성 향상: 주간 강도 분포 및 훈련 목적을 명확히 설명함으로써 선수들이 자신이 수행하는 훈련의 의미를 이해하고 보다 능동적으로 참여하도록 유도할 수 있다.
- 훈련 계획의 일관성과 신뢰성 확보: 지도자가 블록 주기화 훈련을 사전에 제공하면 훈련 계획이 지도자의 기분이나 즉흥적인 판단에 따라 변하지 않는다는 신뢰를 선수들에게 심어줄 수 있다. 이는 선수들의 심리적 안정감을 높이고, 지도자와 선수 간의 소통과 신뢰를 강화하는 데 큰 도움이 된다. 추가하여 이야기한다면 블록 주기화 훈련은 체계적인 로드(부하) 관리와 회복 전략을 포함하여 과훈련을 방지하고 최상의 컨디션을 유지하는 데 효과적이다.

2. 장기적인 성공을 위한 체계적 접근

　주기화 훈련은 단순한 계획이 아니라 선수들의 성장과 경기력 향상을 위한 필수적인 전략이다. 지도자는 사전에 체계적인 훈련 프로그램을 제공함으로써 선수들의 신뢰를 얻고, 효과적인 훈련 환경을 조성하는 역할을 해야 한다.
　"계획된 훈련은 과학이지만, 즉흥적인 훈련은 감(感)일 뿐이다."
　철저한 계획과 데이터 기반의 훈련이 장기적인 성과를 보장한다.

※ 다음 표는 제가 현장에서 직접 작성한 연간 및 월간 트레이닝 프로그램입니다.

■ 세밀한 주기화 트레이닝 1
크로스컨트리 스키 연간 프로그램 (강릉원주대학교 스키 & 바이애슬론팀)

Periods	일반적 준비단계		빌드업 단계		특이적 단계	시즌초 시합기간	최고조 경쟁기간		회복
	20-80	30-70	40-60	60-40	70-30	80-20	80-20		10-90
특이성/비특이성 비율									
유산소 능력	유지	유지	증진(개발 및 발달)			유지	유지		
유산소 파워				증진			유지		
무산소 파워-비젖산/스피드			증진(개발 및 발달)				유지		
무산소 능력-젖산				증진			유지		-적은 훈련량과 낮은 강도 - 신체 및 심리회복
근력 훈련	자율적 근력 및 기술 향상		개별성(약점보완) 훈련 및 최대파워 증진		파워 증진		유지(core 및 상체훈련)		
시합			3-4주에 1회 지구력 스포츠/운동			시합 준비기간	시합		
기술훈련	new 기술 요구 & 잘못 습득된 자세교정		새로운 기술의 안정화		강도훈련과 안정	실상 적응훈련	유지		
심리훈련	새로운 기술습득과 잘못된 행동에 대한 습관교정			스트레스 대책에 대한 증진사항		최상의 시합 전략을 위한 심리훈련			
의학검사	○		○	○	○	○	○		
월 훈련량 (평균 시간)	60	70	80	80	70	75	60-80	50-70	50-70	50-60	35-50	30

■ 세밀한 주기화 트레이닝 2: 연간 훈련량과 강도 비율

구분	기간	비율	훈련 중점사항
전체 훈련량	5월~10월	60%	저강도 지구력 트레이닝
	11월~4월	40%	고강도 트레이닝과 회복
훈련 강도 비율	LIT(60~80%)	80%~85%	연간 75~80% 저강도 지구력
	MIT(80~87%)	8%~5%	
	HIT(87%>)	12%~10%	
주기별 특이성 훈련 비율	5월~7월	50% : 50%	러닝 + 사이클 : 롤러스키
	8월~10월	55% : 45%	러닝량 증가 및 롤러스키량 고정
	11월~12월	20% : 80%	러닝 : 스키(롤러스키)
	1월~3월	15% : 75%	러닝 : 스키
주기별 MIT 인터벌 종목 비율(89~92%)	5월~7월	20% : 67% : 13%	클래식 : 스케이트 : 러닝
	8월~10월	25% : 50% : 25%	클래식 : 스케이트 : 러닝
	11월~12월	45% : 45% : 10%	클래식 : 스케이트 : 러닝
	1월~3월	50% : 50%	클래식 : 스케이트 : 러닝
주기별 HIT 인터벌 종목 비율(93~98%)	5월~7월	20% : 20% : 60%	클래식 : 스케이트 : 러닝
	8월~10월	25% : 25% : 50%	클래식 : 스케이트 : 러닝
	11월~12월	30% : 50% : 20%	클래식 : 스케이트 : 러닝
	1월~3월	47% : 47% : 6%	클래식 : 스케이트 : 러닝
LIT 주기별 운동 지속 시간 분포	5월~7월	2.8% : 13.88% : 61.2% : 22.22%	50min 이하 : 50~90min : 90~150min : 150min 이상
	8월~10월	0% : 14% : 60.90% : 25%	50min 이하 : 50~90min : 90~150min : 150min 이상
	11월~12월	26% : 21.79% : 41% : 12.8%	50min 이하 : 50~90min : 90~150min : 150min 이상
	1월~3월	39% : 18% : 33.4% : 9.7%	50min 이하 : 50~90min : 90~150min : 150min 이상
주기별 MIT 인터벌 시간 비율(회/월)	5월~7월	2회 : 0.7회 : 0.5회	6~10min : 10~15분 : 지속주
	8월~10월	3회 : 0.2회 : 0.3회	6~10min : 10~15분 : 지속주
	11월~2월	2.5회 : 0.2회 : 0.7회	6~10min : 10~15분 : 지속주
	1월~3월	1회 : 0회 : 0.7회	6~10min : 10~15분 : 지속주
주기별 HIT 인터벌 시간 비율(회/월)	5월~7월	0.2회 : 2.2회 : 1회	4min 이하 : 4~7분 : 지속주
	8월~10월	0.3회 : 4.5회 : 2회	4min 이하 : 4~7분 : 지속주
	11월~12월	1회 : 2회 : 4회	4min 이하 : 4~7분 : 지속주
	1월~3월	2회 : 1.5회 : 6회	4min 이하 : 4~7분 : 지속주

core/weight 비율	5월~7월	40% : 60%	CORE : WEIGHT 1RM 65~75%
	8월~10월	50% : 50%	CORE : WEIGHT 1RM 70~90%
	11월~12월	40% : 60%	CORE : WEIGHT 1RM 70~90%
	1월~3월	35% : 65%	CORE : WEIGHT 1RM 70~90%
Speed/Plyometric	10~20s : 10~6set		스피드 트레이닝 GP에서 CP로 갈수록 감소 LIT 강도에서 함께 실시
	5~8시리즈 : 10~15걸음		웨이트 트레이닝 전에 플라이오메트릭 점프

Marit Bjørgen(동계올림픽 여자 최다 다관왕선수) + 노르웨이 국가대표 선수

※ 위의 표에서 볼 수 있듯이, 훈련량과 강도는 주기별(월별)로 세밀하게 조정하는 것이 필수적이다. 특히 인터벌 트레이닝의 지속 시간과 강도는 반드시 목표로 하는 생리적 효과에 맞게 계획되어야 한다. 적절한 설정이 이루어지지 않으면, 훈련 효과가 극대화되지 않거나 오히려 과훈련으로 이어질 수 있다.

■ 세밀한 연간 트레이닝 3: 연간 MIT, HIT, 시합을 포함한 실시 계획

훈련강도			중강도									고강도								
인터벌 종목			CL			SK			RUN			CL			SK			RUN		
기간	월	주	6~10m	10~15m	지속	6~10m	10~15m	지속	6~10m	10~15m	지속	4m<	4~7m	지속	4m<	4~7m	지속	4m<	4~7m	지속
	4월	1																		
		2																		
		3																		
		4																		
		5R																		
준비기1	5월	6					1													
		7					1				1									
		8									1									
		9									1									
	6월	10		1																
		11					1													
		12			1															
	6+7월	13R				1														
준비기2	7월	14	1																1	1
		15														1	1			
		16	1									1					1		1	
		17																		1

		주차																	
준비기 2	8월	18												1					
		19	1									1							
		20										1				1			
		21R			1							1							
	8+9월	22		1								1							
	9월	23										1							
		24										1							
		25R	1																
특이적 준비기	9+10월	26							1			1							
		27											1						
	10월	28					1					1							
		29										1							
		30	1					1											
	11월	31				1						1							
		32R	1									1							
		33																	
		34																	
	11월+12월	35																	

		36	37	38	39	40	41	42	43	44	45	46	47	48	49	50	51	52	78	78	100%	100%
경장기	12월																		7			
	1월				1															2	10	12.82%	
	2월																			1			
	3월																			16	16	20.51%	39.74%
회복	3월~4월																		0	0			
																			2				
																			0	5	6.41%	
																			3				
						1							1						3				
			1					1	1				1	1	1				11	14	17.07%	
								1	1					1					3				
							1		1	1				1	1	1			11	19	24.35%	59.36%
																			2	6	14	17.94%
																				6		
TOTAL																			78	78	100%	100%

2025년도 7월~8월 트레이닝 프로그램(Aerobic power, Tempo)

15week / Lactate(드로젝도/시간)

Event	Workout		7일 월 오전	7일 월 오후	8일 화 오전	8일 화 오후	9일 수 오전	9일 수 오후	10일 목 오전	10일 목 오후	11일 금 오전	11일 금 오후	12일 토 오전	12일 토 오후	13일 일 오전	13일 일 오후
Purpose			Endurance(볼륨)	REST	Criss-cross Tempo	W/T	Conditioning	Lactate(트레드)	REST	W/T	Technique	Easy	Endurance	Cross-Training	REST	REST
Warm up Dynamic stretch																
SKI	Skate	Time	100		100(바깥)											
		km														
		Zone	ZONE1~2(개인) 135BPM 이하		ZONE 3(개인) 165~175BPM 이하											
	Classic	Time	50		100(크드)											
		km														
		Zone	ZONE1~2(개인) 135BPM 이하		ZONE 3(개인) 165~175BPM 이하											
Running (pole)		Time	30		20		30	70		30		60	70			
		km														
		Zone	ZONE1~2(개인) 135BPM 이하				ZONE1~2(개인) 135BPM 이하	ZONE3~4(개인) 165~135BPM 이하								
Swim			177		104		50	80		60	60	50	55	45		
TSS (프로젝이닝 스트레스 자주)							40							20		
Stability & Mobility																
Cool Down Static Stretch																
W/T		%				7(2명, 12~13(약식))				7(2명, 22~13(약식))						
		Repeat				3~4				3~4						
		Set				90				90						
Interval/Time		Distance			900sec		30	30								
		Sec			2			10								
		Set														
Other sport														70		
Conditioning									홀리오앰플릭 5공주 7일 3세트							

143

	DAY	i1(<75%)	i2	i3	i4	i5	speed	strength	other	TOTAL	TSS
월	7일	180								180	177
화	8일	90		30						120	104
		30						90		120	
수	9일	50		20	10					80	80
		30							40	70	50
목	10일	60								60	60
금	11일	60								60	60
		60								60	50
토	12일	70								70	55
									70	70	45
일	13일										
	Tme	690		50	10			90	110	950	621
	Ritio	72.00%		5.00%	1.00%			9.00%	11.00%	98.00%	
	Session										

※ 위의 엑셀 표는 2025년 7월 둘째 주에 실제 선수들에게 제공했던 훈련 프로그램입니다. 이 프로그램은 연간 훈련 계획을 기반으로 4주 동안의 블록 주기화 훈련으로 구성되었으며, 선수들이 훈련의 강도를 정확히 이해하고 적극적으로 참여할 수 있도록 주간 훈련 강도 분포에 따른 시간과 비율, 피로 지수를 추가 제공하였습니다.

3. 블록 주기화 vs 전통 주기화

1) 전통적인 주기화 트레이닝(Traditional Periodization)
■ 개념: 훈련 강도와 운동량을 단계적으로 증가

연간 훈련 진행: 기초부터 회복까지

기본 기술 구축	강도와 볼륨 증가	특정 기술에 집중	휴식 및 회복
기초 단계	**빌드업 단계**	**특화 단계**	**회복 단계**

- 연간 주기: 대회 목표에 따라 거시적 계획(1년 이상)
- 월간 주기: 특정 능력에 초점(중기적 계획)
- 주간 주기: 세부적인 훈련 계획

훈련 프로그램을 설계하고 실행할 때 그 특성에 따른 장단점을 명확히 이해하는 것은 효과적인 코칭과 선수 발달에 필수적이다. 아래 표는 일반적인 훈련 프로그램의 주요 장단점을 요약한 것이다.

구분	세부 내용
장점	· 단계적인 발전으로 부상의 위험을 줄임 · 다양한 훈련 요소를 포함하여 균형 잡힌 체력 개발
단점	· 상급자나 엘리트 선수에게는 훈련 자극이 부족할 수 있음 · 특정 능력을 빠르게 향상시키는 데는 한계가 있음

2) 블록 주기화 트레이닝(Block Periodization)
■ 개념: 특정 능력을 집중적으로 개발하기 위해 훈련 주기를 짧게 나누는 방식
- 각 블록은 3~5주로 구성되며, 한 번에 한 가지 주요 목표(지구

력, 파워, 스피드 등)에 집중

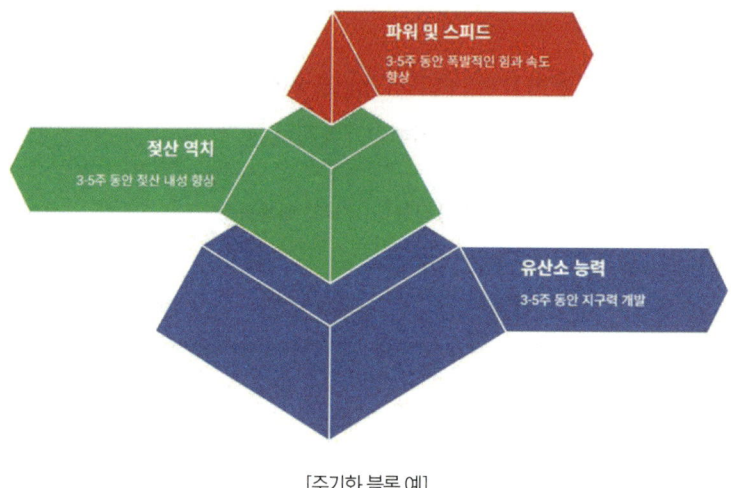

[주기화 블록 예]

블록 주기화 훈련은 현대 스포츠 과학에서 주목받는 트레이닝 방법으로, 특정 기간 동안 한 가지 능력에 집중하는 방식이다. 이 방법은 여러 체력 요소를 동시에 발달시키는 전통적 방식과 달리, 집중적인 개발과 회복을 통해 최적화된 성과를 추구할 수 있다.

장점	단점
고강도 훈련과 회복 기간을 명확히 구분하여 특정 목표에 집중 가능	부상이 잦거나 회복이 느린 선수에게 과도한 부담으로 작용할 수 있음
특정 능력을 집중적으로 개발하여 단기간 내 가시적 성과 도출	여러 훈련 목표 간의 균형과 조화를 유지하기 어려움
훈련 강도를 명확히 구분하여 과부하와 적응을 효과적으로 관리	장기적인 기술 발달 측면에서 제한적일 수 있음

3) 블록 주기화 적용 방법
■ 4주 vs 5주 블록 주기화

블록 주기화는 트레이닝 프로그램을 체계적으로 구성하는 중요한 방법론이다. 선수의 수준과 목표에 따라 적절한 주기 설정이 필요하다. 주기화 선택 시 고려할 점은 선수의 훈련 경험과 회복 능력이다. 초보자와 중급자는 4주 주기가 적합하며, 이는 더 자주 회복 기회를 제공하여 부상 위험을 줄일 수 있다. 반면 상급자와 엘리트 선수는 5주 주기를 통해 더 긴 부하 기간으로 신체적 적응을 극대화할 수 있다.

구분	4주 주기	5주 주기
기본 구조	3주 부하 + 1주 회복	4주 부하 + 1주 회복
적합 대상	초보자, 중급자	상급자, 엘리트 선수
장점	회복 기간이 충분해 부상 위험 감소	부하 기간이 길어 특정 능력을 더 효과적으로 향상
총 훈련 강도	중간~높음	매우 높음
적응 속도	빠름	느리지만 더 깊은 적응

■ 지도 경험담: 블록 주기화와 장기적 트레이닝 계획

지도 경력이 짧았을 때에는 전통적인 4주 주기(3주 부하, 1주 회복)를 적용했습니다. 선수들의 피로 누적을 관찰한 후, 5주 블록 주기화(4주 부하, 1주 회복)가 더 효과적이라는 결론에 도달했습니다. 또한 지도자로서 대학생 운동선수를 지도하며, 고등학교 시절의 훈련 방식과는 차별화된 장기적 트레이닝 계획의 중요성을 깨달았습니다. 특히 대학에 갓 입학한 선수들은 대부분 대표팀 수준의 경기력을 갖추지 못했기 때문에, 대학 4학년 졸업 시 실업팀이나 국가대표팀에 발탁될 수 있도록 장기적인 주기화 트레이닝 계획을 설계하였습니다.

■ 학년별 훈련 프로그램과 전략

학년	훈련 초점	발전 목표	주요 트레이닝 방법
1학년	지구력 강화	유산소 시스템을 최대화하고 근지구력을 발전시키는 데 중점	장거리 지속 훈련(LSD), Z1~2 유산소 러닝 중심, 신체적 기초를 다지는 단계로 강도보다는 훈련량에 집중
2학년	템포 및 젖산 능력 상승	젖산역치(LT)와 VO_2Max를 목표로 템포 러닝과 인터벌 훈련 강화	Z2~4 훈련을 활용해 경기 페이스에 적응, 강도와 지속 시간을 점진적으로 증가시켜 젖산 제거 능력 강화
3학년	무산소성 파워 및 스피드 증진	스프린트 능력과 파워지구력(anaerobic endurance) 향상을 목표	고강도 인터벌 트레이닝(HIIT) 도입, 400~800m 반복 러닝과 언덕 스프린트로 폭발적 파워와 경기 후반부 스피드 증진

■ 결론: 전통과 혁신의 균형

전통적인 주기화 트레이닝과 블록 주기화는 각각의 장단점이 있으며, 선수(아마추어)의 상태, 목표, 경기 일정에 따라 적절히 적용해야 합니다. 전통적인 주기화는 균형 잡힌 체력 개발에 적합하며, 블록 주기화는 특정 능력의 집중적 향상에 효과적입니다. 지도자의 경험과 세심한 관찰을 통해 두 방식을 혼합한 유연한 접근이 최고의 성과를 도출할 수 있습니다. "훈련은 단순한 반복이 아니라, 목표에 따른 설계와 조정의 과정입니다."

4. 주기화 트레이닝과 계절

저는 대학 선수들을 훈련시키면서 계절에 변화에 따라 선수들의 피로도 및 동기부여에 영향을 미친다는 것을 배울 수가 있었습니다. 똑같이 아침 6시에 훈련을 시작한다고 할 때 선수들이 5~6월보다는 10~11월에 많이 힘들어하고 버거워하는 것을 체감할 수 있었습니다. 계절의 변화에 따라 회복의 속도와 감점이 달라질 수 있다는 것을 결코 간과해서는 안 될 것입니다.

1) 계절 환경 변화와 주요 신호
(1) 일조량(Photoperiod)의 변동
- 봄·여름철에는 낮이 길어지고 일조량이 증가
- 가을·겨울철에는 낮이 짧아지고 일조량이 감소

▣ 기온 및 날씨 변화
- 기온 상승 시 신체 대사율 증가
- 기온 저하 시 에너지 소비 패턴 변화 및 혈액 순환 조절
- 이러한 환경 자극은 체내 생체시계(시계 유전자)와 시상하부-뇌하수체 축을 통해 호르몬 분비를 조절하는 핵심 신호로 작용하게 된다.

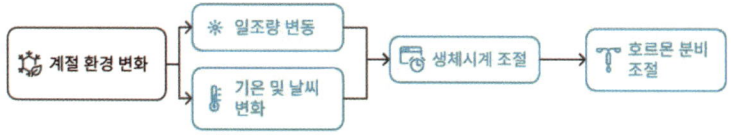

2) 주요 호르몬 반응

(1) 멜라토닌(Melatonin)
- 일조량 감소(낮이 짧아짐) → 솔방울체에서 멜라토닌 분비 증가
- 수면-각성 리듬 조절, 면역 기능과도 연관
- 겨울철 과도한 멜라토닌 증가는 피로감 및 회복 지연 초래

(2) 세로토닌(Serotonin)
- 일조량 증가(햇빛 노출) → 세로토닌 합성 촉진
- 기분 안정, 동기부여와 에너지 레벨 상승에 기여

(3) 코티솔(Cortisol) 및 기타 글루코코르티코이드
- 계절·일주기 변화에 따라 분비 리듬 변화
- 스트레스 반응 조절, 염증 완화와 회복 과정 조율
- 겨울철 스트레스 호르몬 변동은 과도한 훈련 스트레스를 가중시키고 회복 지연 유발

(4) 성호르몬(Testosterone, Estrogen 등)
- 일부 연구에서 계절별 변동 관찰(특히 남성 테스토스테론)
- 주로 훈련 반응성과 회복 능력에 미세한 영향

3) 호르몬 변화가 회복에 미치는 영향

(1) 수면의 질과 양
- 멜라토닌 분비 변화 → 수면 주기 불안정 → 피로 누적

(2) 면역 기능 조절
- 계절별 면역세포 활성도와 염증 반응 차이

(3) 근육 재생 및 대사
- 코티솔 리듬이 깨지면 단백질 분해 증가 → 근육 손상 회복 지연

■ 따라서 계절에 따른 수면 위생(sleep hygiene) 관리, 충분한 광 노출(light exposure) 및 영양·보충 전략이 필수적이다.

4) 호르몬 변화가 동기부여·각성에 미치는 영향
(1) 정서 안정 및 기분 조절
- 세로토닌 분비 증가 시 긍정적 정서 강화, 훈련 의욕 상승

(2) 스트레스·피로 인지
- 코티솔 분비 변화로 스트레스 대처 능력 조절

(3) 각성 상태(arousal)
- 아드레날린·노르아드레날린 분비 리듬이 훈련 집중력과 반응 시간에 영향

■ 특히 가을·겨울철 낮 시간 단축 시 우울감(Seasonal Affective Disorder) 경향이 증가할 수 있어, 광선 치료(light therapy)나 야외 훈련 시간 조절이 권장된다.

5) 실전 적용 방안
(1) 일광 노출 관리
- 아침 일광욕(10~15분)으로 세로토닌 촉진
- 겨울철에는 인공광 치료기(light box) 활용

(2) 수면·회복 루틴 최적화
- 멜라토닌 분비 시간 고려해 취침 시간 고정

- 온도, 어둠 등 수면 환경 점검

(3) 영양 및 보충 전략
- 비타민 D 보충(겨울철 햇빛 부족 대비)
- 오메가-3, 항산화제 섭취로 염증 관리

(4) 심리적 지원과 훈련 계획
- 계절별 목표 설정(단기·장기)으로 동기부여 유지
- 그룹 훈련·비대면 코칭을 통해 사회적 지지 강화

> 계절 변화에 따른 일조량·날씨 신호는 멜라토닌, 세로토닌, 코티솔 등 주요 호르몬의 분비 리듬을 변화시켜 지구력 선수들의 회복 능력과 정신적 동기부여에 결정적인 역할을 합니다. 적절한 환경·행동·영양 전략을 통해 이러한 변동을 관리하는 것이 경기력 유지·향상의 핵심입니다.

▣ 핵심 용어 및 핵심 포인트

핵심 용어 및 핵심 포인트
매크로·메조·마이크로 주기 시즌 전체·중간 기간·단기 계획을 단계별로 구분하는 주기 단위
선형 주기화(Linear) 훈련 강도·볼륨을 점진적으로 증가시키는 전통적 주기화 방식
비선형 주기화(Undulating) 주기마다 강도·볼륨을 오르내리게 설계해 자극을 변주하는 방식
블록 주기화(Block) 특정 능력에 집중하는 짧은 블록 단위 훈련으로 목표 기능을 강화하는 전략
피라미드 모델(Pyramidal TID) 저강도 기반 위에 중·고강도를 계단식으로 배치해 포괄적 자극을 주는 모델

제8장

지구력 트레이닝의 모델

무엇이 'Training Intensity Distribution(TID)'인가?
경기력 향상을 위해 주·월간 훈련 시간을 세 가지 강도 영역으로 나눠 배분하는 방법을 TID라 부릅니다.

· Low Intensity(Z1~2)
· Moderate Intensity(Z3)
· High Intensity(Z4~5 이상)

※ 지구력 훈련 모델을 적용할 때 가장 중요한 것은 엘리트 선수에게 유행하는 모델을 무턱대고 선택하는 것이 아니라, 자신의 운동 능력, 목표 거리, 주간 훈련 시간량을 종합적으로 고려해 가장 적합한 모델을 선택하는 것입니다.

■ 지구력 훈련 모델 종합

훈련 방법	정의	강도(MHR 기준)	주요 효과
LI-HVT	낮은 강도로 오랜 시간 수행	50~70%(Z~2)	유산소 능력 향상, 회복력 강화
THR	젖산역치 부근 지속 운동	75~90%(Z3)	젖산 제거 능력, 경기 페이스 유지
LV-HIIT	짧은 시간 고강도 인터벌	90~100%(4~5)	VO_2max 향상, 무산소 파워 증가
Pyramidal	'피라미드형' 훈련 강도 분배	저강도 70%, 중강도 20%, 고강도 10%	피로 관리가 용이하며, 실제 경기 적응 효과가 우수
Polarized training	저강도 + 고강도 양극화 구성	저강도 70~80%, 고강도 20%	고효율 분포, 회복과 자극의 균형 유지

1. HVT(LI-HVT: Low-Intensity High-Volume Training)

■ 정의: 낮은 강도의 운동을 오랜 시간 동안 지속하는 방식으로, 지구력의 기반을 구축하는 데 가장 기본이 되는 훈련이다.

1) 훈련 대상자
- 초급자 · 재활자: 기초 체력 확보 및 운동 습관 형성
- 지구력 종목 선수: 마라톤 · 철인3종 · 사이클 등 기본 체력과 회복력 강화
- 부상 예방 · 회복자: 저강도로 부하를 줄이며 안전하게 회복 지원

2) 훈련 효과
- 심폐지구력 개선: 심장 · 폐 기능 강화로 장시간 운동 가능
- 지방 대사 증진: 저강도 지방 연소로 체지방 감소 촉진
- 미토콘드리아 발달: 근육 내 에너지 생산 효율 향상
- 부상 위험 감소: 관절 · 근육 부담을 줄여 안전성 확보

구분	내용
목표	· 유산소 능력 향상 · 회복력 및 근지구력 강화
훈련 강도	· 최대심박수의 50~70%(Z1~2)/RPE 2~4
훈련 시간	· 60~180분 이상
훈련 빈도	· 주 3~5회
훈련 피로도	· 낮음(회복 속도 빠름)
적용 예시	· 마라토너: 주 3~5회, 90분 이상 LSD(Long Slow Distance) 훈련 수행 · 크로스컨트리 스키 선수: 저심박 긴 거리 롤러스키 실시

2. THR(Threshold Training): 역치 트레이닝

■ 정의: 젖산이 급격히 축적되기 직전의 강도(젖산역치 또는 VT2 부근)에서 운동을 지속하는 중강도 훈련 방식이다.

1) 훈련 대상자
- 중급 · 숙련 선수: 기초 체력을 바탕으로 경기력 한 단계 도약을 노리는 이들
- 지구력 종목 선수: 경기 페이스 유지가 중요한 종목 훈련자
- 고강도 훈련 준비자: 인터벌 · HIIT 전에 체내 적응력을 단계적으로 끌어올리려는 사전 단계

2) 훈련 효과
- 젖산역치 상승
- 경기 페이스 지속력 강화
- 젖산 제거 능력 증진
- 중강도에서 고강도로 넘어갈 때 심폐 시스템의 효율과 적응력 개선

구분	내용
목표	· 젖산 제거 능력 향상 · 중간 강도 지속 능력 강화 · 경기 페이스 유지 능력 개선
훈련 강도	· 최대심박수의 75~90%(Z3)/RPE 5~6 · 젖산 농도: 2~4mmol/L 유지
훈련 시간	· 20~40분 연속 또는 간헐적 반복
훈련 빈도	· 주 1~2회
훈련 피로도	· 높음(회복 속도 느림)
적용 예시	· 사이클 선수가 FTP(Functional Threshold Power) 수준에서 2×20분 일정한 파워 유지 · 중거리 러너가 20분간 템포 러닝을 반복 실시

3. HIIT(LV-HIIT: Low-Volume High-Intensity Interval Training)

■ 정의: 전체 운동량은 줄이고 고강도 구간을 반복하여 운동 수행력을 향상시키는 방식이다.

1) 훈련 대상자
- 숙련된 선수: 기초 체력을 다진 뒤 자신의 기록 향상
- 고강도 훈련 숙련자: 중간 강도 경험 후 스피드·파워 극대화
- 단기간 효과 희망자: 훈련 시간이 부족해 빠른 운동 능력 향상을 원하는 이들

2) 훈련 효과
- 최대산소섭취량(VO_2max) 향상: 심폐 능력을 극한까지 끌어올려 최대 운동 능력을 크게 향상시킴
- 무산소 파워 및 스피드 증가: 짧은 시간 동안 최고의 힘과 속도를 발휘하는 능력을 증진시킴
- 대사 효율 개선: 운동 후에도 칼로리를 소모하는 EPOC(운동 후 초과산소소비) 효과가 높아져 체지방 감소에 효과적임
- 젖산 완충 능력 향상

구분	내용
목표	· 최대산소섭취량(VO_2max) 향상 · 무산소 파워 및 스피드 증가 · 대사 효율 개선
훈련 강도	· 최대심박수의 88~100%(Z4~5)/RPE 2~4
훈련 시간	· 총 시간: 20~40분 이내 · 30초×4분 고강도 운동 + 1~3분 회복 반복
훈련 빈도	· 주 1~2회 적정
훈련 피로도	· 매우 높음(회복 속도 매우 늦음)
적용 예시	· 러닝: 4회×4분 인터벌 후 3분 회복 반복 · 사이클: 언덕에서 6회×1분 전력 질주 후 하강 회복

4. PYR(Pyramidal): 피라미드 구조

■ 정의: 저강도(Low) 70%, 중강도(Moderate) 20%, 고강도(High) 10%로 강도가 올라갈수록 비율이 줄어드는 '피라미드형' 훈련 분배

1) 훈련 대상자
- 초급자부터 전문 선수까지 다양하게 적용
- 마라톤·사이클·철인3종 경기 선수: 특정 레이스 페이스에 맞춰 지구력과 속도 적응력을 동시에 높이고자 할 때

2) 훈련 효과
- 지구력 기반 강화
- 경기 페이스 적응력 향상
- 최대 운동 능력 유지
- 전체적인 훈련 밸런스: 저·중·고강도를 고루 분배해 신체 능력의 전 영역을 고르게 발달시킴

특징	내용
목표	· 유산소 지구력 기반 강화(LSD · 롱라이드) · 레이스-페이스 적응 · 젖산 제거 능력 향상(Tempo · Threshold) · 소량의 고강도로 VO_2max 유지
훈련 강도	· 저강도: VO_2max 50~70%, 중강도: VO_2max 70~85%, 고강도: VO_2max 85~95%
훈련 시간	· 저강도: 70%, 중강도: 20%, 고강도: 10%
훈련 빈도	· 마라토너: 주 3~4회 LSD, 주 2회 Tempo/Threshold, 주 1회 고강도 인터벌 · 사이클 선수: 3일 베이스 라이딩, 1일 템포 · 스위트스폿, 1일 VO_2max/스프린트
훈련 피로도	· 중강도가 포함돼 누적 피로가 Polarized보다 높을 수 있음
적용 예시	· 마라토너: 주 6회 총 10h → 저강도 7h, 템포 2h, 인터벌 1h · 사이클 선수: 주 12h → 베이스 8.5h, 템포 2h, 고강도 1.5h

5. POL(Polarized Training): 양극화 트레이닝

■ 정의
- 전체 훈련의 대부분을 저강도(LT1/VT1 이하)로, 소수 세션을 고강도(LT2/VT2 이상)로 배치하고 중강도(LT1~LT2)는 의도적으로 최소화하는 훈련 강도 분배(TID) 전략을 의미한다.
- 시간 기준 분포는 저강도 75~80%, 중강도 ≤5~10%, 고강도 15~20%가 전형적이다.

1) 3존 ↔ 5존 개념 핵심

3존 체계(기준)	정의	5존에서의 개념 대응	강도 범주
Z1	LT1/VT1 미만	Z1~Z2	저강도(LIT)
Z2	LT1~LT2 사이	Z3	중강도(MIT)
Z3	LT2/VT2 초과	Z4~Z5	고강도(HIT)

- **분류 방식 주의(80/20 해석 가이드)**
  - Time-in-Zone(TIZ): 각 존에 실제로 머문 시간 기준
  - Session-Goal(세션 의도): 세션을 저강도/고강도 의도로 분(한 세션 안의 워밍업·쿨다운 포함)

- **왜 중요한가?**
  - 책·논문에서 말하는 "80/20"은 대부분 Session-Goal 기준이다(예: 일주일 10세션 중 8은 LIT, 2는 HIT).
  - 같은 주를 TIZ 기준으로 보면, 워밍업·세트 사이 휴식·쿨다운 때문에 저강도 비율이 80%보다 더 커지고, 고강도(>LT2) 체류 시간은 대체로 5~10% 내외로 나타내게 된다.
  - 따라서 "분류 기준을 명시"하지 않으면, 같은 훈련을 두고도

"고강도가 과소/과대"로 보이는 해석 오류가 생기게 된다.

- "본 장의 80/20 표기는 Session-Goal 기준이다. 동일 데이터를 TIZ 기준으로 보면 저강도 비율은 더 커지고 고강도 체류 시간은 더 작게 산출될 수 있다."

> 저 역시도 세션 의도(Session-Goal) 기준으로 80/20%로 계획했으나, 훈련 로그의 실제 체류 시간(TIZ) 분석에서는 약 90/10%로 산출됨을 현장에서 반복 확인할 수가 있었습니다.

2) POL 훈련 대상자
- 적합 대상: 훈련 경험이 있는 지구력 선수·상급 아마추어
- RCT(Randomized Controlled Trial)·체계적 고찰에서 타 TID(Training Intensity Distribution) 대비 우월한 개선이 반복 보고
- 시즌 적용: 엘리트는 연중 피라미달을 기본으로 두고, 피크 전 전환기 등 특정 단계에 POL로 스위치할 때 성능상 이점이 관찰된다(러너 16주 연구: 피라미달 → POL 패턴이 5km 성능에 유리).

3) 기대 효과(근거 요약)
- RCT(개념 비교): POL이 THR/HIT/HVT 단독 대비 VO_2peak, 역치, PPO, TT 성능 개선이 더 큼
  - Pyramidal(PYR): 저강도 > 중강도 > 고강도
  - Polarized(POL): 저강도 > 고강도, 중강도 최소화
  - Threshold(THR): 중강도 비중이 큼

※ 같은 총훈련 시간이라도 강도 분배에 따라 적응 방향(VO_2, 역

치, 파워/페이스, 회복 부담)이 달라짐

- 교차설계(사이클): 6주 POL(80/0/20)이 THR(= 57/43/0)보다 생리·성능 지표 개선이 큼
- 메타분석(2024): VO_2peak 개선에서 POL 우위(특히 ≤12주·상급자에서 두드러짐)가 크며, 다른 대리 지표에서는 유사
- 핵심 설계 원리: 상급자 기준 주당 HIT 2회면 충분, 나머지는 저강도(LT1 이하)로 채워 적응/회복 균형을 유지

4) 설계 가이드(실전 규칙)

- 주간 분배(시간 기준 예시): LIT 75~80% / MIT ≤5~10% / HIT 15~20%. 세션 기준(week): 저강도 다수 + 고강도 2회
- HIT 권장 훈련법: 4×8분@90% HRpeak, r = 2~3분(총 고강도 32분)
  - 동일 빈도에서 4×4분(95% HRpeak)보다 적정 강도×누적 시간 조합이 더 큰 적응 유도

- 중강도 억제: LT1~LT2(Z3의 Z2) 체류는 계획적으로 제한
  - 느슨한 템포가 누적으로 증가하지 않도록 시간/세션 수 상한을 둔다.

- 7일 마이크로사이클(예시, 6~8회 세션)
  - 월·수·금·일: LIT 60~120분@LT1 이하(회복/롱런 포함)
  - 화: HIT-A 4×8분@90% HRpeak, r = 2~3분
  - 목: 기술·근지구력(상지/코어) + 아주 가벼운 LIT 30~45분
  - 토: HIT-B 5×4~5분@Z5(지형 특이성 반영)
  - → 시간의 75~80%는 LIT, 확실한 고강도는 주 2회, Threshold 세션은 의도적으로 배제

5) 현장에서 적용 실수 및 관리 방법

- 과저강도 훈련: 더위·누적 피로로 LIT 중 HR/파워가 LT1 상단 고착 → 즉시 강도 하향, 베이스 보호
- 몰래 중강도 누출: 페이스런·업힐 LIT에 Z2 체류 누적 → TIZ 기반 점검(Session-Goal만으론 과대/과소 추정 위험)
- 기간 배치: 연중 POL 고정이 아니라 피라미달 ↔ POL 전환으로 레이스 특이성·회복 창 조율

■ 현장에서 직접 확인한 POL 효과

- 일반 준비기 12주 POL(Healthcare, 2021): 체성분 개선, VO$_2$max·운동 시간 증가, 남성 국가대표 선수는 심박 회복 개선, 여성 국가대표 선수는 상지 파워 향상(Kim, T. H., Han, J. K., Lee, J. Y., & Choi, Y. C. (2021). The effect of polarized training on the athletic performance of male and female cross-country skiers during the general preparation period. Healthcare, 9(7), 851.)
- 오프 시즌 4주 on-snow POL + 코어(J Men's Health, 2020): 근둘레·무릎 굴곡 근토크·수직점프 유의 향상, 좌우 악력 비대칭 감소(Kim, J. K., & Choi, Y. C. (2020). The effect of short-term off-season cross-country ski training on body composition, physical fitness, and isokinetic muscle functions of cross-country skiers. Journal of Men's Health, 16(1), 63-74.)

6) 수준별 선택 가이드

조건	추천 분포	근거·노트
연-간 볼륨 <400h(아마추어)	Pyramidal 우선	중강도 '자유시간 확보 + 실전감 유지' 측면에서 유용
연-간 볼륨 >650h(엘리트)	Polarised 중심	저강도 볼륨 유지가 가능하고, 고강도에서 더 큰 추가 효익

| 장거리 그란폰도 · 마라톤 준비 | PYR → POL 전환 | 대회 6~8주 전 스프린트 · VO_2 자극 블록 삽입 |
| 단 · 중거리 타임트라이얼 | POL 또는 High-Tempo 혼합 | 중강도 적응 일부 유지가 파워 지속에 도움 |

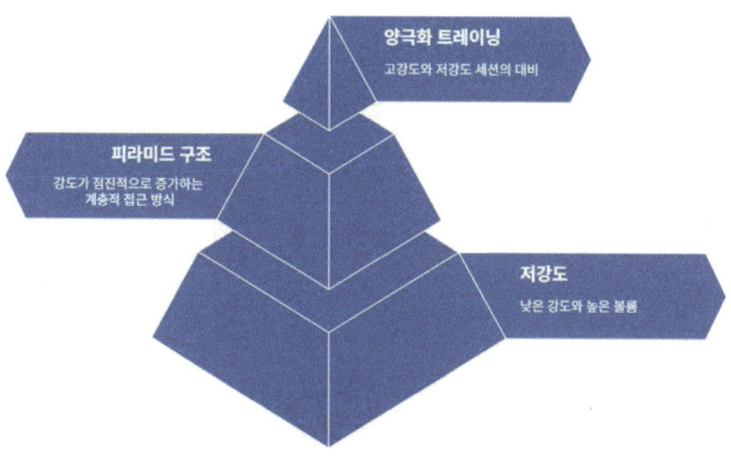

[연간 지구력 트레이닝 연계 방법]

■ 결론

피라미드 트레이닝 모델(Pyramidal model)과 양극화 트레이닝 (POL: Polarized Training)은 연속선(↔)상에 있습니다. Pyramidal과 Polarized는 '서로 배타적인 양자택일'이 아니라, 시즌 · 목표 · 훈련 경력에 따라 좌우로 이동하며 조합할 수 있는 스펙트럼이 됩니다.

- 중장기적 성능 최적화를 위해서는 목표 대회 날짜에 가까워질수록 Pyramidal에서 Polarized TID으로 전환하는 전략적 접근이 권장됩니다.
- 여러 코호트 연구에서, 경기력 극대화를 목표로 하는 경우 준비기 종료 후 6~8주간 고강도 비중을 증가시키는 양극화형(Polarized) 분포로 단계적 전환 시 5km 기록, FTP, VO_2peak 등이 추가로 향상된 것으로 보고되었습니다.

제9장

지구력 트레이닝 훈련 방법

■ 지구력 트레이닝 통합 방법

훈련 방법	강도 (RPE)	심박 영역	주요 효과	추천 대상
LSD	2~4	Z1~2	유산소 기초 강화, 회복력 향상	초급자, 시즌 초기
템포	5~6	Z3	젖산역치 향상, 레이스 페이스 유지	중급 이상 러너
인터벌	7~9	Z4~5	VO_2max 상승, 스피드 · 무산소 능력 향상	고급자, 경기 대비
고강도 인터벌	8~10	Z5	최대 무산소 파워 · 스피드 강화, EPOC 증가	엘리트 선수, 스프린터
파트렉	3~9	Z2~5	지루함 감소, 전체 체력 및 반응 속도 향상	전 레벨
경사도 트레이닝	4~7	Z3~4	오르막 근력 강화, 지구력 향상	사이클리스트, 트레일 러너
반복 트레이닝	5~8	Z3~5	페이스 조절 능력 개선, 템포 유지력 강화	중급 이상 러너
스피드 트레이닝	8~10	Z5	최대 속도 강화, 주파력 향상	단거리 선수, 인터벌 훈련자

1. LSD(Long Slow Distance Training): 장거리 저속 훈련

■ 정의: 최대심박수의 50~70% 정도의 낮은 강도로 장시간(60분 이상) 운동을 지속하며, 유산소 시스템을 강화하는 기본적인 지구력 훈련

1) 훈련 대상자: 초급자 및 시즌 초기에 적용되며, 마라톤 초보자에게 적합함

구분	내용
목표	· 지방 대사 능력 향상 · 심폐지구력 강화 · 운동 후반부 근지구력 향상
훈련 강도	· 최대심박수의 50~70%(Z1~2)/RPE 2~4
훈련 시간	· 최소 30분, 최대 2~4시간
훈련 빈도	· 주말 위주 또는 필요에 따라 주 2~5회
훈련 피로도	· 낮음(대화 가능 수준)
장점	· 부상의 위험이 적음 · 기초 체력 형성 및 높은 강도 훈련 대비 · 미토콘드리아 · 모세혈관 밀도 증가
적용 예시	· 마라톤 초보자: 주말마다 90분 동안 천천히 걷거나 조깅 · 사이클 선수: 평지에서 3시간 지속 라이딩 수행

■ 주의사항

　　일반인들이 Z2 훈련을 과하게 적용하려는 경향이 있는데, 단일 세션에서 Z2 훈련의 시간이 지나치게 길어지면 Z3와 유사한 피로도를 유발할 수 있습니다. 연간 전체 훈련을 통해 충분한 지구력 기반이 형성되지 않은 일반인들의 경우, 이러한 과도한 Z2 훈련은 오히려 과훈련 증상을 초래할 수 있으므로 주의해야 합니다.

2. Pace/Tempo Training: 페이스/템포 훈련

■ 정의: 젖산역치(Lactate Threshold) 근처에서 지속적인 운동을 수행하며, 경주 속도 또는 경기와 유사한 강도로 훈련하는 방식

1) 훈련 대상자: 중급 이상 러너에게 적합함

구분	내용
목표	· 젖산역치 향상으로 고강도 운동 지속 능력 강화 · 경기 중 목표 페이스 유지 능력 강화 · 젖산 제거 능력 개선으로 피로 지연
훈련 강도	· 최대심박수의 75~85%(Z2~3)/RPE 6~7
훈련 시간	· 20~40분 연속 지속
장점	· 젖산 제거 능력 개선으로 피로 지연 · 경기 중 안정적인 페이스 유지 가능
적용 예시	· 10km 러너: 5km를 레이스 페이스보다 약간 느린 속도로 달리기 · 크로스컨트리 스키 선수: 30분간 경사면에서 일정 속도 유지하며 스키

■ 주의사항

- Z3는 '블랙홀 존(Black Hole Zone)'이라고도 불리는데, 이 강도에서는 고강도 훈련의 이점(속도 및 힘 향상)과 저강도 훈련의 이점(지방 연소 및 회복)을 제대로 얻기 어렵기 때문입니다.
- Yellow Zone에서의 운동은 피로를 쉽게 쌓이게 하고, 장기적으로는 근육과 신경계가 제대로 회복되지 않아 과훈련(overtraining)을 초래할 수 있습니다.
- 따라서 효과적인 훈련을 위해서는 Z3에 너무 의존하지 말고, 낮은 강도(Z1~2)와 높은 강도(Z4~5)를 명확히 구분하여 훈련하는 것이 중요합니다.

3. HIT(Interval Training): 인터벌 트레이닝

■ 정의: 고강도 운동과 저강도 회복을 교대로 반복하며, 최대산소섭취량(VO_2max)과 무산소 능력을 향상시키는 훈련

1) 훈련 대상자: 상급자 및 경기 대비 훈련에 적합함

구분	내용
목표	· 최대산소섭취량(VO_2max) 증가 · 젖산역치 향상 및 고강도에서의 회복 능력 강화 · VO_2max와 유산소·무산소 중간 지대(젖산역치)를 동시에 끌어올림
훈련 강도	· 최대심박수의 85~95%(고강도 구간)
훈련 시간	· 3~5분 고강도 인터벌 + 동일 시간 회복(1:1 비율)
세트 수	· 4~6회
장점	· 짧은 시간 동안 큰 훈련 효과 · 심폐기능과 무산소 대사 모두 강화
적용 예시	· 사이클: 언덕에서 5분 전력 질주 후 5분 회복을 6회 반복 · 러닝: 400m 트랙 전력 4바퀴 + 1바퀴 조깅 회복 반복

■ 주의사항

- 과훈련 위험: 지나친 빈도·볼륨은 체력·면역 저하와 수면 장애를 유발하므로, 주당 1~2회로 제한하고 점진적으로 강도를 높입니다.
- 신경계 부담: 짧고 강한 부하는 중추신경에 부담을 줘 다음날 집중력·반응 속도가 떨어질 수 있으니, 세션 후에는 반드시 가벼운 회복 운동이나 완전 휴식일을 둡니다.
- 회복 관리: '수퍼컴펜세이션'을 위해 충분한 수면·영양 섭취와 스트레칭·마사지 등 회복 활동을 철저히 해야 합니다.
- 대상 제한: 유산소 기반이 부족한 초보자는 부상 위험이 크므로, 먼저 기초 지구력 훈련을 충분히 쌓은 뒤 도입하는 것이 바람직합니다.

4. HIIT(High-Intensity Interval Training): 고강도 인터벌 트레이닝

■ 정의: 짧은 시간 동안 최대한의 강도로 운동을 수행하고, 매우 짧은 회복 기간을 두는 방식의 고강도 훈련

1) 훈련 대상자: 고급자 및 경기 대비 훈련에 적합함

구분	내용
목표	· VO_2max 및 무산소 능력 극대화 · 짧은 시간 동안 높은 에너지 소비 · 순발력 · 무산소 파워 극대화, EPOC(운동 후 과잉산소소비) 극대화
훈련 강도	· 최대심박수의 90~100%(고강도 구간)
훈련 시간	· 20~30초 전력 질주 후 회복(운동:회복 비율 1:0.5~2)
세트 수	· 8~10회
장점	· 시간 효율적 · 빠른 체력 향상 및 체지방 감소에 효과적
적용 예시	· 러너: 100m 전력 질주 후 30초 걷기×10회 반복 · 사이클 선수: 30초 스프린트 후 15초 회복×8회 반복

■ 주의사항

- 워밍업 · 쿨다운 필수: 세션 전 · 후 각각 10분 이상 가벼운 조깅과 스트레칭으로 몸을 준비 · 정리하세요.
- 빈도 제한: 주당 1~2회만 시행하고, 세션 사이에는 최소 하루 이상의 완전 휴식을 둡니다.
- 심박 · 강도 모니터링: RPE 9~10, 심박수 급변을 체크하며 '무리 징후'가 보이면 즉시 강도를 낮춥니다.
- 건강 상태 고려: 심혈관 · 호흡기 질환이 있거나 초보자는 반드시 전문의 상담 후 시작하세요.
- 회복 관리: 수면 · 영양 · 마사지를 통해 피로를 완전히 해소해야 효과가 유지됩니다.

[인터벌(Interval) vs 고강도 인터벌(High Intensity Interval)]

구분	인터벌(HIT)	고강도 인터벌(HIIT)
전력 지속 시간	3~5분(중장거리 구간)	20~30초(단거리 스프린트)
회복 시간	전력 구간과 동일하거나 더 길게	전력 구간의 0.5~2배 사이클
강도 수준	고강도(Z4~5)	극강도(Z5, RPE 9~10)
주당 빈도	1~2회	1~3회
에너지 시스템	유·무산소 복합 자극	무산소(ATP-PC·해당 과정) 집중
주요 효과	VO_2max 상승·지구력 강화	폭발적 스피드·지방 연소 극대화

5. 파틀렉 트레이닝(Fartlek Training)

■ 정의: 속도를 자유롭게 조절하며 고강도와 저강도를 교대로 수행하는 유연한 훈련 방식으로, 스웨덴어로 "속도 놀이"를 의미

1) 훈련 대상자
- 모든 수준의 지구력 훈련자: 초급자부터 엘리트까지 적용 가능
- 경기 페이스 변동에 민감한 종목 선수: 마라톤·사이클·크로스컨트리 스키 등

구분	내용
목표	· 유산소·무산소 조합 강화: 구간별 강도 변화를 통해 심폐와 무산소 시스템을 균형 있게 자극 · 지구력·근지구력 동시 발전: 장시간 지속 능력과 후반부 근력 지구력 모두 개선 · 정신적 집중력 유지: 변화무쌍한 강도 전환으로 훈련 몰입도 및 동기부여 유지 · 기술·폼 안정화: 강도 변화 시에도 효율적인 움직임과 자세를 유지할 수 있게 훈련
훈련 특징	· 강도 구간: 저강도(Z1~2)와 중고강도(Z3~5)를 자유롭게 변환 · 시간: 30분 이상, 최대 2~3시간까지 상황에 맞게 조정 · 구간 예시: 평지 조깅 5분 → 1분 전력주 → 평지 회복 3분 → 언덕 스프린트 30초 → 평지 회복 2분 → …
장점	· 속도 변화 적응력: 경기 중 가속·감속 상황에서의 페이스 조절 능력 향상 · 지루함 감소: 일정 페이스 훈련 대비 동기부여 및 집중력 유지

적용 예시	· 러닝: 60분 조깅 중 매 10분마다 1분 전력주 삽입 · 사이클: 90분 라이딩 도중 3분 템포 → 2분 스프린트 → 5분 회복 반복 · 크로스컨트리 스키: 트랙 주행 중 언덕 구간은 강하게, 내리막은 회복 페이스로 순환

6. 경사도 훈련

1) 오르막 훈련(Uphill Running)

- **5~10도 / 50~100m: 스피드 파워 향상**
  - 짧은 거리와 낮은 경사의 언덕은 속도-중심 훈련에 적합
  - 고강도 인터벌 트레드밀 훈련이 경사 조건에서도 러닝 이코노미와 근력에 긍정적 영향을 미친다고 밝혔다.

- **10~15도 / 100~300m: 고강도 파워 & 근지구력 향상**
  - 긴 거리와 높은 경사는 지속적인 근피로 자극과 고산소 요구량을 통해 지구력 및 최대산소섭취량(VO_2max)을 높임

- 경사가 증가함에 따라 근수축 역학과 에너지 요구가 변화한다고 보고

2) 내리막 훈련(Downhill Running)

- **5~10도 / 50~100m: 스프린트 및 신경근 조절 능력 향상**
  - 완만한 내리막 구간은 높은 속도를 가능케 하며 신경근 반응과 속도 적응력을 강화
  - 편심성 근수축 중심의 훈련이 파워와 속도를 유의하게 향상시키기 때문에 고강도 편심성 적응 훈련이 필요함

- 10~15도 / 100~300m: 편심성 근력 및 생체역학 효율성 향상
  - 긴 거리의 급경사 내리막은 편심성 근력 발달, 브레이킹 능력, 근섬유 스트레칭 적응을 유도
  - 트레일 러닝에서 다운힐 구간이 경기 결과에 결정적인 역할을 한다고 분석

3) 통합 전략: 오르막 + 내리막
  - 교차 자극 훈련: 오르막에서 집중적인 근피로 유도 → 내리막에서 빠른 회복 & 속도 적응 훈련
  - 편심성과 등장성 동시 발달: 오르막은 등장성 파워 강화, 내리막은 편심성 조절 능력 강화
  - 기능적 움직임 훈련: 경사도에 따른 보폭, 리듬, 브레이킹 메커니즘을 전체적으로 조절하는 능력 발달

7. Repeition(반복) 트레이닝

■ 정의
- 일정한 거리 또는 시간 동안 최대 또는 준최대 속도로 운동을 수행한 뒤, 충분한 휴식을 갖고 다시 반복하는 형태의 훈련을 의미
- 보통 세트 간 휴식은 완전 회복 또는 거의 회복되는 수준까지 허용되며, 고품질의 반복 수행이 강조

1) 훈련 목적

목표	설명
최대 속도 향상	짧은 구간을 반복 수행하며 신경근 발달과 기계적 효율성 개선
젖산 처리 능력 강화	강도 높은 인터벌로 젖산 축적 → 휴식 중 제거 → 대사 시스템 효율성 향상
심폐 및 회복 능력 향상	반복적 부하 후 완전 회복 → 회복 속도 개선 및 강도 회복 간격 단축
기술 집중 훈련	피로 전 상태에서 완전한 동작 수행 반복 가능 (특히 스키, 수영 등 기술 종목)

2) 훈련 방법

항목	권장 수치	설명
운동 시간	20초~2분	고강도 구간은 짧고, 정확하고 빠르게 수행
강도	IF 1.05~1.20, RPE 8~10	최대 노력 또는 경기 페이스 초과 속도
휴식 시간	운동 시간의 2~4배	충분한 회복 보장(예: 1분 뛰면 2~4분 걷기/조깅)
세트 수	3~10세트	목표와 시즌 시기에 따라 다양하게 조정

3) 훈련 예시

예시	내용
러닝(중거리)	400m×6세트(1:30 간격), RPE 9, 레이스 페이스보다 5~10초 빠르게
사이클	1분×5세트 & 130% FTP, 세트 간 3분 완전 회복
스키/수영	300m 반복 기술주 & 최대 템포, 휴식 2~3배

4) 적용 시기

- 기초기(Base Phase): 제한적 사용, 기술 반복 중심
- 빌드업기(Build Phase): 젖산 처리 능력과 회복 강화 목적
- 특이성기(Specific Phase): 경기 페이스 이상의 자극 제공용
- 시합기: 경기 전 자극 주기용 소량 유지

▣ 유의사항

- 강도가 매우 높기 때문에 회복 관리가 중요합니다.
- 과도한 반복은 근육 손상, 심박 회복 지연, 기술 오류 증가를 초래합니다.
- 기술 정확도와 리듬 유지가 핵심이며, 각 반복의 퀄리티가 떨어질 경우 세트 수를 줄이는 것이 좋습니다.

▣ 인터벌과 리피티션 트레이닝 구분

항목	인터벌 훈련	리피티션 훈련
목적	유산소 능력 향상, 젖산역치 개선, 지구성 증가	속도, 파워, 기술 유지 능력 향상, 무산소 시스템 자극
강도(RPE/IF)	중고강도(RPE 6~8, IF 0.85~1.0)	고최고 강도 (RPE 9~10, IF 1.05~1.2 이상)
세트 간 회복	불완전 회복(심박 120bpm 이상 유지)	완전 회복(심박 완전 하강 허용, 주로 걷기 또는 정지)
세트 구성	4~8분×4~6세트(예: 4×5분: Z4)	20초~2분×3~8세트 (예: 6×400m 전력 질주, 휴식 3분)
적용 시기	유산소 기반 형성기 / 빌드업기	특이성 훈련기 / 피크 컨디셔닝 조율
피로 누적	상대적으로 누적 큼 → 세션 간 회복일 필요	피로는 크지 않지만 신경계 피로 유발 가능
효율성 포인트	젖산 생성 → 제거 반복을 통해 LT 향상	짧은 시간 고품질 자극 → 회복 능력 & 기술 일관성 향상
예시 세션	5분×5세트, 휴식 1~2분 / 8분 템포×2세트	1분×6세트(전력 질주), 세트 간 4분 걷기

8. Speed training

크로스컨트리 스키나 장거리 지구력 종목은 흔히 "오랫동안 일정한 강도로 운동하는" 이미지가 강합니다. 그러나 실전에서 경기 흐름을 보면, 단순히 꾸준히만 달리는 것이 아니라 순간적인 가속과 감속, 경쟁자와의 스퍼트 싸움, 코너를 빠르게 공략하는 동작 등이 매우 중요합니다. 이러한 이유로 세계적인 선수들도 기본 지구력을 키우는 훈련에 더해, 짧게는 10~15초 정도의 순간적인 스피드 훈련을 병행합니다. 왜 10~15초의 스피드 트레이닝이 필요할까요?

1) 신경근(Neuromuscular) 적응 향상
- 짧은 구간에서 폭발적으로 속도를 높이는 훈련은, 평소 사용하지 않던 '고속 근육 섬유(FT 섬유)'를 효율적으로 동원
- 짧고 강한 자극이 반복되면서 순발력뿐만 아니라 근육과 신경의 협응(코디네이션)이 개선

2) 레이스 막판 스퍼트(피니시 스프린트) 능력
- 장거리 경기에서도 마지막 수백 미터~1km는 선수들 간 순위 다툼이 치열할 때 순발력이 뛰어난 선수는 마지막 구간에서 급가속하여 스퍼트를 내며 승부를 뒤집거나 확정지을 수 있음
- 10~15초 정도의 속도 훈련은 '결정적인 순간'의 스퍼트 능력을 높이는 핵심 요소

3) 레이스 중간에 나오는 반복적인 가속 구간 대응
- 오르막 전환, 추월 시도, 그룹에서 튀어 나가는 공격적인 움직임 등, 장거리 레이스 중에도 순간 가속이 필요한 상황이 많을 때 짧은 스피드 훈련은 가속 구간에서의 효율을 높여주고, 레

이스 흐름 변화를 따라잡거나 주도할 수 있도록 도움이 된다.

4) 기술(Technique) 숙련도 향상
- 크로스컨트리 스키의 동작은 속도가 빨라질수록 자세 유지와 밸런스가 무너질 수 있다.
- 고속 구간에서 스키 기술을 정확하게 구사하기 위해서는 평소 '고속 훈련'에 익숙해져 있어야 한다.
- 짧은 스피드 드릴을 통해 빠른 추진 기술, 폴 사용법, 하체 밸런스를 연습하여 경기 중에도 안정적으로 속도를 낼 수 있다.

5) 근비력 및 심폐 능력 보조 효과
- 장거리 훈련 위주로만 하면 심폐지구력이 향상되지만, 순간적인 힘과 폭발력은 상대적으로 저하될 수 있다.
- 스피드 트레이닝을 통해 '근비력'과 '심폐역치'도 여러 각도에서 자극하게 되므로, 전반적인 경기력을 높이는 보조 수단이 된다.

■ 주기화에 따른 스피드 트레이닝 예시

단계 · 섹션	기간 (예시)	핵심 목표	스피드 트레이닝 내용 · 빈도	현장 적용/주의 포인트
준비기 (Preparation/ Base)	8~12주	· 기초 지구력 확보 · 근력 · 코어 · 기술 습득 · 신경근 각성 시작	· Stride / 숏 스피드 - 주 1~2회, 80~100m 가속 4~8회 · 기술 중심 고속 동작 - 스키: ≤10초 폴-스키 버스트 - 사이클: ≥100rpm, 30초 고케이던스	· 80~90% 강도로 10초 이내 가속 · 부상 예방 · 폼 정교화에 초점

구분	기간	핵심 목표	세부 구성 예시	강도 · 주의사항
빌드기 (Build)	8~10주	· VO₂max · 근파워 · 무산소 지구력 향상 · 스피드 볼륨 점진 증가	· 짧은 인터벌 200m/30초 전력, 4~8회(주 1~2회) · 레이스 페이스 + 피니시 가속 – 러닝 3~5km · 사이클 5분 후 10~15초 전력	· 오르막 · 평지 등 다양한 스프린트 세트 · 회복주로 질 유지, 주 1~2회 집중
전력기 (Peak)	4~6주	· 경기력 극대화 · 레이스 후반 스퍼트 · 서지 대응	· 10~15초 전력 스프린트×5~10세트 (휴식 60~90초) · 레이스 시물 + 가속 5~10km 내 삽입 · 업힐 스프린트 10~30초 반복	· 고강도 빈도↑, 총훈련량↓ · 주 2회 이상 고강도 땐 나머지는 회복
대회기 (Competition)	주요 대회 기간	· 스피드 감각 유지 · 피로 관리 우선	· Stride 부스트-업 – 대회 3~4일 전 10~15초×3~5회 · 레이스 페이스 리허설 – 2~3km(5~10분) 후 10초 스퍼트	· 경기 자체가 스피드 자극 역할 · 컨디션 난조 시 강도 · 횟수 즉시 조정
회복 · 전환기 (Transition)	2~4주	· 적극적 휴식 · 부상 회복 · 다음 시즌 리셋	· 스피드 세션 없음 또는 레크 · 가벼운 가속	· 조깅 · 수영 등 가벼운 활동 유지 · 이후 준비기서 스피드 요소 점진 재도입
주간 마이크로 사이클 예시 (Build Phase)	1주	· 고강도 · 회복 균형	월: 휴식 → 화: 400m 6~8회(마지막 100m 전력) → 수: 중강도 60~90분 → 목: 근력 + 10초 가속 5~6회 → 금: 회복 30분 → 토: 장거리 90~120분 → 일: 휴식	· 강 · 약 대비 뚜렷, 스피드 세션은 화 · 목 집중
적용 시 유의사항	—	· 개인별 차 · 회복 우선 · 다양한 형태 · 폼 유지 · 부상 징후 즉시 조치	—	· 스피드 구간 폼 우선 · 과도한 피로 · 통증 시 강도↓

■ 프로그램 통합 진행 방법

단계	주당 빈도	메인 세션 예	총소요 시간
빌드기	2	· 화: 고강도 반복(예: 1km 세트, 힐스프린트) · 금: 짧은 스트라이드 · 오버스피드	15~25분 (실질 수행부)
전력기	2~3	· 화 · 토: 10~15″ 전력 스프린트 중심 세션 · 목(또는 레이스 시뮬): 인터벌 내 서지	20~30분
대회기	1	· 레이스 3일 전: 10″ 가속×3~4회 "깨우기"	5~8분

■ 현장 적용 매뉴얼

- 주요 목표를 정한다 → "마지막 200m 스퍼트 +5s" 등
- 빌드기부터 주 1~2회 10~15″ 스프린트 세션을 넣어 신경근 자극
- 전이기에는 '전력 스프린트 질 유지'를 위해 세트-휴식 비율을 1:4 이상 확보
- 대회기엔 "깨우기" 정도만 수행해 피로를 남기지 않는다.
- 지표(파워 · 페이스) 기록으로 피로 누적 여부를 확인, 필요시 즉시 강도 · 횟수 조절

■ 세계적인 선수들의 스피드 트레이닝 적용(예)

종목	대표 (월드클래스) 선수	핵심 스피드-트레이닝 세션(예시)	세부 실시 방법 · 포인트
크로스컨트리 스키	Jessie Diggins (USA)	· 롤러-스키 "롤링 스피드" · 업힐 더블폴 스프린트 · Z4 인터벌 내 15초 스피드	· 10초 가속×4~6, 세트 간 3분 완전 회복 – 균형 · 리듬 유지 · 12~15초 전력×6~8, 경사 6~8% 언덕, 하강 + 30초 회복 – 힙 앞으로, 폴촉 발끝 앞 · 5×4분(Z4 + 15초 전력) – 레이스 시뮬, 심박 95%까지
마라톤 · 장거리 러닝	Eliud Kipchoge (KEN)	· 100m 스트라이드 · 1km 트랙 반복 · 2분/1분 파틀렉 · 롱런 피니시 킥	· 조깅 후 100m 가속 8~10회, 60초 워크 회복 · 15×1km(2분 45초~2분 50초, 회복 60초 조깅) – "컨트롤된 고강도" · 30km 롱런 마지막 2km@MP-10초/km + 200m 전력

로드 · 스테이지 사이클링	Tadej Pogačar / Jonas Vingegaard	· 15초 맥스 스프린트 · 30초/15초 마이크로버스트 · 언덕 힐스프린트 · 고케이던스 오버스피드	· 전력 15초×6, 세트 간 10분 Z1~2 · 3세트×10 반복(30초@130% FTP + 5초@50%), 세트 간 5초 쉽게 · 12% 언덕 30초×8~10, 다운힐 + 3분 회복 – 반복별 파워 저하 ≤5% · 플랫에서 90 → 130rpm 가속 20초×5~6 – 상체 흔들림 억제

에피소드 4

고지대에서의 실패와 성공

2011년, 저는 한 명의 선수와 함께 오스트리아 람사워 닥쉬타인(해발 약 2,500m)에서 고지대 훈련을 진행했습니다. 당시 우리가 생활하던 해발 고도는 1,000m였고, 처음 경험하는 고지대 훈련은 몸도 마음도 무척 힘들고 어려웠습니다. 그럼에도 불구하고, 국외 유명 선수들과 국내 실업팀 선수들의 고지대 훈련 모습을 지켜보는 것만으로도 저와 그 선수 모두에게는 큰 영감과 학습의 기회가 되었습니다.

그 시즌이 끝난 뒤, 함께 훈련했던 그 선수는 국가대표로 발탁되었고, 저 또한 고지대 훈련에 관한 박사학위 논문을 작성해 학위를 취득했습니다. 그러던 중 2013년에 팀 전체 선수들을 다시 이끌고 오스트리아 고지대를 찾았는데, 제가 가진 과도한 열정과 욕심, 그리고 이론적 지식의 부족으로 인해 무리하게 높은 강도의 훈련 프로그램을 시행했습니다. 결국 우리 팀 선수 중 한 명이 훈련 도중 쓰러져 위급한 상황에 놓이고 말았습니다. 저에게는 너무나도 무서운 경험이었고, 이 일을 통해 고지대 훈련을 할 때는 세밀한 훈련 강도와 탄탄한 과학적·이론적 근거가 반드시 필요하다는 사실을 뼈저리게 깨달았습니다.

그리고 시간이 흘러 2019년, 저는 캐나다 버논의 실버스타 마운틴 리조트(생활 고도 1,650m, 최대 상승 고도 약 2,000m)로 고지대 훈련과 실험을 다시 떠났습니다. 두 번의 실패를 반복하지 않으려, 이번에는 고강도 인터벌 훈련을 일반 고도 대비 약 7~10% 낮은 강도로 실시했습니다. 그리고 "all-out"으로 결승점에 도달해 주저앉는 방식이 아니라, 결승점을 지나서도 달릴 수 있는 수준에서 강도를 조절했습니다. 그 결과 국내로 귀국해 치른 첫 시합에서, 국가대표가 아닌 우리 대학 소속 선수가 국가대표 선발전에서 1위를 차지했고, 10위권에 만 4명이 오르는 놀라운 성과를 얻게 되었습니다.

더욱 흥미로운 점은, 기존 연구들에서 해발 1,800m 이하에서는 혈액적(생리적) 변화가 거의 없다고 알려졌음에도, 이번 훈련 중 혈액적 변화를 확인하게 되었고, 이를 바탕으로 국제 학술지에 논문을 게재할 수 있었습니다.

고지대 훈련은 단순히 신체적 적응만 요구하는 것이 아니라, 정신적 어려움도 동반됩니다. 산소 부족이 주는 피로감은 예상보다 훨씬 크게 다가오므로, 강도와 훈련량을 더욱 섬세하게 조절해야 합니다. 이런 경험들은 고지대 훈련을 계획할 때 과학적 이론과 현장 실천력, 그리고 무엇보다도 안전에 대한 깊은 책임감이 필요하다는 교훈을 다시 한번 일깨워 주었습니다.

[오스트리아 람사워 닥쉬타인 고지대: 2012년]

제10장

고지대 훈련 및 지구력 컨디셔닝

지구력 훈련 프로그램은 목표 설정, 단계별 설계, 테이퍼링의 활용, 고지대 훈련 전략까지 포함되어야 합니다. 이 장의 내용은 고지대 훈련에 대한 단순한 이론이 아니라, 12년간의 선수 지도 경험과 해발 1,600m와 2,500m 이상의 고지대에서 수행한 실제 훈련, 그리고 그 과정에서 수집된 데이터를 바탕으로 작성한 4편의 논문을 통해 검증된 결과를 토대로 정리한 것입니다. "이론과 현장이 만날 때, 훈련은 비로소 과학이 된다."

1. 고지대 훈련의 생리학적 이점

고지대 훈련은 해발 1,800m 이상의 저산소 환경에서 진행되는 훈련으로, 적혈구 생성과 산소 활용 능력을 극대화하는 데 필수적이며 효과는 아래와 같다.

- 적혈구 생성 증가: 산소 부족 환경에서 적혈구 생산이 활성화되어, 더 많은 산소를 근육으로 운반할 수 있다.
- 산소 활용 능력 개선: 근육 내 산소 대사와 에너지 생성 효율성이 향상
- 심폐 기능 강화: 심장과 폐의 기능이 강화되어 고강도 운동을 더 오래 지속할 수 있게 된다.
- 고지대에 대한 주요 연구를 정리하여 보면, 고지대 훈련의 경기력 향상 효과는 보통 해수면 복귀 후 약 14일까지 유지되며, 이 기간 동안 중요한 생리적 지표들이 정점에 이른다고 보고된다. 따라서 주요 대회를 앞두고 복귀 10~14일 전 고지대 훈련을 종료하는 것이 이상적이다.

1) 고지대 주요 훈련 방법

고지대 훈련 방식	효과	단점	추천 기간
LHTH(고지대 생활 + 고지대 훈련)	적혈구 증가, 지구력 향상	고강도 훈련 어려움, 회복 속도 저하	3~4주(최소 2주 이상)
LHTL(고지대 생활 + 저지대 훈련)	적혈구 증가 + 고강도 훈련 가능	환경 이동 필요, 비용 부담	3~4주(최소 3주 이상)
LLTH(저지대 생활 + 고지대 훈련)	산소 이용 능력 향상	적혈구 증가 효과 미미	2~3주(단기 훈련에 적합)
IHT(간헐적 저산소 훈련)	인공적인 환경에서 훈련 가능	실제 고지대 효과보다 낮음	4~6주(주 3~5회, 60분 이하)

2) 고지대 실전 적용

- **초기 적응(5~7일)**
    - 평지 대비 강도 7~10% 하향으로 시작
    - 수면·HRV 등 반응을 매일 점검하며 천천히 상향

- **훈련 주의사항**
    - 대상 고도: 해발 1,600~2,200m
    - 초행자는 수면·HRV 적응 3~5일 확보
    - 도착 후 72시간: Z4~5 금지, 야간 이동 직후 고강도 금지

- **강도 분포 가이드**
    - 이상적 모델: Live high-Train low(LHTL)
    - 대안: Z1~2 볼륨 유지, Z3 최소화(역치 부근 과부하 방지)
    - 캠프 기간 내내 저·고강도 모두 평지 대비 7~10% 하향

- **실전 운용 포인트**
    - Z3 최소화 → 고지 적응 간섭 감소
    - 테이퍼링으로 컨디션 극대화 후 대회 연결

고지훈련전	고지훈련중	고지훈련후
총량↓·HIT/근력↑ 분포를 Polarized 쪽으로 이동	LIT 장시간↑(≥2.5h)·MIT 소폭↑·HIT↓ 장시간 LIT(기술 삽입), 피로 누적 방지	Easy LIT만 MIT/HIT 금지

[캐나다 실버스타 마운틴 리조트 고지대 훈련: 2019년]

■ 고지대 훈련 사례

우리 대학팀은 2019년 캐나다 실버스타 마운틴(1,650m)에서 3주간 고지대 훈련을 마친 뒤, 귀국 10일 만의 첫 대회에서 우리 팀 선수 중 한 명이 국가대표·실업팀 선수를 제치고 종합 1위를 차지했고, 다수의 선수가 10위권에 들었습니다. 이는 고지대 훈련의 효과를 분명히 보여준 사례입니다. 훈련 과정에서는 혈액 점성 증가를 막기 위해 Z3 훈련을 거의 배제했고, 고강도 인터벌과 저강도 지속주 모두를 평지 대비 낮은 강도로 진행하였습니다. 이러한 세심한 강도 조절과 테이퍼링 덕분에 선수들은 최상의 컨디션으로 출전할 수 있었습니다.

2. 경기 전 지구력 유·무산소 컨디셔닝

1) 템포 트레이닝(Tempo Training)

템포 트레이닝은 지구력 트레이닝의 필수 요소로, 최대심박수의 70~85% 강도로 지속적으로 운동하며 젖산역치(LT)를 개선하는 것이 중요하다.

- 목적
  - 고강도 운동을 더 오래 지속할 수 있는 능력을 개발
  - 유산소와 무산소 시스템 간의 효율적인 에너지 전환 연습
  - 경기 중 일정한 페이스를 유지할 수 있도록 돕는 능력 강화

- 훈련 방법
  - 워밍업: 30~40분간 저강도 러닝(스키) 및 동적 스트레칭
  - 템포 훈련: 템포 페이스로 20~40분 동안 지속 운동

- 쿨다운: 10~15분간 저강도 회복 러닝(스키) 및 정적 스트레칭

• **적합한 장소**
- 평탄한 도로, 러닝머신, 트랙 등이 템포 트레이닝에 이상적
- 마라톤이나 크로스컨트리 스키 선수는 경기 환경과 비슷한 장소를 활용하면 더욱 효과적

2) 단기적 무산소 트레이닝

신체에 강한 자극을 주어 스프린트 능력과 젖산 제거 능력을 빠르게 향상시키는 전략이지만, 반드시 충분한 지구력 기반 위에서 실시해야 한다는 점을 잊지 말아야 합니다.

◼ 훈련 효과

• **젖산역치(LT) 상승**
- 고강도에서 젖산이 덜 쌓이도록 제거 능력 강화

• **스프린트·순간 파워 향상**
- 단거리 전력 질주, 폭발적 가속력 개선

• **근육 활성화 강화**
- 무산소 대사 시 근육 섬유 동원 효율 증가

◼ 훈련 선행 조건

• **충분한 지구력 기반 확보 후**
- 유산소 시스템(지구력)이 튼튼해야 부상 위험↓, 훈련 효과↑

- **강도·볼륨 조절**
  - 고강도 인터벌(예: 30초 전력 질주/90초 회복)
  - 전체 세션 중 무산소 비율 10~20% 이내 권장

▣ 주의사항

- **지구력 기반 미흡 시 부작용**
  - 과도한 근육 피로, 회복 지연
  - 부상 위험(힘줄·관절 과사용) 증가

- **훈련 볼륨 과잉**
  - 체력 고갈, 면역력 저하

- **회복 부족**
  - 다음 세션 성능 저하
  - 만성 피로 → 과훈련증후군

▣ 현장 적용 팁

- **지구력 세션 후 무산소 훈련 추가**
  - 예: 장거리 러닝(Z2) → 15초 전력 스프린트×6회

- **주 1~2회로 제한**
  - 중간에 충분한 회복일(저강도 또는 휴식) 배치

- **피드백 활용**
  - 속도·파워 데이터(RPE, GPS, 파워미터) 기록·분석

▣ 핵심 용어 및 핵심 포인트

핵심 용어	핵심 포인트
저산소 자극(Hypoxia) 산소 농도가 낮은 환경이 적응 반응을 촉진하는 자극	고지대 체류로 EPO 분비 증가, 적혈구량이 상승
EPO(적혈구 생성 자극 호르몬) 적혈구 생성을 촉진하는 내인성 호르몬	혈장량 감소가 농도 농축 효과로 이어진다.
헤모글로빈 농도 혈액 내 산소 운반 단백질 양	'Live High-Train Low'가 최적 균형 모델이다.
혈장 용적 변화(Plasma Volume) 혈액 내 액체 성분 부피의 증가·감소	적응 단계별(초기·중기·안정기) 모니터링이 필수적이다.

▣ 이른 시기의 무산소 트레이닝에 대한 경험담

제가 대학팀을 처음 지도했을 때, 빠른 성과를 내고자 새로운 시즌을 시작하면서 지구력 훈련 기간을 충분하게 가져가지 못하고 이른 시기부터 무산소 강도 훈련을 도입했습니다. 그 결과 단기적으로는 성과가 있었지만 시즌 중반 이후 선수들의 경기력이 점차 떨어졌고, 시즌 전체를 평가하였을 때 경기력 개선에 큰 효과를 얻지 못하는 것을 느낄 수가 있었습니다. 또한, 졸업 후에는 지구력 부족 탓에 더 높은 수준의 경쟁력을 갖추기 어렵다는 것을 발견하였습니다. 이 경험을 통해 깨달은 것은 '단단한 기초 없이 얻은 성공은 오래가지 않는다'는 사실입니다. 충분한 지구력 기반을 다진 뒤에야 고강도 훈련의 이점을 제대로 누릴 수 있습니다. 마치 호수에 돌을 던져 바닥을 메운 뒤에야 그 위에 튼튼한 집을 지을 수 있듯, 기초가 없는 훈련은 모래 위 집과 같아 언제든 붕괴할 위험이 있습니다. 훈련 초반에는 눈에 보이는 성과가 느리더라도 흔들리지 말고, '지구력은 강도 높은 훈련을 견딜 수 있는 몸과 마음을 준비하는 과정'임을 믿고 묵묵히 기반을 다져야만, 장기적으로도 지속 가능한 성장과 성공을 이룰 수 있습니다.

3. 테이퍼링(Tapering) 컨디셔닝

> 테이퍼링은 경기 직전, 훈련 강도와 양을 조절하여 신체의 피로를 해소하고, 경기 당일 최상의 컨디션을 끌어올리기 위한 필수적인 전략입니다. 마치 활시위를 당기기 직전 숨을 고르는 것처럼, 테이퍼링은 선수가 최고의 기량을 발휘하도록 돕는 과정입니다.

1) 핵심 원칙
- 훈련 강도 유지, 시간 및 빈도 점진적 감소: 훈련의 질(강도)은 유지하되, 전체적인 훈련량은 점진적으로 감소시켜야 한다.
- 이는 근력과 기술을 유지하면서 피로를 회복하는 데 도움이 되기 때문이다.
- 운동 부하 60~40% 수준으로 감소: 평소 훈련하던 운동량의 60%에서 40% 수준까지 점진적으로 줄여야 한다. 너무 급격하게 줄이면 오히려 컨디션 저하를 초래할 수 있다.
- 심리적으로 불안한 경우 60% 수준까지 훈련량을 줄이는 것이 적합하다.
- 훈련 빈도 70~80% 유지: 훈련 횟수를 너무 많이 줄이면 경기 감각과 리듬을 잃을 수 있다. 따라서 평소 훈련 빈도의 70~80% 수준을 유지하며 경기 리듬을 잃지 않도록 주의해야 한다.

2) 테이퍼링 기간
- 테이퍼링은 경기 2~4주 전에 시작하며, 선수의 체력과 목표 등 개인에게 최적화된 기간을 설정하는 것이 중요하다.
- 제17장 "엘리트 훈련에서 배우다" 챕터에서 마리트 뷔오르겐 선수 테이퍼링 방법을 참고

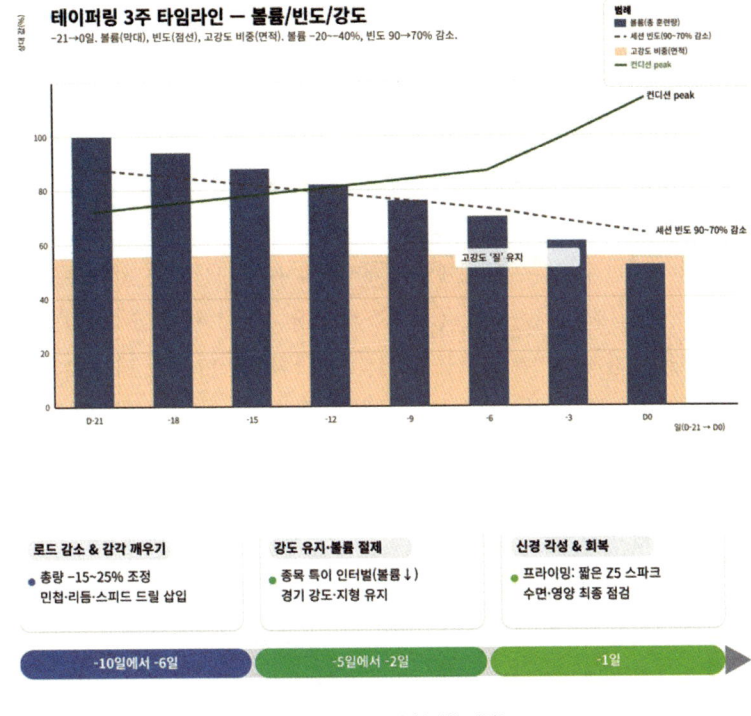

[경기 전 테이퍼링 활성화 전략]

▣ 핵심

- 지나친 빈도 감소는 금물: 훈련 빈도를 너무 많이 줄이면 경기 감각이 무뎌지고 리듬이 깨질 수 있습니다. 적절한 빈도를 유지하여 경기력을 유지해야 합니다.
- 개인별 맞춤 조정: 모든 선수에게 동일한 테이퍼링 전략이 적용될 수는 없습니다. 선수의 피로 상태, 컨디션 변화를 세심하게 관찰하고, 그에 맞춰 훈련량과 강도를 조절하는 것이 핵심입니다.

4. 지구력 선수를 위한 근력·플라이오매트릭· 코어·신경근 컨디셔닝

지구력 현장에서는 오랫동안 근력의 가치를 과소평가해 왔습니다. 시즌 중 웨이트는 낯설고 번거롭다는 이유로 미뤄지기 일쑤였지요. 그러나 선진 팀들은 시즌기에도 체계적으로 유지 세션을 운영하며 폼을 지키고, 부상을 줄이고, 경쟁력을 쌓았습니다. 트랙과 롤러, 웨이트룸을 오가며 지켜본 바로는, 잘 설계된 근력 훈련이 후반 페이스의 흔들림을 늦추고, 반복되는 미세 손상을 예방하여 시즌 전체를 안정적으로 이끕니다.

저는 현장에서 30년을 보내며, 초창기에는 저 역시 근력의 중요성을 충분히 반영하지 못한 때가 있었습니다. 특히 15년 전 대학 지도자를 막 시작했을 때, 시즌 중 웨이트를 도입하는 일은 거의 첫 시도에 가까웠고 선수들도 낯섦과 불편함을 호소했습니다. 하지만 크로스컨트리 스키 선진국에서는 이미 당연한 루틴이었고, 저희도 단계적으로 적용하면서 효과를 확인했습니다. 결국 선수들이 체감하는 건 "경기 막판 폼이 무너지지 않는다", "아픈 데가 줄었다"는 아주 실용적인 변화였습니다.

물론 시간 자원이 부족한 직장인과 학생에게는 지구력 훈련이 우선입니다. 다만 그 안에서도 주 2회, 짧고 집중된 근력 세션만 꾸준히 확보해 보시길 권합니다. 길게 할 필요도, 복잡하게 꾸밀 필요도 없습니다. 기둥이 되는 코어와 둔근·고관절 주변 안정화를 먼저 세우고, 기본 리프트 위주로 담백하게 쌓아 올리면 충분한 효과를 보실 수 있습니다. 현장은 늘 바쁘지만, 이 작은 투자 하나가 시즌 막판의 흔들림을 붙잡아주고, 다음 훈련을 가능하게 만드는 "보이지 않는 보험"이 되어줍니다.

1) 지구력 선수에게 근력 트레이닝이 필요한 이유

- 러닝/사이클링 이코노미(경제성) 향상·막판 폼 유지·부상예방: 하체 대근육의 최대힘·신경동원율을 올리면, 같은 속도에서도 에너지 소모가 줄고(경제성↑), 레이스 후반 기술 붕괴가 지연되게 된다.
- 코어·둔근·고관절 안정화는 골반·무릎·요추 정렬을 지켜 과사용 손상을 줄이게 된다. 이때 설계는 반드시 과부하·점진 증가·특이성·변화·회복의 원리를 일관되게 적용되어야 한다.

2) 프로그램 설계 원리(간섭 최소화·역할 분담·시즌 우선순위)

- **Endurance vs Strength 간섭 최소화**
  - 강한 HIT와 근력은 24~36h 이상 간격(이상적 48~72h)
  - 회복주는 볼륨 40% 감소, 강도 20% 감소로 미세 조정

- **역할 분담**
  - Heavy weight: 스쿼트/데드/런지 변형 → 최대힘·신경동원
  - Plyometric: 점프·바운드 → 힘-속도 곡선 고속단 예열
  - Single-leg: 종목 특이적 안정화·교차 패턴 통합

- **시즌 우선순위**
  - 비시즌: 최대힘·기초신경근 능력 구축
  - 시즌기: 유지·파워 터치(블록/전통 주기화)

3) 주기화·볼륨

- **비시즌(기초·최대힘)**
  - 주 2~3회 / 하체 80~90% 1RM / 3~5세트×3~6회, 휴식 2~3분
  - 플라이오메트릭은 웨이트 전 짧게(신경계 예열), 코어·가동

성 포함(본서 권고: 중·고중량 다관절 2~3일/주, 파워 드릴 1~2회/주)

- **시즌기(유지)**
  - 주 1회, 총 볼륨 40~60% 축소
  - 핵심 리프트 2~3세트
  - 약 85% 1RM으로 강도 유지 · 세트 수는 감소

4) 배치 규칙(간섭 회피)
- HIT와 24~36h 분리(이상적으론 48~72h)
- LIT day 말미 또는 단독 세션 권장
- 하체 중량은 장거리 LIT 전날은 하체 고중량 지양(신경 피로, 기술 저하 방지)
- 상체 · 코어는 비교적 자유

5) 세션 구성(권장 흐름)
- 워밍업(RAMP): 가벼운 유산소 → 활성화(둔근 · 중둔근 · 코어) → 관절 가동성
- (선택) 짧은 플라이오 5~8: 바운드 · 싱글레그 홉 등
- 메인 리프트: 스쿼트 · 데드리프트 · 프레스/로우 등
- 보조/일측성: 스플릿 스쿼트 · 스텝업 · 힙힌지 변형
- 반사적 코어: 데드버그 · 팔로프 프레스 · 사이드 플랭크
- 쿨다운/호흡 재정렬

6) 핵심 원칙
- 코어 먼저(기둥 세우기) → 이후 대근육 리프트(벤치 · 스쿼트 등)
- 양측성 → 일측성(안정성 확보 후 비대칭 교정 · 전이 강화)
- 가동성 · 안정성 확보 뒤 강하고 · 무겁고 · 큰 관절각 적용

- 초기 4주는 맨몸 중심으로 유연성·가동성·패턴 학습
- **단계 전개(주기화)**
    - 해부학적 적응: ≤60% 1RM
    - 근비대/기초근력: 60~80% 1RM / 5~12회
    - 근파워/최대힘: ≥85% 1RM / 3~5회
    - 전환기: 종목 기술·스피드 전이

- 템포 규칙: 이완:정지:수축 = 2:1:1
- 간섭 최소화: HIT ↔ 하체 중량 24~36h 분리(이상적 48h)
- **첫 4주 도입안(맨몸 중심): 주 2회, 40~50분**
    - 힙힌지·스쿼트·푸시·풀·코어 패턴을 맨몸/밴드로 학습
    - 가동성·안정성·리듬 확보 후 점진적 부하 적용

7) 지연성 근육통(DOMS)과 급성 근육통(AMS)

강도 높은 근력·신경근 훈련을 병행할 때 선수들이 흔히 마주하는 것이 근육통(muscle soreness)이다. 근육통은 단순한 불편감이 아니라, 훈련 부하의 성격과 회복 전략을 설계하는 지표로 활용될 수 있다.

구분	급성 근육통 (Acute Muscle Soreness, AMS)	지연성 근육통 (Delayed Onset Muscle Soreness, DOMS)
시점	운동 중~직후 즉시	대개 12~24h 후 시작, 24~72h 절정
기전	대사산물(H^+, 젖산, ATP 등)·칼륨이 Group III/IV* 근감각 신경 자극 → "불타는" 느낌	신장성(이심성) 수축 중심의 미세 손상, 근막/결합조직 기원 통각, NGF·GDNF 등 신경영양인자 관여
특징	전신적 "화끈/타는" 느낌, 멈추면 빠르게 가라앉음	국소 압통·경직·가동 범위 감소, 뻐근한 무거움
반복 노출	즉각 적응 적음	Repeated-Bout Effect → 같은 자극 재노출 시 통증·손상 감소

* Group III = 압박 센서(기계적 신호 담당), Group IV = 화학 센서(대사산물 신호 담당)로 둘이 함께 작동하면서 우리가 느끼는 "운동 중 불편감·통증·피로 신호"를 만들어내게 된다.

도움되는 것	저강도 능동 회복, 세션 간 충분한 휴식, 수분·탄수화물 보충	마사지(소·중등도 효과), 가벼운 능동 회복, 점진적 부하, 충분한 수면·영양. 냉·온·대조욕·진동·광선 치료 등은 근거 혼재
주의	날카로운 국소 통증·기능 상실 시 손상 의심	극심한 통증이 수일 지속, 갈색뇨·전신 증상 동반 시 의료적 평가 필요

■ 실전 적용 포인트

- AMS는 주로 고강도 인터벌·고지대 등에서 경험하는 '불타는 느낌'으로, 세션 직후 빠르게 사라지므로 큰 문제는 아님
- DOMS는 신장성 부하가 큰 근력·플라이오매트릭 훈련 후 흔히 나타나며, 회복 주기와 훈련 분배의 핵심 고려 요소
- DOMS 관리를 위해서는 '가볍게 움직이기 + 마사지' 조합이 가장 일관되게 효과적
- 단, 근성장기(근비대 단계)에서는 냉수 침수(cold immersion)를 주 2~3회 정례화하는 것은 오히려 단백질 합성을 억제할 수 있으므로 주의
- 반복 운동 효과(Repeated-Bout Effect)를 고려하면, 선수들이 DOMS에 익숙해질수록 같은 자극에서 통증·손상이 줄어드는 적응 효과가 발생. 따라서 점진 부하(progressive overload)와 회복 전략이 반드시 병행되어야 함

■ 요약

근육통은 단순히 '훈련의 부산물'이 아니라, 훈련 부하·회복·적응을 조율하는 신호입니다.

- AMS는 순간적 대사 스트레스를 알려주는 경고음
- DOMS는 구조적 스트레스와 회복 설계를 점검하게 만드는 알림음

> 지구력 선수의 근력·신경근 훈련 프로그램은 DOMS의 발생·해소 주기를 염두에 두어야 하며, 이를 통해 회복-적응-퍼포먼스의 선순환을 완성할 수 있습니다.

8) 종목별 특화
■ 러닝(중·장거리)
- 핵심 목적: 러닝 이코노미 증가, 후반 폼 유지, 피로 내성 향상
- **생리·역학 근거**
  - 최대힘 증가 → 동일 페이스의 상대 강도 낮아짐
  - 발목-무릎-고관절 체인 강성 최적화
  - 이심성 제동 능력 증가로 접지 시간 안정

- 기술·전술 이점: 보폭·케이던스 품질 유지, 지면 반력 방향성 유지, 업/다운힐 리듬 안정
- 부상 예방 포인트: 골반 안정으로 IT밴드·슬개대퇴통·요추 과사용 위험 완화, 햄스트링/아킬레스 보호
- **비시즌 원칙**
  - 무겁게·짧게·정확하게(주 2~3회)
  - 메인 리프트: 스쿼트·데드리프트·스플릿 스쿼트(힙힌지·싱글레그), 80~90% 1RM, 3~5세트×3~6회
  - 세션 구조: (초반) 짧은 플라이오(바운드·싱글레그 홉) → (중) 메인 웨이트 → (말미) 반사적 코어(데드버그·팔로프 프레스·사이드 플랭크)
  - 보조 포인트: 햄스트링 이심성(노르딕·RDL) + 발목 강성(헤비 카프 레이즈 느리게 + 점프류 빠르게)

- **시즌기 원칙**
    - 강도 유지형 최소 볼륨(주 1회, ~85% 1RM, 메인 2~3세트, 볼륨 40~60% 감량)
    - 간섭 회피: 고강도 달리기(HIT) ↔ 하체 중량 최소 24~36시간 분리
    - 주말 레이스: 월요일 2~3세트, 강도 85% 1RM만 미니컷(신경 자극 유지, 근피로 최소)

■ 사이클(로드 · TT)

- **핵심 목적**: 저케이던스 고토크 추진력 향상, 장시간 에어로 자세 지속, 페달링 효율성 증가
- **생리 · 역학 근거**
    - 둔근 · 햄스트링 최대힘 증가로 디드스폿 토크 유지
    - 척추 기립 · 견갑 안정 → 호흡 · 자세 에너지 비용 감소
- **기술 · 전술 이점**: 업힐 좌/입자세 전환 매끄럽게, 코너 탈출 · 스프린트 가속 반응성 향상
- **부상 예방 포인트**: 요추통 · 슬개대퇴통 · 슬굴곡건 과사용 완화, 무릎 트래킹 안정
- **비시즌(주 2~3회)**
    - 스쿼트 · RDL · 힙 쓰러스트 · 불가리안 스플릿 스쿼트 → 80~90% 1RM, 3~5세트×3~5회로 최대힘 집중
    - 상체 보강: 로우 · 페이스풀 · 친업 → 견갑 후방 사슬 강화(에어로 자세 · 호흡 안정)
    - 플라이오메트릭: 점프 스쿼트 · 박스 점프 등 짧은 RFD 자극만
    - 포커스: 파워는 자전거 인터벌로, 체육관은 질 높은 최대힘에 집중

- 시즌기(주 1회 유지)
  - 강도 유지(85~90% 1RM), 세트 수 감량
  - 배치 원칙: 임계/VO$_2$ 인터벌과 하체 중량을 같은 날 금지(가능하면 24~36h 분리)
  - TT 전주: 하체 볼륨 과감히 축소(요추·대퇴 전면 잔피로 최소화)

■ 크로스컨트리 스키

- 핵심 목적: 더블폴 파워·경사 대응력 향상, 불안정 지면에서 기술 안정화, 전신 추진 효율성 증가
- **생리·역학 근거**
  - 상체 당김 체인·코어 협응력 증가 → 폴 스트로크 임펄스 강화
  - 하체 힙드라이브로 글라이드 유지

- 기술·전술 이점: 킥-글라이드 길이 유지, 폴-킥 타이밍 동기화, 업힐·코너에서 리듬 보존
- 부상 예방 포인트: 견갑·흉곽 컨트롤로 어깨·팔꿈치 과사용 감소, 요추·무릎 스트레스 분산
- 비시즌(주 2~3회)
  - 하체 최대힘: 스쿼트·데드·스텝업
  - 상체 당김 체인: 랫풀다운·시티드로우·페이스풀·딥/푸시다운
  - 세션 구조: (초반) 바운딩·더블폴 점프·메디신볼 슬램 → (말미) 팔로프 프레스·힙 에어플레인·사이드 플랭크(반회전·측면 안정)
  - 배치 원칙: 롤러스키 고강도 ↔ 하체 중량 48h 간격(기술 저하 방지)

- 시즌기(주 1회 유지)
  - 상체: 2~3세트, 높은 상대 강도로 더블폴 파워 유지
  - 하체: 세트 수 감량(글라이드 감각 보존)
  - 레이스 주간: 주초 짧은 헤비 터치만 남기고 플라이오·코어 중심으로 조정

◼ 시간이 부족한 선수/동호인 미니 플랜(주 2회, 45~55분)

- 세션 A: 스쿼트(또는 레그 프레스) → RDL → 스텝업(일측성) → 로우/친업 → 코어
- 세션 B: 데드리프트(경량-중량 교차) → 불가리안 스플릿 스쿼트 → 힙 쓰러스트 → 페이스풀/랫풀다운 → 코어
- 주기화 강도 전개: 근비대 60~75% 1RM, 3~4세트×6~10회 → 이후 80~90% 1RM, 3~5세트×3~5회
- 템포: 매 반복 2:1:1(이완:정지:수축) 속도 유지

에피소드 5

작은 차이가 만들어내는
놀라운 힘

매년 3월, 시즌이 끝난 직후 저는 늘 같은 질문 앞에 마주하게 됩니다.

"우리 대학 선수들이, 제한된 훈련 여건과 시간 속에서도 어떻게 하면 국가대표나 실업팀 선수들을 이길 수 있을까?"

결국 이 질문은 다음과 같은 고민으로 이어집니다.

"어떻게 하면 더 효율적인 훈련을 설계할 수 있을까?"

그리고 저는 이 문제를 풀기 위한 작은 원칙들을 하나씩 만들어 가기 시작했습니다.

첫 번째 원칙

훈련은 웃으며 시작하고, 웃으며 끝내자. 저는 훈련의 분위기, 감정, 그리고 시작하는 표정이 훈련 전체의 흐름과 효과를 바꾼다고 믿습니다. 그래서 훈련에 들어가기 전, 선수들이 자연스럽게 웃을 수 있도록 차 안에서 노래를 틀거나, 유쾌한 대화를 이끌어내기 위한 간단한 농담을 준비했습니다. '한 번의 미소, 1초의 긍정적 에너지 차이'가 레이스 후반 1초의 차이를 만들어낼 수도 있다고 믿었기 때문입니다.

두 번째 원칙

준비운동은 하루의 하이라이트다. 현장에서 가장 자주 보이는 풍경 중 하나는 준비운동을 '단순한 루틴' 정도로 여기는 것입니다. 심지어 집중하지 않고, 시선을 바닥에 두고, 마음은 딴 곳에 있는 경우도 많습니다. 그러나 저는 다르게 생각했습니다. 하루 20분의 준비운동을 1년간 성실히 반복한다면?

그 시간은 7,000분! 무려 116시간 이상의 축적입니다. 그게 2년, 3년 축적이 된다면 단지 워밍업이 아니라 결정적 차이를 만드는 시간이 될 수 있다고 생각하였습니다. 그래서 저는 준비운동을 단순한 루틴이 아니라 기능성 트레이닝의 핵심 세션으로 만들고자 했습니다.

유연성-협응력-조정력-균형(밸런스)-다양한 근육 사용 유도, 이런 요소들을 포함한 연간 준비운동 프로그램을 설계했고, 그 안에 긍정적 사고 전환 루틴까지 포함시켰습니다. 즉, 몸을 푸는 동시에 학교나 일상에서 있었던 스트레스나 피로를 비워내고, 운동에 집중할 수 있도록 마인드셋을 조정하는 시간으로 만든 것입니다.

저는 대학 재학 시절 근대4종(사격, 육상, 수영, 펜싱) 선수로서 하계 전국체전에 모두 참가한 경험이 있습니다. 입상 실적과는 상관없이 동계와 하계 전국체전에 참가하여 본 운동선수들은 찾아보기 힘든 것도 사실입니다. 종목은 다르지만, 그 모든 종목은 하나의 공통된 신체 시스템을 사용한다는 사실을 몸으로 배웠습니다.

결국 중요한 건, 움직임의 정교함, 즉 운동 조절(motor control)의 능력입니다. 그래서 준비운동 시간에는 단순히 관절을 푸는 것이 아니라 기능을 교정하고, 움직임을 재설계하고, 기술의 기반을 다지는 시간으로 만들고자 했습니다. 가장 어려운 건 쉬운 것에서 차이를 만드는 것! 제가 내린 결론은 이것입니다.

"어려운 것에서 차이를 만드는 것보다는 오히려 쉬운 것에서 차이를 만드는 게 더 어렵고, 더 중요하다."

모두가 '그 정도야 아무나 하지'라고 생각하는 준비운동, 스트레칭, 짧은 집중 훈련, 바로 그 지점에서 집중을 유지하고, 훈련의 퀄리티를 올릴 수 있다면 그것이 결국 게임을 결정짓는 요소가 될 수 있었던 것

같습니다.

  독자 여러분께 드리는 제안! 혹시 여러분은 준비운동을 단지 루틴처럼 흘려보내고 계시진 않나요? 그 짧은 10~20분을 그 누구보다 집중하고, 신체와 마음의 '몰입 전환 구간'으로 만든다면 당신의 훈련은 전혀 다른 궤도에 올라서게 될 것입니다. 진짜 차이는 사소한 습관의 반복에서 생긴다는 것! 그 작은 차이가 모여, 결국 놀라운 힘을 만들어낼 것입니다.

제11장

지구력 선수를 위한 경기 전 퍼포먼스(Perpormance) 활성화 전략

주니어 크로스컨트리 스키 선수들은 종종 스키를 장착한 뒤 곧바로 언덕 훈련에 돌입하곤 합니다. 그러나 평지에서 충분히 몸을 풀어 근육과 코어 온도를 높이지 않은 상태로 언덕을 오르면, 근육이 차가운 상태에서 갑작스러운 부하를 받게 되어 무산소성 대사가 급격히 활성화되고 젖산이 빠르게 축적됩니다. 이 과정에서 저장된 글리코겐이 조기에 고갈되어 본 경기에서 필요한 에너지를 충분히 발휘하지 못할 위험이 있습니다. 따라서 체온이 충분히 올라간 뒤에야 언덕 연습이나 고강도 세션에 들어가야만, 불필요한 젖산 누적과 글리코겐 소모를 억제하고 경기 후반부에도 안정적인 페이스를 유지할 수 있습니다. 이 같은 원칙은 러닝이나 사이클 훈련에도 동일하게 적용됩니다. 이 장에서는 최상의 경기력을 발휘할 수 있는 경기 전 운동수행력(perpormance) 전략을 이해하여 최상의 경기력을 준비하시길 바랍니다.

1. 퍼포먼스 활성화 개요

지구력 경기에서 초반 5~10분의 몸 상태가 최종 기록을 좌우한다. 이를 위해 세 가지 준비 단계가 필수적이다.

- 프라이밍(Priming): 대사계 예열
  - 짧은 고강도 자극으로 산소 섭취 속도·젖산 처리·근육 온도를 미리 끌어올려 신체 "엔진"을 워밍업한다.

- 샤프니스 드릴(Sharpness Drills): 신경계 각성
  - 2~5분 내외의 스프린트·점프 등으로 폭발력·민첩성을 순간 자극해 스타트·변속 반응을 최적화한다.

두 전략을 적절히 조합하면 초반 피로 감소, 페이스·리듬 조기 안정화, 스타트 속도 및 변속 반응 향상을 이루어 낼 수 있다.

2. 준비운동의 생리학적 중요성과 동적 스트레칭의 효과

1) 준비운동(Warm-up)의 정의와 필요성
◼ 정의

준비운동은 본 운동(훈련 또는 경기)에 앞서 몸과 마음을 안전하고 효과적으로 준비시키는 사전 활동이다. 관절과 근육의 가동 범위를 넓히고, 심박수와 체온을 서서히 올려 운동에 자연스럽게 진입할 수 있도록 돕는다.

■ 필요성

구분	설명
부상 예방	경직된 근육과 관절을 풀어주어, 갑작스러운 부하로 인한 부상 위험을 줄임
운동 능력 향상	혈액순환과 산소 공급이 원활해져 근육 협응력과 퍼포먼스 향상에 기여
정신적 집중도 향상	'운동을 시작한다'는 신호를 뇌에 전달하여 집중력과 심리적 각성 상태 유도

2) 근육 온도와 경기력의 관계

운동 전 준비운동은 단순히 체온을 올리는 데 그치지 않고, 에너지 시스템과 근육 대사 효율성을 향상시키는 데 중요한 역할을 합니다. 특히 근육 온도는 운동 퍼포먼스에 직접적인 영향을 미칩니다.

항목	내용
근육 온도↑	- 당분해 속도와 효소 반응 증가 - 산소 공급 개선 - 무산소 대사 지연 - 신경 전도 속도 상승
근육 온도↓	- 대사 비효율 → 빠른 젖산 축적 - 운동 초반 근피로 가속 - 회복 지연 및 출력 저하 가능성
온도 상승 효과	- 근육 온도 1°C 증가 시 성능 최대 5% 향상 - 코어 온도 0.7°C 상승 시 스프린트·점프 성능 각각 6%, 4% 향상
온도 저하 영향	- 근육 온도 1°C 하락 시 최대 10%의 퍼포먼스 저하 가능성

※ 실전 적용: 스웨덴 겨울스포츠센터는 크로스컨트리 스키 선수에게 "언덕 전에 평지에서 충분히 스키를 타며 체온을 올리는 것"을 공식 권장한다.

3) 동적 스트레칭(Dynamic Stretching)의 효과와 특징

■ 정의
- 반복적인 움직임을 통해 관절 가동 범위를 늘리고, 근육을 예열하며, 신경계 활성화를 유도하는 스트레칭 방식
- 정지 자세를 유지하는 정적 스트레칭과 달리, 운동 전 준비운

동에 적합

■ 주요 효과

효과	설명
체온·심박수 증가	지속적인 움직임으로 혈류 및 체온 증가, 근육 경직 예방
관절 가동성 확보	본 운동과 유사한 패턴으로 관절을 예열, 부상 위험 감소
신경계 활성화	근신경계 연결 강화 → 더 빠르고 정확한 동작 수행
집중력 향상	규칙적인 리듬과 움직임을 통해 정신적 몰입 촉진

■ 동적 스트레칭 vs 정적 스트레칭: 과학적 비교

연구	주요 내용 및 결과
Turki et al. (2012)	고강도 스프린트 수행 전 동적 스트레칭이 탄성 에너지 저장 능력을 유지시켜 단거리 기록 향상
Meerits et al. (2014)	정적 스트레칭이 햄스트링의 탄성과 점프 능력 저하 유발 가능성
Behm&Chaouachi (2011)	60초 이상 정적 스트레칭 시 근력 및 파워 저하 → 고강도 운동 전 비추천
Chen et al. (2022)	핸드볼 엘리트 선수에게서 동적 스트레칭 후 폭발력(스프린트·점프) 성능 향상 관찰됨

4) 준비운동의 체계적 구성: RAMP 원칙

RAMP는 효과적인 준비운동을 4단계로 나누어 신체와 신경계를 점진적이고 과학적으로 준비시키는 접근 방식이다.

단계	핵심 개념	설명 및 예시
R Raise	체온과 심박수 올리기	• 심박수, 체온, 호흡수를 서서히 상승시킴 • 예: 가벼운 조깅, 제자리 뛰기, 점핑잭(5~10분)
A Activate	주요 근육군 활성화	• 본 운동에 사용할 핵심 근육을 자극 • 예: 브릿지, 플랭크, 밴드 운동으로 복근, 둔근, 등 자극
M Mobilize	관절 가동성 향상	• 부드러운 관절 움직임으로 유연성 개선 • 예: 다이나믹 스트레칭, 런지 트위스트, 관절 회전 등
P Potentiate	신경계 및 근육 최종 예열	• 실제 운동 강도와 유사한 자극으로 폭발력/집중력 향상 • 예: 단거리 스프린트, 가벼운 점프, 바벨 리허설 세트 등

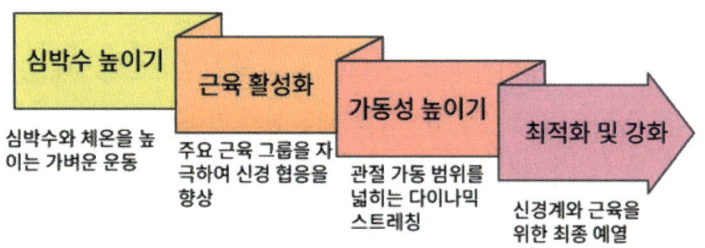

[준비운동 순서도]

5) 일반적 준비운동(General Warm-up)
- 목적: 누구나 적용 가능한 전신 준비운동
- 중점: RAMP의 Raise, Activate, Mobilize 단계에 집중

구분	내용	예시
유산소 준비(Raise)	체온과 심박수 서서히 증가	조깅, 사이클, 점핑잭 등
관절 가동성(Mobilize)	관절 풀기와 동적 스트레칭	레그 스윙, 런지 트위스트, 목/어깨/발목 돌리기
근육 활성화(Activate)	주요 근육 예열	맨몸 스쿼트, 플랭크, 브릿지 등 (10~15회 또는 30초)

6) 특이적 준비운동(Specific Warm-up)
- 목적: 종목 또는 훈련 목적에 맞춘 맞춤형 준비운동
- 중점: Potentiate 단계 포함. 실전 모사, 장비 적응 중심

구분	내용	예시
종목별 기술 연습	해당 종목의 기본 기술 반복	축구: 드리블 / 농구: 레이업 / 야구: 캐치볼
근신경계 예열	짧고 폭발적인 동작 포함	버피, 스프린트, 점프 등 1~3회
웨이트 트레이닝용	바벨 등 가벼운 장비로 리허설	바만 사용해 2~3세트 수행
장비 적응	경기 장비에 미리 익숙해지기	축구화, 라켓, 중량 기구 착용 후 적응 훈련

■ 요약
- 충분한 워밍업과 동적 스트레칭은 운동 퍼포먼스 향상에 필수
- 근육 온도 1℃ 상승만으로도 운동 능력 최대 5~6% 개선 가능
- 동적 스트레칭은 신경계 자극, 근육 예열, 부상 예방에 효과적
- 고강도 · 지구력 경기 전에는 정적 스트레칭보다 동적 스트레칭이 권장
- 크로스컨트리 스키, 육상, 사이클 등 고강도 지속성 종목에서 워밍업의 질이 경기 초반 젖산 축적과 피로도에 결정적 역할을 한다.

3. 정리운동(Cool-down)과 정적 스트레칭(Static Stretching)

■ 정리운동의 목적
- 체온과 심박수를 점진적으로 낮춰 회복 유도
- 근육 이완 및 혈류 정체 방지
- 정신적 안정 회복

■ 정적 스트레칭 개요

항목	설명
정의	특정 근육을 늘린 자세를 15~30초간 유지
시점	운동 후(쿨다운 시)
효과	근육 이완, 유연성 향상, 회복 촉진
예시	햄스트링 스트레칭, 쿼드 스트레칭, 종아리 늘리기

■ 정적 스트레칭 vs 동적 스트레칭 비교

구분	정적 스트레칭(Static)	동적 스트레칭(Dynamic)
주요 목적	근육 이완, 유연성 확보	워밍업, 관절 가동성 확대, 신경계 활성화
운동 방식	일정 시간(15~30초) 동안 고정 자세 유지	관절을 움직이면서 부드럽게 반복
주로 사용하는 시점	운동 후(쿨다운) 또는 별도의 유연성 트레이닝	운동 전(워밍업), 본 운동에 필요한 근신경 활성화
장점	안정적이고 부상 위험이 낮음, 이완 효과 높음	체온 상승, 실제 운동 동작과 유사, 준비운동 효과
주의사항	과도한 자극이나 반동 없이 천천히 진행	반동을 과도하게 주지 않도록 주의, 통증 시 중단

4. 경기 직전 퍼포먼스 최대화를 위한 3단계 루틴

1) 1단계: 경기력을 꺼내기 위한 마지막 '스위치' 프라이밍(Priming)

항목	핵심 개념
정의	경기 or 고강도 훈련 10~60분 전 짧은 고강도 자극(10~15분)을 주어 산소 섭취 속도·젖산 처리·근육 온도를 미리 끌어올리는 과정
대표 방법	・시합 1~2시간 전: Z3~4 인터벌/템포 10~15분 ・워밍업 중: 20분 조깅 → 15~30초 질주×2~4
선행-피로 활용	미리 일정 강도에 적응시켜 경기 초반 '힘든 구간'을 지연 과도 시 글리코겐·체력 소모 위험 → 훈련 강도·훈련 시간 개인화 필수
영양·수분	프라이밍으로 체온·발한·에너지 사용↑ → 스포츠 음료·에너지 젤 등으로 탄수화물·수분 보충
타이밍 주의	・프라이밍 종료 후 10~20분 사이에 출발하는 것이 이상적 ・간격이 너무 짧거나 길면 효과 감소·피로 누적

Q. 1~2시간 전에 10~15분간 템포(또는 인터벌) 자극을 넣으면 "워밍업 + 템포 + 다시 대기 + 다시 워밍업"처럼 동작 수가 늘어나 오히려 피로·체온 저하를 부를 수 있지 않을까?

- 이 세션은 전통적 "긴 워밍업"이 아니라 Priming(대사계 예열) 목적의 짧고 집중된 자극을 만들어내는 과정입니다. 의도는 "가볍게 땀을 내고 끝내는" 것이 아니라 VO$_2$kinetics, 젖산 처리, 근온도를 미리 끌어올려 경기 초반 산소 적응-지연 구간(O$_2$deficit)을 줄이는 것입니다.
- 연구·현장 근거: 마라톤·철인 선수들은 레이스 90~120분 전에 10~15분 동안의 LT(젖산역치) 구간을 넣어 초반 5~10분 산소 응답을 가속시킨다는 연구가 보고되었습니다.
- 노르웨이 XC 국가대표는 대회 전날 20분 동안 Z3 스케이팅을 실행해 고도-스트레스 적응을 앞당기는 전술을 활용하고 있습니다.

■ Evening Shake-out이란?

구분	내용
정의	· 전날 저녁(대회 전 12~24 시간 전)에 시행하는 가벼운 조깅·스트레칭 세션을 의미한다. · 러너·트라이애슬릿·XC 스키 선수들이 주로 사용하며, '몸을 가볍게 흔들어 준다(shake-out)'는 뜻에서 이름이 붙었다.
목적	· 근육 관절 이완 · 혈류·산소 전달 촉진 · 낮은 강도로도 모터 유닛을 다시 깨워 다음날 고강도 동작에 대비 · 심리적 안정
일반 프로토콜	· 시간 : 10~20분 조깅(RPE 2~3) + 5분 동적 스트레칭(총 15~25분) · 강도 : 평소 회복 달리기보다도 느린 속도(마라톤 페이스 + 90~120초/km) · 옵션 : 끝에 20~30초 가속(Stride) 2~3회 – 다리는 깨우되 피로는 남기지 않음 · 보온 : 세션 직후 윈드브레이커·조깅 팬츠로 체온 유지, 가벼운 탄수(스포츠 음료) 보충
주의사항	· 거리·강도 과도 금지 → 글리코겐 고갈·근육 손상 위험 · 새롭거나 낯선 코스는 피하고, 익숙한 거리·노면에서 실시 · 수면 시간 확보 → 너무 늦은 시간(취침 <8시간 전) 시행은 오히려 컨디션 저하
요약	Evening Shake-out은 "전날 밤 가볍게 몸을 흔들어 두어(Shake-out) 순환·신경계·심리를 정돈하는 짧은 조깅 세션"이며, 다음날 Priming → Sharpness Drills로 이어지는 경기 전 루틴의 첫 단추 역할을 하는 것을 의미한다.

2) 2단계 Sharpness Drills

- "피로 없는 마지막 스파크" Priming(대사 예열) 직후
- 2~5분간 짧고 빠른 자극으로 신경계를 활짝 깨우고 스타트 라인에선 숨 고른 'Ready' 상태

항목	정리 내용
핵심 정의	워밍업 루틴의 마지막 2~5분 동안 스프린트·점프·가속을 이용해 중추신경계·민첩성을 즉각 각성, 스타트 직후 최고 기량을 끌어내는 미니 워밍업 세션
실행 목적	· 폭발적 반응성·민첩성 극대화 · 모터 유닛 동원률↑ → 스타트·변속 반응 속도 향상 · Priming·PAP로 예열된 대사·근–신경계를 피로 없이 '켜는' 최종 스위치
이상적 적용 시점	· 워밍업의 마지막 단계 · Priming 이후 / 기술 드릴(폼·리듬) 직후에 삽입 · 스타트 기준 5~15분 전
전형 루틴	· XC 스키: 업힐 20~30m 질주×2~3 · 러닝: 50m 전력×2~3 · 사이클: 2~3% 업힐 10초×2
수행 원칙	· '피로 0' 유지 · 세트·회복 포함 총 2~5분 이내 마무리 · 경기 페이스 이상 속도로 짧고 빠르게, 세트 간 1~2분 가벼운 이동 · 기구 없이도 가능(트랙·로드·언덕 활용)
테이퍼링 연동	· 경기 임박 테이퍼 기간(1~3일 전)에도 경기 페이스 이상 짧은 구간을 반복해 신경계 민감도를 유지 · Sharpness Drills와 동일 논리로 활용 가능
주의사항	· 과도한 반복·볼륨 → 근긴장·피로가 높아짐 → 효과 상실 · 스타트 직전 심박·호흡이 안정 구간인지 확인

3) 통합 루틴 종목별 적용 예시

(1) 크로스컨트리 스키

- **경기 전날 Priming**
  - 경기 전날 또는 당일 오전(오후 시합)에 15~20분간 3~5분 Z3~4 인터벌×2~3회
  - 효과: 경기 당일 초기 고도 적응 빠르게 유도
  - 예: 노르웨이 국가대표팀은 대회 전날 20분 Z3 실시

• 경기 당일

단계	구성 요소	세부 내용	시간/횟수	경기 시작 기준 시점	목적
①	저강도 유산소 준비	RPE 3~4 수준 스키 글라이딩 or 가벼운 조깅, 상지·하지 동시 사용	10분	50~40분 전	체온 상승, 혈류 증가, 관절 가동성 확보
②	다이나믹 스트레칭 & 모빌리티	어깨/팔 스윙, 힙 오프너, 트렁크 회전, 레그 스윙 등	5~7분	40~35분 전	근육 이완, 가동성 향상, 부상 예방
③	기술 리듬 드릴	클래식 or 프리스타일 기술 리듬, 템포 조절(킥·글라이드·폴 타이밍 점검)	5~7분	35~25분 전	기술 동작 리허설, 경기 감각 확보
④	프라이밍 (Priming)	15~30초 고강도 스프린트×2~3 + 회복 1~2분, or Z3 인터벌 4분×2세트	6~10분	25~10분 전	대사계·심박 예열, 고강도 구간 대비
⑤	샤프니스 드릴 (Sharpness)	업힐 질주 10초×2 + 폴 푸시 반복 10회, 스키 바운딩 10초×2	각 10~15초	10~5분 전	스타트 반응 자극, 신경근 반응 속도 강화
⑥	대기 및 체온 유지	윈드브레이커, 덧바지 착용 상태로 콜업 이동, 짧은 제자리 움직임 유지	5~10분	5~1분 전	보온 유지, 심박 안정, 집중 상태 유지

■ 크로스컨트리 스키 — Kerry McGawley 실전 루틴 요약(스웨덴 겨울스포츠센터 권고

구분	스프린트 레이스 (1~2km, 3~4분 내외)	거리 경기 레이스 (10~30km 이상)
저강도 예열	· 운동 강도 60~70%(HRmax) 수준으로 평지 스키 15분	· 동일
고강도 Priming(운동/회복)	· LT 직전 3분 템포/3분 회복 · LT 1분 인터벌/1분 회복 · 최대 강도 30초/30초 회복	· 6분 빌드업 (LT 이상 → 목표 페이스)
샤프니스 드릴	· CMJ 2~3회(또는 동등한 폭발 드릴)	· 짧은 폭발 구간(10초 질주)
전이(휴식) 구간	· 출발 7~10분 ~ 출발 - 보온 의류 착용 - 가벼운 폴 런·스킹(기술 리허설) - 심리·시각화 루틴	· 출발 20분 ~ 출발 - 히팅 자켓 + 조깅 3분 - 동적 스트레칭 2분 - 스킬 드릴 2분 - CMJ 2회
스타트	· 전이 구간 종료 후 즉시	· 전이 구간 종료 후 즉시

☞ **핵심 포인트**
- **완료 시점**
  - 스프린트: Priming 모두 스타트 7~10분 전 종료
  - 거리 경기: 동일 루틴이지만 20분 전까지 웜업을 끝내고 휴식·보온 시간을 넉넉히 확보

- **Priming 강도·길이 차이**
  - 스프린트는 다단계 인터벌(3분-1분-30초)로 최대 강도까지 점진 자극
  - 거리 경기는 6분 빌드업으로 심박·젖산을 LT 이상까지 올린 뒤 유지

- **전이 단계 관리**
  - 보온 유지 : 히팅 재킷·폴대 잡고 가벼운 이동 → 근·코어 온도 유지
  - 심리 준비 : 호흡·시각화 → 스타트 루틴 점검

- **실전 적용 팁**
  - 스프린트 : 가장 짧은 샤프니스 드릴은 스타트 간격 7~10분 전이 폭발력 유지에 유리
  - 거리 : 전이 시간 동안 수분 150~250ml, 젤 25~30g 섭취 → 혈당 안정
  - 첫 도입 시 훈련일에 리허설로 최적 강도·간격 확인 후 대회 적용

(2) 육상 10~20km
- **경기 전날 Priming**
  - 경기 전날 3km 조깅 후 템포 페이스(10km 페이스) 5분×2

- 당일 아침 5분 워밍업 + 20초 질주×3
- 효과: 초반 산소 동원 속도 증가, 젖산역치 안정화

• **경기 당일**

단계	구성 요소	세부 내용	시간/횟수	경기 시작 기준 시점	목적
①	가벼운 조깅 (유산소 준비)	RPE 3~4 수준의 느린 조깅	8~10분	45~35분 전	체온 상승, 혈류 증가
②	다이나믹 스트레칭·드릴	레그 스윙, 하이 니, 스킵, 힐 킥 등	5~7분	35~30분 전	관절 가동성 증가, 움직임 리듬 정비
③	프라이밍 (Priming)	10km 페이스 3~5분×2세트, 세트 간 1분 조깅 회복	8~10분	30~15분 전	젖산역치 자극, 산소 반응 유도
④	샤프니스 드릴 (Sharpness)	50m 전력 질주 2회, 반응 스타트 2회	각 10~15초	15~5분 전	신경계 자극, 스타트 가속 향상
⑤	마무리 정리 및 수분 보충	대기 구역 이동, 물 섭취, 호흡 안정	5~10분	5~1분 전	안정된 심박 상태, 집중 유지

(3) 도로 사이클

• **경기 전날 Priming**

- 경기 전날 FTP 90~95%로 4분×3세트(세트 간 2분 회복)
- 워밍업 루틴 후 고케이던스 인터벌(100rpm 이상) 30초×3
- 효과: 근지구력 구간 진입 시 빠른 산소 소비 반응 유도

• **경기 당일**

단계	구성 요소	세부 내용	시간/횟수	경기 시작 기준 시점	목적
①	가벼운 페달링(유산소 준비)	85~90rpm으로 편안한 페달링, RPE 2~3	10분	50~40분 전	관절 윤활, 근육 온도 상승
②	다이나믹 드릴 & 기술 반복	고케이던스 110rpm×2, 싱글 레그 페달링	5~7분	40~30분 전	좌우 밸런스, 신경 자극

③	프라이밍(Priming)	FTP 90~95% 4분×2세트, 세트 간 회복 2분	10~12분	30~15분 전	중·고강도 구간 준비, 산소 반응 향상
④	샤프니스 드릴(Sharpness)	업힐 질주(2~3%) 10초×2회, 스탠딩 스타트×2회	각 10~15초	15~5분 전	폭발력 자극, 스타트 반응 강화
⑤	정리 & 라인업 대기	수분 섭취, 출발 구간 정렬, 최종 호흡 안정화	5~10분	5~1분 전	집중력 회복, 에너지 보존

■ Priming vs Sharpness Drills — 핵심 차이 한눈에 보기

구분	Priming 대사계 예열	Sharpness Drills 신경계 스파크
목적	산소 섭취 속도(VO_2)·젖산 처리, 근온도 선(先) 자극 → 초반 에너지 시스템 가속	중추신경계·민첩성 즉시 각성 → 스타트·변속 반응 속도 향상
주요 자극	짧은 인터벌/템포(Z3~4, 10~15분)	짧은 스프린트·점프·가속(총 2~5분)
시행 시점	경기 1~2h 전 또는 워밍업 중	출발 2~5분 전
지속 시간	체온·대사 효과 40~60분 유지	신경계 각성 수분(스타트 직후)
피로 위험	중간 (강도·길이 과도 시 글리코겐 소모)	매우 낮음('피로 0'이 원칙)
장비	없음(트랙·코스에서 가능)	없음(언덕·트랙 활용)
대표 예시	20분 조깅 → 15~30초 질주×3	50m 전력×2, 업힐 10초×2
핵심 메커니즘	대사계 예열(VO_2 kinetics 가속)	모터 유닛 동원률·신경 흥분성↑
조합 순서	Priming → Sharpness Drills → 스타트	

5. Pre-motion Phase, Dead Point, Second Wind 이해와 활용

운동 퍼포먼스를 극대화하기 위해서는 Pre-Motion Phase, Dead Point, Second Wind 세 가지 개념이 유기적으로 연결되어야 합니다. 프라이밍 단계에서 사점을 극복하고 세컨드 윈드 단계까지 유도하는 것이 중요한 전략이 될 수 있습니다.

1) Pre-Motion Phase(프리-모션 단계)
- 본격 고강도 세션에 돌입하기 바로 전, 85~90% 목표 페이스로 2~3분간 짧게 몸을 '예고'하듯 자극하는 구간을 의미한다.
- 중요성: 대사계와 신경계를 목표 강도에 미리 적응시키면서 갑작스러운 부하로 인한 Dead Point를 완화하고, 메인 세션 첫 인터벌부터 일정한 출력 유지가 가능하다.
- 실전 팁: 러닝에서는 목표 페이스의 85% 속도로 2분 달린 뒤 1분 조깅 회복, 자전거에서는 FTP의 90%를 2~3분 유지하는 식으로 구성할 수 있다.

2) Dead Point(데드포인트, 고비 구간)
- 운동 초·중반, 유산소 대사와 젖산 처리 능력이 아직 완전히 따라오지 못할 때 갑자기 체감 난도가 치솟는 구간을 의미한다.
- 중요성: 이 순간을 지나치지 못하면 페이스가 급격히 떨어지거나 세션 자체가 무너질 수 있다. 미리 Pre-Motion으로 준비하지 않았다면 더욱 심한 위기를 겪게 될 수 있다.
- 대처법: 강도를 5~10% 낮추고 리듬 호흡을 유지하며, "버티기"보다 "조절하기" 전략이 효과적이다.

3) Second Wind(세컨드 윈드, 두 번째 호흡)
- Dead Point를 통과한 뒤 3~10분 이내, 심폐 기능이 안정되고 젖산 제거가 빨라지면서 체감 난도가 눈에 띄게 낮아지는 현상을 의미한다.
- 중요성: 이때부터는 좋은 산소 공급과 파워 재생산이 가능해져 세션 후반부에 오히려 페이스를 끌어올릴 수 있는 결정적 기회가 될 수 있다.
- 활용법: 두 번째 호흡이 시작될 때 페이스를 다시 살짝 높여 "진짜 레이스 모드"로 전환하면, 초반에 잃었던 시간을 만회하거

나 한 단계 높은 강도로 진입할 수 있다.

항목	Dead Point	Second Wind
간단 정의	· 운동 초·중반에 갑작스러운 심박·호흡 곤란, 다리 무거움 등의 고비 구간	· Dead Point를 통과한 뒤 호흡·다리 회복, 체감 난도↓ 현상
나타나는 시점	· 유산소계가 완전 활성화되지 않은 상태에서 강도 상승 · 초기 Glycogen → ATP 전환 급증 시	· Dead Point 통과 후 3~10분 경과(개인·강도 차)
핵심 생리 기전	· O_2 deficit → 산소 공급 지연 · 혈중 젖산↑ → pH↓ → 효소 활성 저하·피로감↑ · 교감신경 급등 → 심박·호흡 급격↑	· 심박·호흡 조절 완료 → 산소 공급량↑ · 젖산 재활용·산화↑ → pH 정상화 · 엔도르핀·카테콜아민 분비 → 통증↓·기분↑
실전 체감·징후	· 다리가 돌처럼 무거움 · 숨 가쁨·RPE 급상승 · 페이스 유지 어려움	· 호흡이 고르게 안정 · 다리 가벼워짐·페이스 회복 · "달릴 만하다"는 느낌

제12장

지구력 트레이닝 생애주기 전략

우리는 다양한 스포츠 종목 현장에서 탁월했던 중·고교 지도자가 실업팀·국가대표 무대에서는 기대만큼 성과를 내지 못하는 경우를 종종 볼 수 있습니다. 공통된 이유는 단순하다고 생각합니다. 성장기의 '자연 상승'과 성인의 '훈련 성과'를 구분하지 못한 채, 성인 선수에게도 동일한 논리로 훈련을 적용하기 때문일 것입니다. 저 역시 과거 여성 대학 선수의 생리·심리적 특성을 충분히 반영하지 못하고 남성 선수와 동일한 프로그램을 적용한 적이 있습니다. 표면적으로는 시간·강도를 조절했지만, 주기적 컨디션 변동(월경 주기, 철 대사, 에너지 가용성)과 회복 전략을 끝까지 따라가 주지 못했기에 결과는 기대에 미치지 못하는 것은 당연하였습니다. 교훈은 명확하였습니다. 같은 종목이라도 같은 처방이 이루어져서는 안 된다는 것이었습니다.

1. 여성 지구력 선수들의 생리적 특성

■ 체지방률 및 호르몬 요인
- 여성은 일반적으로 남성보다 높은 체지방률을 가지며, 이는 에너지 대사와 지구력 경기에서 장점(일정 부분의 에너지원 활용)으로 작용하기도 하지만, 경기 종목과 목적에 따라 관리가 필요하다.
- 에스트로겐, 프로게스테론 등 여성 호르몬의 변화가 근력 및 지구력 발현에 영향을 미칠 수 있으며, 생리주기에 따른 컨디션 변동이 발생할 수 있다.

■ 생리적 적응 능력
- 충분한 훈련 자극이 주어질 경우 여성도 남성과 유사한 형태의 생리적 적응(VO_2max 향상, 젖산역치 상승, 효율적 산소 이용 등)을 보일 수 있다.

■ 생식 건강 및 생리불순
- 고강도 훈련을 수행하는 여성 지구력 러너들에게 생리주기 이상(생리불순, 무월경 등)이 자주 나타날 수 있음을 간과할 수 있다.
- 이는 에너지 부족, 스트레스 호르몬 증가, 체중·체지방률 감소 등 다양한 원인이 복합적으로 작용하여 발생할 수 있으며, 장기적으로 뼈 건강 및 호르몬 밸런스에 영향을 미칠 수 있어 주의가 필요하다.

1) 훈련 프로그램 작성 시 주의사항

◾ 연간 주기화와 개별화
- 여성 선수들의 연간 훈련 주기 계획에 있어 생리적·심리적 요소를 고려한 개별화 훈련이 중요함을 지적하였다.
- 경기 시기, 훈련 강도, 훈련량 등을 주기적으로 조절하면서, 개인의 호르몬 변화와 컨디션 주기(생리주기, 심리적 스트레스 등)를 적극 반영해야 한다.

◾ 훈련 강도 분포 및 고지대 훈련
- 성공적인 여성 크로스컨트리 스키어 사례에서, 고도로 정밀화된 강도 분포(예: 저강도 대 고강도 비율)와 고지대 훈련 활용이 성과 향상에 기여했음이 보고되고 있다.
- 여성 선수의 경우, 단순히 남성 선수의 훈련 프로그램을 적용하는 것이 아니라, 개인별 생리적 특성(체지방률, 호르몬 반응 등)을 고려하여 훈련 강도 분포와 부하량을 계획하는 것이 중요하다.

◾ 과도한 훈련으로 인한 생식 건강 및 체중 관리 이슈
- 여성 선수들은 높은 훈련 강도와 빈도로 인해 생식 건강 문제가 발생할 수 있음을 유의해야 한다.
- 이를 예방하기 위해 충분한 에너지 섭취, 철분과 같은 영양소 관리, 휴식과 회복 전략이 동반되어야 한다.

2) 남성과 비교한 회복 시간 차이

◾ 회복 소요 시간의 경향
- 일반적으로 여성은 남성보다 근육 손상(Muscle Damage) 이후 회복에 있어서 약간 더 빠른 회복 경향을 보인다는 일부 연구도 있으나, 이는 개인차가 크고 종목별, 트레이닝 상태별로 달

라질 수 있다.
- 한편, 생리주기에 따라 컨디션 변동 폭이 큰 선수의 경우, 피로도 회복에 영향을 줄 수 있으며, 생리 시작 전후로 부하를 조정해 주는 것이 효과적일 수 있다.

■ 호르몬 변화와 근육 회복
- 에스트로겐의 보호 효과로 인해 여성은 근섬유 손상에서 비교적 유리한 면이 있다는 가설이 제시되기도 하지만, 훈련 강도와 부하, 영양 섭취, 수면, 스트레스 등 다양한 요인이 복합적으로 작용한다.
- 따라서 개인별로 컨디션 모니터링을 통해 회복 일정을 세밀히 조절하는 것이 필요하다.

3) 근력 트레이닝 차이
■ 훈련 목표별 차별화
- 남성과 동일하게 여성도 근력 트레이닝은 지구력, 경기력 향상(부상 예방, 경기 후반 폼 유지 등)에 필수적이다. 다만, 여성의 호르몬 특성상 대근육량 증가가 남성에 비해 더디게 나타날 수 있으므로, 점진적 과부하 원리에 따른 장기적 접근이 필요하다.

■ 무게와 반복 수 설정
- 여성은 상대적으로 남성에 비해 절대 근력 수준은 낮을 수 있으나, 반복 운동에서의 지구력은 우수한 편이다.
- 이를 고려해 일정 수준 이상의 근비대(근육 부피 증가)를 노리는 경우에는 비교적 높은 중량·중간 반복 범위의 근력 운동을, 근지구력 및 기능적 체력 향상 위주라면 중~낮은 중량·높은 반복 수를 적용하는 방식으로 달리 접근할 수 있다.

▣ 부상 예방 및 코어 강화

- 여성은 골반 구조, 근육량 분포 등에 의해 특정 부위(무릎, 허리, 골반 주변)에 대한 부상 위험이 남성보다 높을 수 있다.
- 따라서 스쿼트, 데드리프트, 플랭크 등 코어 근력을 강화하는 운동이 중요하며, 관절 안정화 및 교정 운동도 트레이닝 프로그램에 포함해야 한다.

▣ 요약

여성 지구력 선수들은 남성과 다른 생리적 특성(체지방률, 호르몬 변화, 생리주기 등)을 가지고 있으나, 적절한 훈련 자극이 주어졌을 때 남성과 유사한 수준의 생리적 적응을 이끌어낼 수 있습니다.

연간 훈련 계획에서는 개별 선수의 생리주기를 비롯하여, 컨디션 변화와 심리적 요인까지 고려한 주기화와 훈련 강도 조절이 필요합니다. 지속적인 모니터링(VO_2max, 체성분 분석 등)을 통해 선수에게 맞는 훈련 목표와 방법을 설정하고, 충분한 회복과 적절한 영양 섭취가 뒷받침되어야 합니다.

근력 트레이닝 측면에서는 여성의 호르몬적 특성과 부상 위험 부위를 고려하여, 코어 강화, 부상 예방 운동, 세밀한 중량·반복 설정이 필수적입니다. 궁극적으로, 여성 지구력 선수들의 건강한 기능 유지와 장기적인 경기력 발전을 위해 팀(코치, 트레이너, 영양사, 의료진)이 협업하는 다학제적 접근이 중요합니다.

2. 유소년(초·중·고) 지구력 선수
— 성장기의 특수성을 반영한 과학적 접근

1) 생리적 특성
◼ 체성분·호르몬
- 사춘기 이전에는 체지방률이 낮고 무지방 질량 증가 속도가 느리지만, 성장 급등기(Peak Height Velocity)에 체중·골격근·혈액량이 동시에 늘어나게 된다.
- 아직 테스토스테론·에스트로겐 분비가 성인 수준이 아니므로 근비대 반응은 제한적이며, 성장판(physes)이 열려 있어 과도한 충격 부하는 골연부 손상 위험을 높이게 된다.

◼ 유산소·무산소 시스템
- 체중 대비 VO_2max는 높지만 절대적 산소 운반 능력은 낮다. 젖산 축적이 적고 대사 회복이 빠르기 때문에 짧고 빈번한 세션을 잘 견딜 수 있다.

◼ 신경-근 조정
- 6~12세는 '코디네이션 윈도(window of trainability)'로, 모터-유닛 동시 발화 능력이 급격히 발달하게 된다.
- 다양한 스포츠 경험이 장기 경기력을 좌우하게 된다.

2) 훈련 주기화·프로그램 설계
◼ 장기 기초-특수화 전환
- LTAD 모델에 따르면 "Training to Train(12~16세) → Training to Compete(16세 이상)" 순서가 이상적이다.
- 저·중강도 유산소: 주 3~4회, 60~75% HRmax, 20~40분

- 기술·스피드 세션: 사춘기 전 주 2회, 드릴·멀티-점프·메디신볼

■ 저항 훈련
- 기술 숙련을 우선하며 8~12RM×1~2세트에서 시작, 6주 블록 후 1주 델로드(부하 -40%)
- **성장 스퍼트 대응**
  - 키가 급히 자라는 시기에는 착지·방향 전환 훈련량을 20~30% 감축하고, 유연성·코어 안정성 시간을 늘려 성장판 스트레스를 완화해야 한다.

3) 회복·영양 관리
- 대사 회복은 빠르나 구조적 회복(건·골)은 느리다.
- 수면 9시간 이상, 일일 단백질 $1.4g \cdot kg^{-1}$ 권장(IOC, 2018)
- 성장통, RPE, 아침 안정 시 HR을 가족·코치가 함께 모니터링

4) 근력 트레이닝 포인트
- 플라이오메트릭스·체중 부하로 신경 촉진을 먼저 확보
- 올림픽 리프트 도입은 14세 전후, 기술 마스터리 → 중량 상향
- 전신 균형·코어 강화(플랭크, TRX, 짐볼)를 매 세션 마무리로 배치

3. 중·장년(40세 이상) 지구력 선수: "성숙-노화 전환기"의 유지·발전을 위한 전략

1) 생리적 특성
■ 심폐 기능

VO_2max는 35세 이후 매년 약 1% 감소, 50세 이후 가속화된다. 최대심박수는 [208 - 0.7×나이] 정도까지 떨어지고, 좌심실 순응성·혈류량도 점차 감소하게 된다.

■ 근·골격계·대사

근육 단백질 합성률↓, 호르몬(성장호르몬·테스토스테론·에스트로겐)↓, 미토콘드리아 기능 저하 → 근력·파워·회복 지연. 여성은 폐경 이후 에스트로겐 감소로 골밀도 손실 가속(WHO, 2019)

2) 훈련 주기화·프로그램 설계
- 양극화 트레이닝 또는 80/20 모델
- 총 주간 볼륨은 청년기의 70~85% 수준으로 줄이되, 저강도(LIT) 80%, 중·고강도(HIIT 또는 T-세션) 20% 비율을 유지하면 산소 운반계 퇴화를 늦출 수 있다.
- HIIT 예시: 4×4분, 강도 90~95% HRmax, 세션 간 72h 회복
- 블록식 강도 주기
   - 3주 부하 + 1주 회복 패턴으로 미세 조정
   - 회복주는 볼륨 -40%, 강도 -20%가 일반적이다.

3) 회복 전략
- 근·건 회복 48~72h 필요: 마사지·가벼운 LIT·수면(7.5h↑) 강화

- 영양 단백질 1.6~2.0g · kg^{-1} · day^{-1} (+ 류신 2.5g↑), 오메가-3 ≥2g
- 모니터링 HRV · 아침 체중 · 수면 질 · 근육통(Delayed Onset Muscle Soreness)을 기록해 과부하 신호를 조기에 인지

4) 근력 트레이닝 포인트

- 중 · 고중량(70~85% 1RM)으로 다관절 리프트(스쿼트 · 데드리프트 · 벤치 · 로우) 2~3일 · 주, 3~5세트 · 운동
- 파워 유지: 1~2회 · 주 슬레드 푸시, 점프 스쿼트(가벼운 중량) · 케틀벨 스윙으로 고속 수축 자극
- 건강 중심 보강: 가동성(요가 · PNF 스트레칭) · 균형(싱글레그 드릴) · 로컬 안정화(월드-랄리 교차 동작) 포함
- 심혈관 안전: 연 1회 심전도 · 관상동맥 칼슘 스코어 검사 후 고강도 지속 여부 결정

구분	여성 지구력 선수	유소년(초 · 중 · 고) 지구력 선수	중 · 장년(40 세 이상) 지구력 선수
체성분 · 호르몬 요인	남성보다 높은 체지방률 · 에스트로겐/프로게스테론 주기적 변동 → 에너지 사용 · 근력 발현에 영향	성장판 개방, 낮은 성호르몬 → 근비대 제한 · 급성 성장기(PHV) 존재	체지방 · 내장지방 증가, 테스토스테론 · 에스트로겐 · GH 감소, 골밀도 · 근육량 연 1~2%↓
유산소 특성	훈련 충분 시 VO_2max · 젖산역치 남성과 유사 적응 가능	체중 대비 VO_2max 높으나 절대 산소 운반 능력 낮음 · 짧은 회복	VO_2max 年 1%↓(35세 이후), HRmax · 혈류량 감소 → LIT 유지 · HIIT로 퇴화 완화
주요 건강 이슈	무월경 · 생리불순 · 뼈 건강 저하(Female Athlete Triad/RED-S)	과사용 손상 · 번아웃 · 성장판 스트레스	심혈관 질환 · 골다공증 · 대사증후군 · 근감소증
연간 주기화 핵심	생리주기 · 컨디션 주기 반영, 고지대 · 강도 분포(저강도 80%±) 맞춤 설계	LTAD 모델: 다양성 → 기초 체력기 → 특수화, 성장이 우선	3주 부하 + 1주 회복 패턴, 총 볼륨 70~85%(청년기 대비) · 폴라라이즈드 80/20
강도 · 부하 설정	체지방률 · 호르몬 반응 고려해 부하 · 고강도 빈도 조절	저 · 중강도 고빈도, 성장 급등기엔 충격 부하 감축	HIIT 7~10일 간격 · LIT 다량, 볼륨 · 강도 모두 미세 조정

근력 트레이닝	근비대 더딤 → 점진적 과부하, 중량·반복 다양화, 코어·관절 안정 강조	체중·플라이오+기술 중심(8~12RM×1~2세트 시작), 신경 발달 우선	70~85% 1RM 다관절 RT 2~3일·주 + 파워 유지(점프·슬레드)
회복 특성	일부 연구서 근육 손상 회복 속도 남성 ≥; 생리주기별 부하 조정 필요	대사 회복 빠르나 구조적 회복 느림 → 6주마다 델로드	근·건 회복 48~72h, 회복주 볼륨 −40%, 수면·HRV 관리
부상·예방 포인트	무릎·골반·허리 부상 위험↑ → 코어·히프 안정화 필수	성장판·무릎·허리 과사용 방지, 다양한 종목·동작 레퍼토리	건·관절 탄성↓ → 충분한 워밍업·모빌리티, 정기 검진(심전도·칼슘 스코어)
영양 우선순위	에너지 이용 부족 방지, 철·칼슘·비타민 D·탄수·단백질 균형	단백질 1.4g·kg⁻¹, 칼슘·비타민 D·수분, 간식 통한 에너지 보충	단백질 1.6–2.0g·kg⁻¹ (+ 류신), 오메가-3 ≥2g, 항산화·수분
모니터링·지원 체계	코치·의료·영양·심리 다학제 협업, 생리주기·RPE·HRV 기록	부모·학교·다종목 코칭팀, 성장통·아침 HR·RPE 체크	HRV·수면·체중·혈액·심전도 데이터 기반 개인화 컨디션 조절

4. LTAD(Long-Term Athlete Development) 모델 개요

- LTAD 모델은 "적절한 시기에 적절한 자극을 주어 평생에 걸친 운동 역량과 건강을 극대화"하려는 생애주기 기반 로드맵
- 전형적 7단계 구조('Balyi 7-Stage Pathway') + 최근 3.0 판본부터 Safe Sport · DEI 요소 강화

단계	권장 연령	핵심 목표 · 내용(키워드)
Awareness	모든 연령	· 스포츠 기회 인지 · 홍보 · 캠페인 · 정보 접근성 확대
First Involvement	"첫 참여" 시점	· 긍정적 첫 경험 · 안전 · 보호 체계 · 온보딩(체험 · 입문 프로그램)
Active Start	0~6세	· 일상 놀이 중심 · 기초 움직임 습관 · 즐거움 · 탐색
FUNdamentals	6~9세	· ABCs(Agility-Balance-Coordination-Speed) · FUN 학습 · 다양한 게임
Learn to Train	8~12세	· 다종목 기술 습득 · 오버스페셜화 금지 · 기초 체력 · 전술 개념
Train to Train	11~16세	· 유산소 '엔진' 구축 · 기초 근력 · 민첩성 · 전략 · 팀워크 학습
Train to Compete	종목별 청소년 · 성인 초기	· 종목 특성화 완료 · 경쟁 전략 · 정신력 강화 · 고강도 주기화
Train to Win	엘리트 (국가대표급)	· 세계 수준 경기력 · 세밀한 데이터 · 과학 지원 · 국제 메달 목표
Active for Life	전 생애	· 평생 건강 · 여가 스포츠 · 마스터스 경쟁 · 코칭 · 봉사 · 행정 참여

5. 여성 및 중장년 건강 · 퍼포먼스 체크

1) 1단계: 증상 · 리스크 스크리닝(현장 60초)
- 피로 · 수면: 아침 기상 피로, 낮 졸림, 수면 6h 미만 ≥3일/주
- 월경/성호르몬(여성): 무월경 ≥3개월, 희발월경(>35일 간격), 생리량 급감
- 뼈 · 부상: 반복성 골절/통증(정강이, 발등), 키 감소 의심
- 영양 · 식행동: 갑작스런 체중 감소(>2%/월), 탄수 · 지방 회피, 저에너지 섭취
- 기타: 탈모, 손발 차가움, 감기 · 질염 등 잦은 감염

2) REDs(Relative Energy Deficiency in Sport; 상대적 에너지 결핍) 현장 체크리스트

스크리닝 항목	체크 (예/아니오)	메모/설명
무월경/희발월경		3개월 이상 무월경 또는 주기 >35일
체중 급감		한 달 내 체중 2% 이상 감소
식이 제한/폭식 반복		저에너지 섭취, 특정 영양소 회피, 폭식 · 보상행동
아침 발기 감소(남) · 성욕 저하		호르몬 저하 · 저에너지 의심 신호
스트레스 골절 병력		정강이 · 발등 등 반복성 골절
기립성 어지럼		기립 시 현기증/실신 전구증상
우울/짜증 · 집중력 저하		기분 변동, 학습 · 훈련 집중 저하
감염 잦음		감기 · 질염 등 재발성 감염
훈련 중 냉감 · 저체온 느낌		손발 · 전신 냉감, 체온 저하 자각
과훈련 자각(회복 지연)		RPE 대비 회복 지연 · 수면 질 저하

※ 해석 가이드(요약): '예'가 3개 이상이면 REDs 의심 → 훈련 부하 10~20% 감량, +300~500kcal/일 증량, 8~12주 내 재평가 및 전문가 의뢰 권장

3) 기본 검사 항목(공복 채혈 권장)

항목	권장 기준치/목표	해석 · 메모
CBC(Hb)	여성 Hb ≥12.0g/dL	<12 빈혈 의심
Ferritin(페리틴)	<15ng/mL 결핍/15~30 저장고 부족/ 목표 ≥35~50	염증 시 위양성↑ → CRP 함께
Transferrin Saturation(TSAT)	<20% 낮음, 20~45% 정상, >45% 과다 의심	페리틴 애매할 때 보조적으로 체크
CRP	<3mg/L: 뚜렷한 염증 없음, 3~10mg/L: 경도 염증/회복기 가능, >10mg/L: 급성 염증 가능성 높음	철 대사 해석에는 일반 CRP가 실용적
25(OH)D 비타민 D	<20ng/mL 결핍/20~29 불충분/목표 30~50	지용성: 체지방↑ 시 요구량↑
추가(선택)	TSH, B12, sTfR, DEXA(고위험군)	무월경 · 스트레스 골절 · 장기 저EA 시

■ 페리틴
- 세포 안에 철을 붙잡아 두는 저장 단백질(Fe^{3+} 형태로 보관)
- 혈액검사에서 나오는 혈청 페리틴 수치는 몸속 철 저장량을 간접적으로 보여주는 지표
- **혈청 페리틴: 저장고의 '잔고' 신호**
  - 낮으면 저장 철 부족
  - 높아도 염증 · 간질환이 있으면 가짜 상승 가능 → CRP 등과 함께 해석

- 혈청 철(serum iron): 순환 중인 철(트랜스페린에 결합), 식사 · 시간대 영향을 많이 받아 변동 큼
- 트랜스페린 포화도(TSAT): 혈청 철/TIBC 비율, 저장고 해석 보조

■ TSAT(Transferrin Saturation, 트랜스페린 포화도)
- 혈액 내 이용 가능한 철의 비율을 보여주는 지표, 저하되면 철

결핍(저장성 또는 기능적) 가능성이 높음
- 채혈 팁: 오전 공복 권장, 경구 철분은 채혈 24~48시간 전 중단 (일시적 상승 방지)

■ CRP(C-Reactive Protein, C-반응 단백)
- 염증 시 상승하는 급성기 반응 단백
- 페리틴은 급성기 단백이므로 CRP가 오르면 페리틴이 '가짜 정상/고'로 보일 수 있음
- 종류: 일반 CRP(염증 스크리닝), hs-CRP(심혈관 위험 분류용), 철 대사 해석엔 일반 CRP가 실용적

■ 25(OH)D(25-hydroxyvitamin D)
- 혈중에 가장 많이 존재하는 비타민 D 대사산물로, 비타민 D 상태를 평가하는 표준 지표
- 주 공급원은 자외선 합성(D_3)과 섭취(D_2/D_3)
- 단위: ng/mL(환산: 1ng/mL = 2.5nmol/L)
- 반감기: 약 2~3주 → 보충·계절 변화가 천천히 반영됨

구간	의미	권장 해석/액션
<20(<50)	결핍	골·근육 부상(스트레스 골절) 위험↑. 보충 시작, 8~12주 후 재검
20~29(50~74)	불충분	퍼포먼스·뼈 건강 최적치 미만 보충/일조 노출 강화, 재검
30~50(75~125)	목표 범위 (선수·중장년 권장)	유지, 겨울/지방률↑이면 상단부 유지 고려
50~60(125~150)	상한에 근접	장기 고용량 보충 시 모니터링(Ca, 증상)
>60(>150)	과다 가능성↑	용량 감량/중단, 고칼슘 혈증 증상·혈청 Ca 확인
≥100(≥250)	과다/독성 의심	즉시 중단, 의료 평가(신결석/고Ca 위험)

4) 중장년(40+) 추가 포인트
- 골건(骨腱) 건강: 비타민 D·칼슘 + 저충격 플라이오메트릭·

저량 고빈도 근력(주 2~3회)
- 철 결핍 원인 재평가: 위장관 출혈, NSAID 남용, 흡수 장애(셀리악) 감별
- 약물 상호작용: PPI, 레보티록신, 퀴놀론·테트라사이클린계 항생제(철·칼슘과 복용 간격)

5) 모니터링 타임라인
- 8~12주: Ferritin/Hb/25(OH)D 재검
- 매 시즌 전: CBC, Ferritin, 25(OH)D, 증상 체크리스트
- 즉시 재평가: 무월경·스트레스 골절·실신/현기증 발생 시

제13장

지구력 퍼포먼스 설계
: 리듬 · 가동성 · 강화 전략

1. 호흡역학과 보완훈련

■ 왜 호흡 기술이 중요한가?

지구력 운동에서 호흡 기술이 중요한 이유는, 산소의 운반과 사용 효율성이 운동 수행 능력을 결정짓는 핵심 생리적 지표이기 때문입니다. 운동 강도가 높아질수록 호흡의 빈도와 깊이는 함께 증가하게 되며, 이때 호흡근의 피로 저항력이 경기력 유지에 큰 영향을 미칠 수 있습니다. 따라서 효율적인 호흡 기술은 체내 산소 공급을 최적화하고, 고강도 운동 시에도 안정된 호흡 패턴을 유지하는 데 도움이 될 것입니다.

■ 효율적인 호흡 패턴
- 피로 지연: 효율적인 산소 공급으로 근육 피로를 지연
- 심폐 효율 향상: 심폐 시스템이 더 적은 노력으로 더 많은 산소를 운반
- 에너지 절약: 불필요한 호흡근 사용을 줄여 에너지를 보존
- 정신력 및 집중력 유지: 안정된 호흡은 불안감을 줄이고 집중력을 높여줌

■ 대표적인 호흡 기술
- **부테이코 호흡법(Buteyko Breathing Technique)**
  - 코로만 호흡, 호흡 빈도 감소
  - 폐환기량 줄이고, 혈중 산소 방출 증가 유도
  - 지구력 운동 중 산소 이용률 및 심폐지구력 향상 효과

- 흡기근 훈련(Inspiratory Muscle Training, IMT)
  - 횡격막·늑간근 등 호흡근의 저항 훈련
  - 심폐 능력 강화, 젖산역치 증가, 호흡 곤란 감소, 퍼포먼스 향상 보고

- 입 + 코 병행 호흡(실용적 접근)
  - 고강도 운동 시 코 호흡만으로 산소 공급 부족 → 입·코 병행 호흡이 효율적

- 들숨(Inhale)
  - 코 중심으로 들이쉬되, 운동 강도 증가 시 입 호흡 비중을 늘려야 함
  - 운동 전·중에는 입과 코를 동시에 사용하여 산소섭취량을 극대화

- 날숨(Exhale)
  - 입으로 강하게 배출하여 이산화탄소를 효과적 제거
  - 코로 일부 호기 유지하여 호흡 리듬 조절 및 긴장 완화

■ "호흡은 선택이 아니라 기술이다."

지구력 운동에서 호흡은 단순히 산소를 들이마시는 행위를 넘어, 지속적인 훈련이 필요한 고도의 기술입니다. 적절한 호흡 기술은 지구력을 향상시키고, 피로를 줄이며, 선수의 생리적 효율성을 극대화하는 데 매우 효과적인 도구입니다.

2. 조깅과 페이스 훈련에서 리듬의 중요성: 케이던스

■ 리듬의 중요성

운동에서 리듬(Rhythm)은 단순한 박자감이 아니라, 운동의 효율성을 결정하는 핵심 요소입니다. 지구력 스포츠인 러닝(Running)과 크로스컨트리 스키(Cross-Country Skiing), 사이클(Cycle)에서는 적절한 리듬을 유지하는 것이 에너지 절약과 경기력 향상의 중요한 요소로 작용합니다.

■ 케이던스란?
- 1분당 발걸음 수(steps per minute, SPM)를 의미하며, 보통 최적의 러닝 케이던스는 170~180SPM으로 알려져 있다.
- 지나치게 낮은 케이던스(160SPM 이하)는 지면 접촉 시간이 증가하여 러닝 효율이 낮아지고 부상 위험이 증가할 수 있다.
- 반대로 지나치게 높은 케이던스(190PM 이상)는 에너지 소모를 증가시킬 수 있다.

■ 최적의 케이던스를 유지해야 하는 이유
- 에너지 효율성 향상: 발걸음이 너무 길면 에너지를 낭비하게 되고, 짧으면 불필요한 근육 피로가 쌓일 수 있다.
- 부상 방지: 적절한 케이던스는 지면 충격(ground reaction force)을 줄여 무릎, 발목, 허리에 가해지는 부담을 감소시킬 수 있다.
- 경기력 향상: 일정한 리듬을 유지하면 페이스 조절이 쉬워지고, 장거리 경기에서 일정한 속도를 유지하는 데 유리하다.

■ 케이던스 최적화를 위한 훈련 방법
- 메트로놈(박자기) 활용: 170~180SPM에 맞춰 러닝하며 일정한 리듬을 몸에 익힘
- 숏 스트라이드(short stride) 훈련: 발걸음을 너무 길게 내딛지 않도록 하고, 빠른 템포로 가볍게 달리는 연습
- 케이던스 드릴: 30초 동안 최대한 빠르게 발을 구르면서 리듬을 맞추는 연습

3. 크로스컨트리 스키: 스트라이드와 폴링 리듬의 조화

크로스컨트리 스키에서는 폴링(Polling)과 스트라이드(Stride)의 조화로운 리듬이 경기력을 좌우한다.

■ 크로스컨트리 스키에서 리듬이 중요한 이유
- 에너지 절약: 일정한 리듬을 유지하면 불필요한 근육 사용을 줄이고 지구력을 극대화할 수 있다.
- 균형과 안정성: 부드러운 리듬은 코스 변화에 유연하게 대응하는 데 도움을 준다.
- 최대 추진력 확보: 스트라이드와 폴링이 조화를 이루면 힘의 전달이 최적화된다.

■ 결론: 리듬은 경기력의 숨은 핵심 요소

러닝과 크로스컨트리 스키에서 리듬을 최적화하는 것은 단순한 기술이 아니라, 경기력을 극대화하는 필수 요소입니다. 러닝에서는

"케이던스"를 일정하게 유지해야 에너지를 절약하고 부상을 예방할 수 있습니다. 또한 크로스컨트리 스키에서는 "폴링과 스트라이드 리듬"을 맞춰야 효율적인 추진력과 균형을 확보할 수 있습니다. 그러나 아무리 좋은 기술과 훈련법이 있어도 마음이 서 있지 않으면 척추가 서지 않고, 척추가 서지 않으면 리듬을 만들 수 없습니다. 이는 단순한 신체 정렬의 문제가 아니라, 훈련에 대한 내면적 동기부여가 있을 때 신체가 자연스럽게 올바른 자세와 리듬을 찾는다는 의미입니다.

- 마음이 서야 척추가 곧게 펴지고, 척추가 바르고 펴져야 페이스가 일정해지고, 페이스가 일정해야 1초를 줄일 수 있는 기회가 생깁니다.
- 결국, 리듬을 찾는다는 것은 곧 스스로의 훈련에 대한 확신을 찾는 과정입니다.

■ 핵심 용어 및 핵심 포인트

핵심 용어	핵심 포인트
Single-Axis Strengthening 한 축(관절)을 고립시켜 안정성과 근력을 강화하는 훈련	일축성 운동이 복합 동작의 축 안정성을 강화한다.
OKC vs CKC 개방형 vs 폐쇄형 운동으로 근육·협응 차별 자극	OKC 세트로 단일 관절 근력 고립 훈련을 한다.
원-레그 스쿼트 한쪽 다리만 사용하는 스쿼트 변형	CKC 세트로 다관절 협응·균형 능력을 향상시킨다.
원-레그 데드리프트 균형·햄스트링 강화를 위한 단측 데드리프트	원-레그 스쿼트·데드리프트로 비대칭을 보완한다.
글루트 브리지 둔부·코어 결합 안정성 강화를 위한 브리지 동작	글루트 브리지로 엉덩이·코어 연결성을 강화한다.

4. 관절의 가동성: 지구력 퍼포먼스의 토대

지구력 트레이닝을 설계하고 지도하는 과정에서 선수의 기술이 부족하다는 이유로 반복적인 기술 훈련에만 집중하는 경우가 많습니다. 그러나 실제로는, 기술이 부족한 것이 아니라 선수의 신체가 해당 기술을 구현할 수 있는 기능적 조건을 갖추지 못한 경우가 상당수 존재합니다. 이중에서도 특히 관절의 가동 범위(Mobility)는 기술 구현과 부상 예방에 있어 가장 기본적인 요소로 작용합니다.

1) 가동성의 역할
지속적인 기술 훈련에도 기술 숙달이 이루어지지 않는다면, 몸이 그 기술을 담을 그릇처럼 준비되지 않았기 때문이다.

- 자세 유지의 전제: 충분한 가동성이 없다면 바른 자세를 만들기는 어렵다.
- 에너지 효율의 문턱: 제한된 관절 범위는 특정 근육에 과도한

짐을 얹어, 에너지 소모를 키우게 된다.
- 부상 예방의 관문: 불균형한 보상 움직임이 쌓이면, 과사용 손상으로 이어질 위험이 높다.

2) 발목 가동성의 실제적 중요성

발목 배굴(dorsiflexion)이 부족하면,
- 짧아진 보폭으로 추진력을 줄이게 된다.
- 무릎·고관절에 왜곡된 궤적을 만들어 에너지 전달을 방해하게 된다.
- 결국 무릎 통증, 아킬레스건염, 햄스트링 부상 등으로 고통받을 수 있다.

3) 가동성 측정과 향상 전략

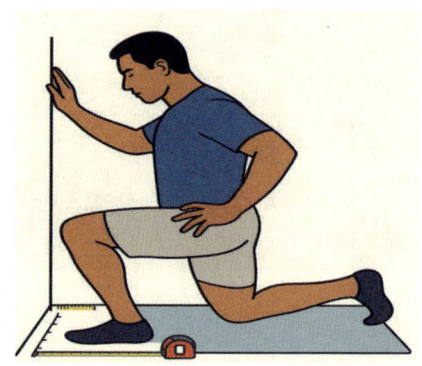

- Knee to Wall test 실시 방법
  - 맨발 상태에서 벽을 마주보고 한쪽 무릎을 앞으로 둔다.
  - 발끝을 벽에서 일정 거리(보통 10cm)만큼 떨어뜨린 상태로 고정한다.
  - 무릎을 천천히 앞으로 이동시켜 무릎이 벽에 닿도록 한다.

- 이때 뒤꿈치는 바닥에서 떨어지지 않아야 하며, 동작 중 체중은 앞발에 실린 상태를 유지한다.
- 반복하며 발끝과 벽 사이의 최대 거리(cm)를 측정한다.

• **평가 기준**

거리(발끝-벽)	해석	의미
10cm 이상	우수	발목 배굴 가동성 정상, 기능적 제한 없음
7~9cm	경계	일상적 활동에는 무리 없으나, 고난도 스포츠 동작에서 보상 움직임 발생 가능성 있음
6cm 이하	제한	발목 유연성 부족 → 무릎 정렬 문제, 착지 불안정, 고관절/허리 보상 가능성이 높아지며 요통이 발생할 가능성이 높음

⚠️ **주의사항**
- 무릎이 안으로 무너지지 않도록 유지해야 하며, 발끝은 정면을 향하도록 한다.
- 양쪽 다리를 각각 테스트하고, 좌우 차이가 2cm 이상이면 비대칭 보상 패턴을 의심해야 한다.

• **가동성 향상을 위한 운동 전략**

운동 이름	주요 효과
발목 펌핑 운동	관절의 순환 활성화 및 가동성 증가
종아리 스트레칭	비복근과 아킬레스건 유연성 향상
무릎-벽 밀기 운동	배굴 가동 범위 개선
밴드 분리 운동	관절 내 긴장 완화 및 근막 릴리즈

4) 코어 트레이닝(Core Training)
■ 중요성
- 중심 안정성: 척추 및 골반을 고정하여 장시간 운동 시 자세 흔들림을 방지
- 힘의 전달 효율: 상·하지 간 에너지 전이를 원활하게 하여 추

근력 및 지구력 향상
- 부상 위험 감소: 과도한 척추 및 골반 가동이 일어나는 것을 차단

■ 핵심 운동
- Dead Bug: 누운 자세에서 대각선으로 팔다리를 번갈아 뻗어 복부 깊은 근육(다열근) 활성화
- Side-Lying Thoracic Rotation: 옆으로 누워 상체 회전으로 흉추 가동성 및 코어 안정성 강화
- Kneeling Chop/Thrust: 밴드를 이용해 무릎꿇기 자세에서 몸통 회전력 및 반발력 훈련
- Plank with Shoulder Tap: 플랭크 자세에서 어깨 터치로 균형 유지와 코어 근육 동시 강화

5) 기능성 운동(Functional Training)
■ 중요성
- 실제 동작 연계성: 경기 및 일상에서 요구되는 움직임 패턴을 반영
- 근육 협응력 향상: 다관절·다면적 자극으로 운동 수행 효율성 증가
- 부상 예방: 근·골격계 스트레스 분산으로 손상 위험 최소화

■ 핵심 운동
- 체중 스쿼트·런지: 기구 없이도 전신 협응력 강화
- TRX, 메디신 볼: 불안정성 조건에서 안정성 및 근력 동시 개발
- 동적 스트레칭(Leg Swings, Arm Circles): 관절 워밍업 및 운동 후 회복

6) 밸런스 트레이닝(Balance Training)

■ 중요성

- 고유수용감각 개선: 관절·근육·인대의 수용기를 통해 신체 위치를 인지하고, 작은 흔들림에도 중심을 유지하게 된다.
- 부상 방지: 낙상 및 관절 염좌 위험을 감소시켜 지속적인 훈련이 가능하다.
- 피로 누적 완화: 효율적인 에너지 전달 체계 구축으로 장시간 운동 시 피로를 최소화할 수 있다.

■ 핵심 운동

- 한 발로 서기(눈 감고 30초 유지)
- 밸런스 보드 스쿼트
- 폼 매트 런지
- 트램펄린 착지 연습

■ 밸런스 훈련 전략 및 자세 제어

공간에서 몸의 안정성(stability)과 방향성(orientation)을 확보하기 위해 신체 위치를 능동적으로 조절하는 능력을 의미한다.

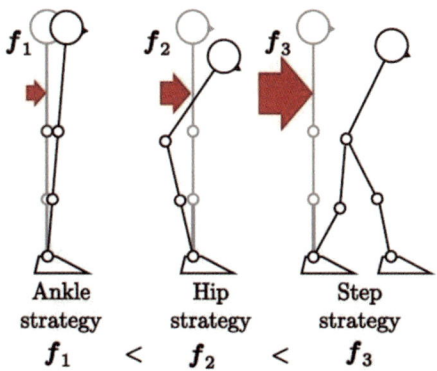

[출처: Aslan et al. (2023)]

- **Ankle Strategy**
  - 개념: 작은 흔들림이나 미세한 지면 변화에 발목 관절의 배측·저측 굴곡을 이용해 중심을 유지
  - 밸런스 패드 한 발 스탠드: 발목 앞뒤로 미세하게 흔들며 자세 유지
  - Wall Ankle Dorsiflexion Stretch: 배굴 가동성 강화로 반응 범위 확대

- **Hip Strategy**
  - 개념: 중간 강도의 외부 자극 시 고관절 굴곡·신전 및 체간 회전을 통해 무게중심을 재조정
  - Hip Hinge Drill: 양발 고정, 고관절 힌지를 이용해 앞뒤 흔들림 대응
  - Side-Lying Thoracic Rotation: 체간과 고관절 협응 강화

- **Step Strategy**
  - 개념: 큰 외부 자극이나 과도한 중심 이탈 시 한 발 앞으로 내딛어 BOS(Base of Support)를 확장하며 넘어짐을 방지
  - Forward Step and Hold: 밸런스 보드 위에서 한 발 전진 후 2초간 정지
  - Reactive Step Drill: 파트너가 주는 랜덤 신호에 즉각 보폭 조절

> 크로스컨트리 스키 및 러닝 초보자들은 주로 고관절(Hip Strategy)을 중심으로 균형을 유지하게 되는데 이는 고관절이 뒤쪽에 위치하면서 중심이 낮아져 하체에 피로도를 높이고 이동 속도를 느리게 만듭니다.

◼ 고유수용감각 강화(Proprioceptive Training)
- 불안정 지면 훈련: 밸런스 보드·보수볼 위 스쿼트·런지
- 감각 차단 조건: 눈 감고 한 발로 서기
- 동적 자극 적용: 트램펄린 착지, 저항 밴드

◼ 중심 위치 제어(Center of Gravity Management)
- 좌우 앞뒤 12.5° 기울여지게 되면 넘어질 위험성이 증가
- 중심 이동 훈련: 체간 고정 상태에서 상·하지 이용해 COG를 전·후·좌·우 이동
- 경사면 밸런스: 내리막 러닝 시 COG 앞쪽 이동
- 피치 변화 대응: BOSU·폼 매트에서 전후 흔들림 대응

7) 양축성 운동 속 일축성 운동 강화(Single-Axis Strengthening within Multi-Axis Movements)

◼ 중요성
- 복합 운동의 균형 유지: 스쿼트·런지 등 다관절 운동 중 특정 관절 축 안정성 확보되어 정확하고 효율적인 동장이 가능하다.
- 힘의 집중과 전파: 일축성 근력 강화는 무릎 신전·굴곡, 고관절 신전·굴곡, 어깨 굴곡·외전 등 단일 축의 근력을 극대화하여, 복합 동작 시 부하를 분산시키고 에너지를 온전하게 전달한다.
- 부상 위험 최소화: 축 안정성이 강화되면 불필요한 보상 움직임이 줄어들어, 관절·근육 과사용 손상을 예방할 수 있다.

◼ 주요 운동
- Open Kinetic Chain(OKC): 레그 컬, 레그 익스텐션 등 단일 관절 움직임으로 무릎 축 근력 강화
- Close Kinetic Chain(CKC): 스쿼트·푸시업 등 원위부 고정

상태에서 다관절 협응 및 축 안정성 훈련
- Single-leg Glute Bridge: 한쪽 엉덩이 신전 운동으로 고관절 및 요추 안정성 강화
- 원 레그 스쿼트(Single-Leg Squat): 한쪽 다리에 체중을 싣고 앉았다 일어서기 → 무릎·고관절 일축성 하체 근력과 안정성 강화
- 원 레그 데드리프트(Single-Leg Deadlift): 한쪽 다리를 곧게 펴고 골반을 접어 상체를 숙였다 일으키기 → 햄스트링·대둔근 일축 신전력 강화 및 균형 능력 증진
- 힙 플렉션 드릴(Hip Flexion Drill): 의자/벤치 위에서 무릎 들어올리기 → 장요근 등 고관절 굴곡 근력 강화
- 숄더 프레스(Shoulder Press): 시팅/스탠딩에서 바벨·덤벨로 머리 위로 밀어올리기 → 삼각근 일축 외전·굴곡력 강화

5. 슬관절 근기능 테스트

슬관절 근육의 기능은 지구력 경기에서 추진력과 안정성의 핵심 요소이며, 특히 대퇴사두근(quadriceps/Extensor)과 햄스트링(hamstrings/Flexor)의 균형은 달리기·사이클·크로스컨트리 스키 등 하지를 반복적으로 사용하는 종목에서 경기 효율과 직결될 뿐 아니라 무릎 관절 손상 예방에도 중요한 역할을 합니다. 이러한 균형을 수치로 객관화하는 대표적 방법으로는 슬관절 등척성 근기능 테스트(Isometric Knee Strength Test)와 슬관절 등속성 근기능 테스트(Isokinetic Knee Strength Test)가 있으며, 본 장에서는 등척성 장비 테스트 결과를 중심으로 설명합니다.

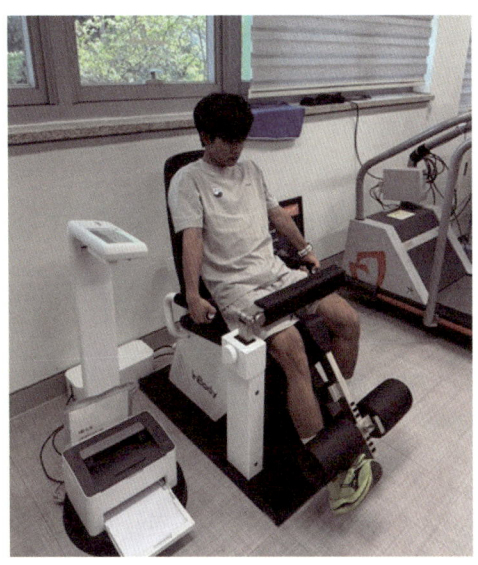

[InBody, Leg Strength Test]

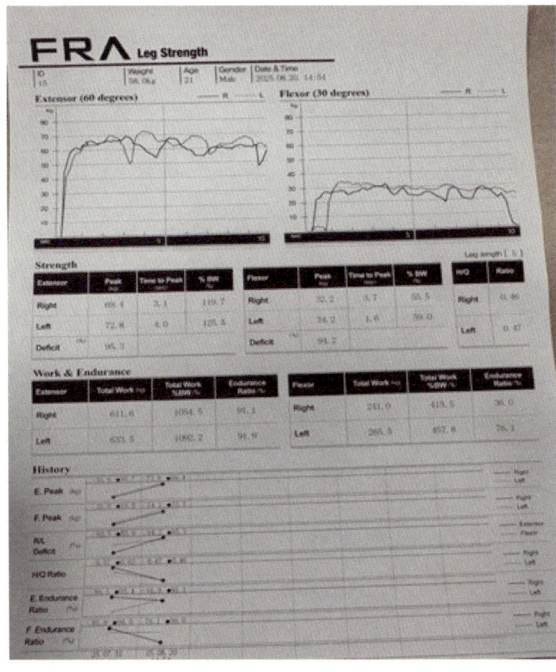

[FRA 테스트 결과지]

1) 양측 비율(Bilateral Ratio)

- 좌우 다리의 근력 차이를 의미한다.
- 정상 범위: 10% 이내
- 15% 이상 차이: 부상 위험 증가, 특히 크로스컨트리 스키나 마라톤처럼 좌우 반복 움직임이 많은 종목에서 경기 후반 피로 누적 및 기술 붕괴 위험이 크다.
- 지도 포인트: 약한 쪽 다리를 보강하는 단측 저항 운동(unilateral exercise)이 필요하다.

2) 동측 비율(H/Q Ratio)

- 햄스트링(굴곡근)과 대퇴사두근(신전근)의 비율을 의미한다.
- 정상 범위: 0.5~0.6(햄스트링이 대퇴사두의 50~60% 수준)
- 0.45 이하: 햄스트링 약세 → 전방십자인대(ACL) 손상 위험 증가
- 0.65 이상: 대퇴사두 약세 → 추진력 및 점프 착지 안정성 저하
- 지도 포인트: 불균형에 따라 햄스트링 보강(노르딕 컬, 힙 힌지 기반 운동) 또는 대퇴사두 보강(스쿼트, 레그프레스)이 필요하다.

3) 실제 측정 예시(크로스컨트리 스키 남자 대학 선수, 체중 58kg, 21세)

항목	측정값(우/좌)	기준	해석
Extensor Peak Torque(%BW)	119.7/125.5	≥120%	좌측 우수, 우측 경계선
Flexor Peak Torque(%BW)	55.5/59.0	≥60%	정상 하한, 햄스트링 강화 필요
H/Q Ratio	0.46/0.47	0.5~0.6	햄스트링 약세
Endurance Ratio(Ext)	91.1/91.9	≥60%	매우 우수
Endurance Ratio(Flex)	36.0/76.1	≥60%	우측 뚜렷한 약세, 좌측 양호

■ 해석

위 선수는 대퇴사두근의 근력과 지구력은 체중 대비 우수하나, 햄스트링이 상대적으로 약해 H/Q 비율이 낮다. 특히 오른쪽 햄스트링의 지구력이 크게 부족하여 경기 후반 추진력 저하 및 무릎 안정성 저하 위험이 존재한다.

4) 적용과 지도 포인트

- 상해 예방: 양측 차이와 H/Q 비율을 정기적으로 평가해 ACL 손상, 햄스트링 부상 등을 사전에 예방한다.
- 경기력 향상: 불균형 교정을 통해 추진력·회복력·기술 안정성을 높인다.
- **훈련 설계**
    - 햄스트링 약세 → 노르딕 컬, 루마니안 데드리프트, 밴드 레그컬
    - 대퇴사두 약세 → 스쿼트, 레그프레스, 점프 착지 훈련
    - 근지구력 부족 → 저부하·고반복 보강, 인터벌 근지구력 세션

■ 결론

제가 현장에서 기술 동작을 지도하며, 정말 성실하게 훈련에 임하는 선수를 볼 때마다 이런 생각이 들었습니다.

'저렇게까지 노력하는데도 기술이 개선되지 않는다면, 어쩌면 노력하는 방식이나 지도하는 방식 자체가 잘못된 건 아닐까?'

그때 깨달은 것이 있습니다.

"기술이 부족한 것이 아니라, 몸이 그 기술을 구현할 준비가 되어 있지 않은 것이다."

많은 경우, 선수나 일반인이 느끼는 '기술적 한계'는 의지나 반복의 부족이 아니라 신체 기능의 미비에서 비롯된 것일 수 있습니다. 이럴 때 지도자나 트레이너는 단순히 반복 훈련을 시키기보다, 가동성 검

사나 기능성 평가를 통해 근본적인 제한 요소를 먼저 확인하는 것이 중요합니다. 기술 훈련과 기능성 트레이닝은 서로 분리된 것이 아니라, 함께 설계되어야 하는 하나의 시스템입니다. 몸이 준비되어야 기술이 완성되며, 그 준비는 '의지'가 아니라 '기능'에서 시작되는 것입니다.

에피소드 6

뉴질랜드에서 배운 오버트레이닝

저는 지도자로서 제 자신과 선수들에게 동기부여와 새로운 경험을 제공하고 싶다는 마음으로, 다양한 훈련 캠프를 찾아 훈련하는 것을 좋아했습니다.

국가대표팀이 뉴질랜드에서 스키 트레이닝을 진행하는 것을 보고 처음에는 회의적인 시각을 가졌습니다. 동계 시즌까지의 스키 기술 훈련의 연계성 부족의 이유로, 7~8월의 뉴질랜드 하계 설상 훈련보다는 늦가을 스키 훈련에 우선순위를 두었기 때문입니다. 그러던 중 동료 지도자의 "선수와 지도자 모두 늦가을 훈련과는 다르게 비교적 경쟁에서 멀어져서 여유로운 마음으로 훈련량과 기술 시간을 증진시킬 수 있다"는 말에 용기를 내어, 2015년 뉴질랜드 캠프를 실행하게 되었습니다.

그런데 출발부터 크고 작은 실수가 시작되었습니다. 우리 팀의 한 선수가 이름을 변경하며 여권 이름이 바뀌었는데, 항공권에 이를 반영하지 못해 공항에서 비행기를 탈 수 없는 상황이 발생했습니다. 또한 훈련비로 미리 준비해둔 현금을 집에 두고 온 제 실수까지 겹쳤습니다. 결국 아내에게 급히 도움을 요청해야 했고, 선수와 훈련비를 들고 직접 뉴질랜드까지 오게 했습니다. 아내에게는 갑작스러운 해외여행이 되어버렸지요.

우리의 항공 일정은 호주 시드니를 경유해 뉴질랜드 퀸즈타운에 도착하는 여정이었습니다. 사실 저는 선수들에게 시드니 오페라하우스 같은 관광 명소를 보여주고 싶어, 시드니에서 하루 머무는 일정을 고려했지만, 추가 예산이 많이 들어 결국 계획에서 제외할 수밖에 없었습니다. 그런데 출발 당일, 예상치 못한 폭우로 인해 비행기가 시드니에 연착되었고, 우리는 항공사가 제공한 숙소에서 하룻밤을 보내게 되었습니다. 결국 선수들과 함께 시드니 도심을 둘러보는 시간을 갖게 되었고, 예정에는 없었지만, 결과적으로 뜻밖의 즐거운 관광이 이루어진 셈이었습니다.

숙소에 도착했을 때, 숙소 상황은 예상보다 열악했습니다. 숙소가 좁아 저는 아내와 함께 보온이 잘 되지 않는 주방에서 잠을 자야 했습니다. 따뜻한 물도 한 번에 많이 사용할 수 없어서 선수들이 먼저 샤워한 후에 마지막에 샤워를 했어야 했습니다. 우리는 국가대표팀처럼 충분한 예산이 없었기 때문에, 뉴질랜드 남섬의 와나카라는 작지만 아름다운 소도시에서 거주하며, 약 30km 떨어진 고도 1,400m의 스노우팜 경기장에서 훈련을 이어갔습니다. 저는 매일 하루 왕복 100분 이상 운전을 해야 했고, 마켓에서 식료품을 구입해 점심과 저녁을 요리하여 선수들에게 제공하는 일과를 반복하여만 하였습니다.

운전과 트레이닝, 식사 준비까지 모든 것이 체력적으로, 정신적으로 저에게 큰 피로를 안겨주었습니다. 무엇보다 두 대의 차량으로 매일 경기장을 이동해야 했기에, 선수들의 안전에 대한 책임감은 저에게 엄청난 스트레스로 다가왔습니다.

그렇게 2주 정도 훈련이 이어지던 어느 날, 와나카 호수를 산책하다가 '살다가'라는 노래가 들리는 순간, 저는 참았던 감정이 터져 혼자 울고 말았습니다. 노래를 들으면서 울었던 경험은 처음 있는 일이었습니다.

그런데 반대로 선수들은 새로운 환경에서 정말 열심히 훈련했습니다. 오전 2시간 훈련을 마치고 돌아온 후에도 자발적으로 러닝과 기초 훈련을 늘렸고, 심지어 야간 훈련까지 나서는 선수들도 있었습니다. 그 당시의 분위기와 선수들의 훈련 태도가 너무 좋아 보여 훈련량을 조절했어야 하는데, '과부하' 트레이닝의 징후를 미처 인지하지 못했습니다. 지도자의 경험 부족이었던 것이었습니다.

전지훈련을 마치고 돌아온 9월, 저는 예정대로 훈련 강도와 양을 더 끌어올리려 했습니다. 하지만 선수들은 예상보다 빠르게 지쳐 있었고, 정신적으로도 육체적으로도 지나치게 피로해진 상태였습니다. 그때 비로소 저는 이 상태로 시즌을 맞이하면 선수들이 기량을 발휘할 수 없다는 것을 깨달았습니다. 그리고 제 스스로의 부족함에 대해 또 한 번 깊이 반성할 수 있었습니다.

하지만 잃는 것이 있으면 얻는 것도 있었습니다. 저는 훈련량을 줄이고, 선수들과 함께 팀 워크숍을 개최했습니다. 전년도까지만 해도 봄과 여름에는 팀워크를 강화하기 위해 다양한 프로그램을 진행하였지만, 가을에는 시즌 준비의 이유로 팀워크와 멘탈 프로그램을 간과했었습니다. 이 워크숍을 통해 우리 팀은 "여름 훈련량이 계획보다 많았고, 그에 따른 오버트레이닝 증상이 가을에 나타나고 있다"는 것을 스스로 인정하고, 대책을 세우는 계기를 가질 수 있었습니다. 그렇지만 그해 시즌에는 우리가 기대했던 만큼의 좋은 결과를 가져오지 못하였습니다.

이 경험을 통해, 운동을 시작하는 일반인부터 엘리트 선수까지 모두에게 제가 꼭 말씀드리고 싶은 것이 생겼습니다.

"훈련과 피로는 동전의 양면과 같습니다. 둘은 반드시 함께 계획되고, 함께 관리되어야 합니다."

제가 그때 했던 실수를, 독자분들이 반복하지 않기를 바랍니다.

제14장

트레이닝 회복 전략

지구력 운동에서 성공적인 성과를 달성하기 위해서는 훈련만큼이나 회복과 재활이 중요합니다. 훈련은 신체에 스트레스를 주어 적응을 유도하는 과정이지만, 적응이 일어나는 진짜 순간은 바로 회복 과정에서입니다. 이 장에서는 효율적인 회복 전략과 부상 예방 방법을 다룹니다.

지도자의 말 한마디가 만든 불필요한 부담

지도자는 선수의 성장과 성과를 위해 훈련 프로그램을 설계하고 이를 전달하는 중요한 역할을 합니다. 하지만 때로는 지도자의 단어 선택 실수가 선수에게 불필요한 부담과 오해를 줄 수 있습니다.

예를 들어, "운동이 되게끔 하라"는 말은 지도자의 의도와는 다르게, 선수로 하여금 쉬는 날에도 충분히 강도를 올려야 한다는 강박을 심어줄 수 있습니다. 진정으로 과학적인 훈련에서는 낮은 강도 훈련과 회복의 날조차 중요한 프로그램의 일부로 인식되어야 하며, 이를 통해 선수는 고강도 훈련으로 나아갈 수 있는 힘을 축적할 수 있습니다.

지도자로서의 말은 선수의 몸과 마음에 깊이 새겨지기 때문에 단 한마디가 회복의 날을 방해하는 긴장감으로 작용할 수도 있고, 반대로 올바른 휴식의 중요성을 일깨우는 지침이 될 수도 있습니다. 따라서 지도자의 표현은 신중해야 하며, 과학적 훈련 원칙과 선수의 상태를 존중하는 방향으로 이루어져야 합니다.

1. 피로(Fatigue)의 개념

▣ 일반적 정의
- 피로는 운동 수행 능력이 저하되어(속도·파워 감소, 기술 정확도 하락) 한계를 느끼는 상태를 의미
- 지구력 운동(마라톤·철인3종·사이클 등)과 근력·스프린트 운동 모두에서 '피로'는 최종 퍼포먼스를 제한하는 핵심 요인

▣ 주요 학자들이 바라본 피로
- Ross Tucker (1979): "피로는 단순한 에너지 고갈(말초적 요인)을 넘어, 중추신경계(CNS)가 운동 강도를 제한하는 과정이 크게 작용한다"고 보았으며, 이는 Central Governor 이론과 맥락을 같이한다.
- Tim Noakes (1997): 중추거버너(Central Governor)가 체내 여러 신호(체온, 혈당, 전해질 등)를 종합해 '안전 한계'를 설정하고, 실제 근육 출력보다 낮은 수준으로 페이스를 조절한다고 제안하였다.
- Samuele Marcora (2008): "피로는 에너지 고갈 그 자체가 아니라, 수행 의지와 기대 효용이 결합된 심리생리적 과정"으로 정의하며, 'Psychobiological Model'을 제시하였다.

1) 중추 피로(Central Fatigue) vs 말초 피로(Peripheral Fatigue)
(1) 말초성 피로(Peripheral Fatigue)

▣ 정의
- 근육 자체 또는 말단(신경-근접합부)에서 에너지원 고갈, 대사산물 축적(젖산, H^+ 이온 등), 이온 밸런스 교란, 근섬유 손상 등이 원인이 되어 근 수축력이 떨어지는 현상

■ 주된 기전
- ATP, 글리코겐, PCr 감소 → 근섬유가 충분한 에너지를 공급받지 못함
- 젖산 축적으로 인한 pH 하락 → 근섬유 수축 단백질 작동 저해
- 고온, 탈수 등도 근육 말단 수준에서 효율 감소

■ 결과

힘을 내고 싶어도 '근육 자체가 고갈'된 상태, 말 그대로 말초(근육)에서의 피로

(2) 중추성 피로(Central Fatigue)
■ 정의

뇌·척수 등 중추신경계(CNS)에서 운동 유발 신호가 감소하거나, 운동 의지가 억제되어 근섬유를 최대한 동원하지 못하는 상태

■ 가능 기전
- entral Governor Theory(Noakes): 뇌가 체온 상승·에너지 결핍·통증 등을 감지해 '출력 제한' 명령
- 신경전달물질 변화(Gandevia): 세로토닌·도파민·노르에피네프린 불균형이 중추 경로 억제
- 심리생리적 조절(Marcora): 기대 효용 감소가 수행 의지 저하로 이어짐

■ 결과
- 근육 자체는 아직 약간 남은 에너지가 있더라도, 뇌가 "더는 못해"라는 지시를 내려 수행이 떨어짐
- 의욕 상실, 집중력 저하, '힘이 들어가지 않는다'는 느낌 등

2) 고강도 트레이닝 후 찾아오는 CNS 피로
(1) '신경계적 피로'
- 인터벌, HIIT, 스프린트, 중량 근력 훈련 등 짧고 강한 부하는 말초 근육뿐 아니라 중추신경계에도 큰 스트레스를 준다.
- 고강도 훈련 직후 세트 간 '온몸이 떨리고, 정신이 멍해지는' 느낌은, 단순 근육 피로 + 뇌 피로(중추성 피로)의 복합작용이다.

(2) 증상
- 다음날 혹은 며칠간 집중력, 반응 속도, 동기 저하로 이어질 수 있음
- 수면 시간이 충분해도 '머리가 계속 무겁다', '신경이 예민해진다', '훈련 의욕이 줄어든다'는 느낌을 받을 수 있다.

(3) 원인
- 뇌 신경전달물질(세로토닌 증가, 도파민·노르에피네프린 불균형) 변동
- 교감신경 항진 → 불면·과각성
- 근골격계 통증 신호 → 중추가 "보호 기전" 작동

(4) 관리 방법
- 회복 주간: 고강도 세션 후 충분한 휴식, 저강도 회복 운동으로 CNS 회복 기회 부여
- 수면·영양·멘탈 케어: 중추 피로는 수면 부족과 밀접, 탄수화물·단백질·비타민 B 등 보충과 휴식이 중요
- 적정한 훈련 분배: 무리한 HIIT 빈도를 줄이고, 중추 피로를 감안해 훈련 사이 간격 설정

3) 휴먼 한계(Human Limits)에 대한 논의

(1) 복합적 요인
- 말초 vs 중추: 수행 저하 원인이 근육 고갈인지, 뇌의 출력 제한인지 오랜 논쟁
- 결론은 "두 요소가 모두 작용하며, 비율은 환경·훈련 상태·개인차에 따라 달라진다."

(2) 시사점
- 중추 피로 과도 시 훈련 효율성이 낮아지고, 부상 위험이 높아진다.
- 멘탈 트레이닝(자기암시·동기부여)으로 '뇌의 거버너'를 적절히 조율 가능
- 적절한 회복 개입이 궁극적 퍼포먼스 한계 확장으로 이어짐

■ 요약

피로는 단순히 "근육의 고갈"을 넘어, 뇌와 신체가 상호작용하여 만들어지는 복합적 현상입니다. 지구력·고강도 훈련에서 이 중추 피로를 어떻게 다루는지가 장기적 성과와 부상 예방에 핵심적 역할을 합니다.

- 피로는 단순 '근육 고갈(말초)'이 아니라, '중추신경계(CNS)의 보호 기전'이 함께 작동하는 복합적 현상입니다.

- **중추성 피로(Central Fatigue)**
  - 뇌·신경계가 위험신호 또는 통증을 감지해 퍼포먼스를 억제
  - 고강도 훈련 후, 의욕·정신력 저하, 집중력 상실 등 현상으로 나타날 수 있음

- **말초성 피로(Peripheral Fatigue):**
  - 근섬유의 에너지 고갈, 젖산 축적, 이온 균형 붕괴 등으로 인한 직접적 수축력 감소

- **고강도 트레이닝 이후의 CNS 피로**
  - 세트 간에도 뇌가 과부하를 받으면 수행 능력 · 의욕 감소, 회복이 필요
  - 수면 · 영양 · 적절한 휴식 및 멘탈 관리가 중추 피로 회복에 핵심

2. 피로 이론(Fitness-Fatigue Model)과 회복 전략

회복은 단순히 휴식이 아니라 '훈련 프로그램의 일부'이다. 피로 이론(Fitness-Fatigue Model)에 따르면, 훈련 강도의 누적은 일정 수준에서 피로를 야기하지만, 적절한 회복 과정을 거치면 그만큼 능력이 향상된다.

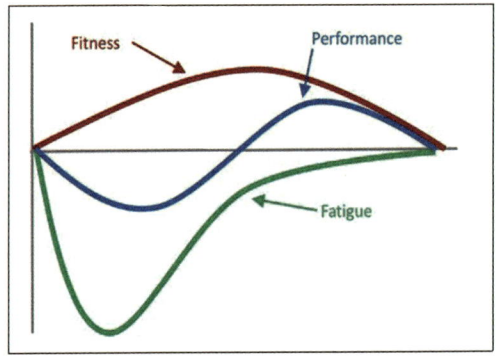

[출처: A-BFitness, Bannister, 1982]

- 트레이닝 자극(Training Load): 그래프에서 짧게 아래로 내려가는 구간, 훈련 직후에는 피로 누적으로 인해 퍼포먼스가 일시적으로 떨어진다.
- 회복 단계(Recovery): 피로가 서서히 해소되면서 baseline(원래 능력 수준)으로 회복해 가는 구간을 의미한다.
- 수퍼컴펜세이션(Supercompensation): 회복이 충분히 이뤄지면 이전 능력치를 초과하는 단계로 오르는데, 이 시점에 맞춰 다음 훈련 자극을 주면 퍼포먼스가 점차 상승하게 된다.

위 과정을 반복하면서 최적의 운동 능력을 만들어 가는 것이 곧 체계적인 운동 계획의 핵심이다.

1) 회복의 중요성

훈련은 신체에 부담을 주고, 미세 손상을 일으키며, 에너지와 체액을 고갈시키게 된다. 이 과정은 회복을 통해 보충되고 적응이 이루어져야만 의미 있는 발전으로 이어질 수 있다.

■ 회복이 중요한 이유
- 피로 해소: 훈련으로 인해 고갈된 체력을 회복
- 근육 재생: 손상된 근섬유와 조직을 복구
- 부상 예방: 회복 부족으로 인한 과훈련과 부상을 방지
- 면역력 유지: 지나친 피로는 면역 체계를 약화시키므로, 회복은 감염과 질병 예방에 중요
- 정신적인 회복과 동기부여를 유지하는 데 중요

2) 회복의 방법
■ 적극적 회복(Active Recovery)

적극적 회복은 저강도의 운동을 통해 혈류를 촉진하여 피로 물질

(젖산 등)을 제거하는 방법이다.

- **방법: 가벼운 걷기, 스트레칭, 요가**
    - 회복 러닝: 최대심박수의 50%, 30분 러닝
    - 효과: 혈액순환을 촉진하여 근육의 회복 속도 향상

■ 수동적 회복(Passive Recovery)

수면과 휴식을 통해 신체가 자연적으로 회복되도록 돕는 방법이다.

- **수면: 하루 7~9시간의 충분한 수면이 필요**
    - 깊은 수면 중 성장호르몬이 분비되어 근육 복구와 회복을 촉진
    - 완전 휴식일: 주 1회 완전한 휴식일을 설정하여 체력과 정신을 재충전

- **마사지와 폼롤링**
    - 효과: 근육의 긴장을 완화하고, 혈류를 촉진하여 회복 속도 증가
    - 운동 후 30분 내 마사지나 폼롤링을 실시하면 피로 회복 효과가 극대화
    - 사용법: 폼롤러로 허벅지, 종아리, 등 근육을 부드럽게 압박

3) 구체적인 회복요법 - 냉탕 및 온탕 요법

■ 냉탕요법(Cold Water Immersion, CWI)
- 10~12℃가 염증을 줄이고 운동 후 근육 회복을 촉진하는 데 가장 효과적임
- 일부 연구에서 5~10℃ 정도의 지나치게 낮은 온도가 근육 회복을 방해할 수 있다고 보고함(Water Immersion Recovery

for Athletes: Effect on Exercise Performance and Practical Recommendations)
- 15℃ 이상은 가벼운 회복 효과는 있지만, 최적의 염증 감소 효과는 부족함

시간은 보통 10분 전후가 권장되며, 그 이상 오랜 시간은 저체온 위험이 커지므로 주의가 필요하다.

◆ 효과
- **염증 완화, 부종 감소. 혈액순환 개선**
  - 격렬한 운동 후 발생하는 염증 반응과 조직 손상을 줄여 통증(근육통) 완화에 도움을 줄 수 있다.
  - 특히 하루 간격으로 고강도 훈련이나 시합이 이어질 때, 단기 회복을 위해서는 냉탕요법이 효과적이다.

- **근육통(DOMS) 감소**
  - 지연성 근육통(DOMS)을 줄여, 회복 기간을 단축해 다음 훈련 또는 시합에서 퍼포먼스를 유지하는 데 도움이 된다.

◆ 주의점
- **근성장·장기 적응 영향**
  - 일부 연구에서는 근력·근비대·유산소 적응이 필요한 장기 훈련 시, 반복적으로 냉탕요법을 적용하면 오히려 단백질 합성(근합성)에 부정적 영향을 줄 수 있다고 보고됨

- **저체온 위험**
  - 10~15℃ 물이라 하더라도 장시간(15분 이상) 들어가 있으면 체온이 급격히 떨어질 수 있으므로, 신체 상태를 수시로 확인

해야 한다.

◼ 온탕요법(Heat Therapy, Hot Water Immersion)
- **권장 온도 및 시간**
  - 38~42°C 정도의 물에 10~15분 정도 몸을 담그는 것을 일반적으로 권장
  - 너무 높은 온도(42°C 이상)에서 장시간(15분 초과) 노출 시, 심혈관계 부담이 증가할 수 있으므로 주의

◆ 효과
- **혈액순환 촉진 및 이완**
  - 근육과 관절을 이완시키고 혈액순환을 증가시켜, 심리적 이완과 피로감 해소에 도움을 줄 수 있다.

- **부상 회복 초기 단계(경증 부상)**
  - 국소적인 열 적용이 부상 부위의 혈류량을 증가시켜, 신속한 영양공급과 회복을 돕는 경우가 있다.
  - 단, 급성 염증(부기, 열감, 통증)이 심할 때는 오히려 냉찜질이 우선 적용된다.

◆ 주의점
- **급성 염증 상태에서는 피함**
  - 운동 직후 염증 반응이 과도할 때는 냉각이 먼저 권장
  - 부종이나 염증이 가라앉은 상태라면 온열이 도움이 될 수 있다.

- **저혈압, 심장질환자 주의**
  - 뜨거운 물 속에 오랜 시간 있을 경우 심혈관계 부담이 커질 수 있으므로, 기저질환이 있다면 전문가와 상담이 필요함

■ 교대욕(Contrast Water Therapy, CWT)

◆ **방법**
- 냉탕(10~15℃)과 온탕(38~42℃)을 1~2분 간격으로 번갈아가며 3~5세트 정도 반복하는 방법
  예) 냉탕 1분 - 온탕 2분 - 냉탕 1분 - 온탕 2분(3~5번 반복)

◆ **효과**
- 교대욕을 통해 혈관 수축-이완 반응을 유도, 혈액순환을 촉진하고 노폐물(젖산 등)을 배출하는 데 도움이 될 수 있다.
- 근육통 완화와 주관적 피로도 감소에 효과가 있다는 연구들도 존재함

◆ **한계점**
- 냉탕 단독, 온탕 단독보다 큰 차이가 없다는 연구도 있으므로, '내가 가장 편하고 지속적으로 실행하기 쉬운 방법'을 선택하는 것이 현실적이다.

구분	온수 침수(HWI)	냉수 침수(CWI)
최적 온도	38~42℃	10~15℃
권장 시간	10~20분	5~15분
주요 효과	근육 이완, 혈류 증가	염증 감소, 근육 부기 완화
적용 시점	운동 후 30~60분 내	운동 직후 1~2시간 내

■ 어떤 방법이 효과적인 방법일까?

- **경기(훈련) 일정이 빡빡할 때, 단기 회복이 중요**
  - 냉탕요법을 우선적으로 고려
  - 다음날 혹은 며칠 뒤 중요한 시합이 있을 경우, 냉탕으로 염증 반응과 근육통을 줄여 빠른 회복을 유도하는 편이 좋다.

- **장기적인 근력·근비대·지구력 적응이 목표**
  - 잦은 냉탕요법은 장기 적응에 다소 부정적 영향을 줄 수 있다는 연구가 있다(특히 무산소성 근비대 목적).
  - 온탕요법이나 충분한 휴식, 적절한 영양 섭취를 통해 자연 치유 과정을 거치면서 적응을 극대화하는 편이 나을 수 있다.

- **부상 위험, 염증 상태**
  - 급성 염증이 있는 부위에는 냉처리(냉탕, 냉찜질)가 우선
  - 급성기가 지난 후 회복 단계에서는 온탕(또는 교대욕)이 혈액 순환을 돕고 회복을 촉진할 수 있다.

- **개인 선호와 편의성**
  - 실제 현장에서는 선수 개인별로 '냉탕이 더 좋다', '온탕이 더 편안하다' 등 주관적인 선호도가 중요하게 작용한다.
  - 심리적 안정감이나 지속성도 무시할 수 없으므로, 개인에게 잘 맞는 방법을 찾는 것이 좋다.

■ 종합 정리(현장 적용 가이드)

- **운동 후 15~30분 이내 회복 시작이 중요**
- **고강도 근력 운동, 인터벌 훈련 직후**
  - 염증 반응·근 손상 완화가 시급 → 냉탕(CWI) 10~15분 권장
  - 단, 장기적 근력·근비대 목표가 크다면 매번 냉탕을 쓰는 건 지양
  - 주 1~2회 정도만 냉탕 적용하고, 나머지는 자연 회복 or 가벼운 온탕 사용 고려

- **장시간 지구력 훈련 직후**
  - 지속적인 염증 반응과 근피로가 클 때 → 빠른 회복을 위해 초

기에는 냉탕
- 다음날 중장거리 훈련이 또 예정되어 있다면 냉탕이 유리할 수 있음
- 그러나 장기 지구력 적응(미토콘드리아 개선 등)을 위해서는 무분별한 냉탕 의존은 피하고, 온탕요법이나 휴식일 활용 고려

- **교대욕(Contrast Bath)**
  - 냉탕과 온탕을 1~2분 간격으로 3~5세트 교차 사용
  - 혈액순환 및 노폐물 제거를 촉진해 주관적 피로도 감소에 도움
  - 장·단기 회복 모두 균형을 맞추고 싶을 때 고려

- **운동 직후 바로 실행**
  - 수분·에너지 보충(탄수화물, 단백질 섭취 등)과 더불어 15~30분 이내에 회복 프로그램을 시행하는 것이 효과적이다.

■ 결론

- "어떤 방법이 무조건 정답"이라기보다, 운동 목표(단기 경기 대비 vs 장기 적응)와 개인 상태(급성 염증 vs 만성 피로 vs 부상 유무)를 종합적으로 고려해 선택해야 할 필요성이 있습니다.
- 짧은 기간 내 고강도 시합·훈련이 연달아 있을 경우 → 냉탕(CWI)을 우선 적용
- 장기적인 근력·근비대·지구력 향상이 목표이거나, 급성 염증이 사라진 상태 → 온탕(Heat Therapy) 또는 교대욕
- 결국, 주기화(Periodization) 개념으로 접근하여, '언제(시합 전·후)', '왜(단기 회복 vs 장기 적응)'를 분명히 한 뒤 냉탕·온탕·교대욕 중 적절한 방법을 고르는 것이 가장 효과적인 회복 전략입니다.

3. 과훈련(Overtraining)과 과수행 (Overreaching)의 구분

과수행은 짧은 기간의 의도적 고부하로 피로가 누적되더라도 3~7일 충분한 회복을 주면 퍼포먼스가 이전보다 향상되는 '유익한 스트레스'다. 반면 과훈련증후군은 장기간 과도한 훈련·불충분한 회복이 이어져 수주에서 수개월 동안 체력 저하, 면역력 감소, 수면 장애, 성적 부진이 지속되는 병적 상태다. 두 상태를 가르는 핵심 기준은 휴식 이후 퍼포먼스 회복 방향이다. 휴식 후에도 컨디션이 계속 떨어진다면 과훈련을 의심하고 즉시 감부하·의학적 평가를 시행해야 한다.

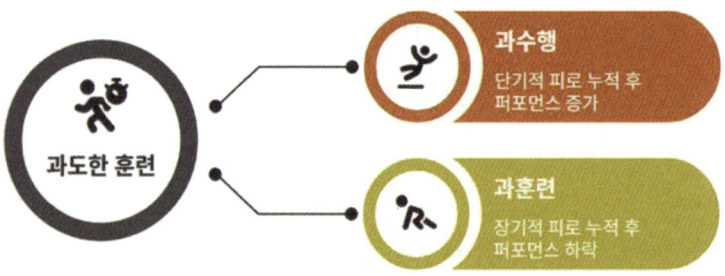

구분	과수행(FOR)	비(非)-기능적 과수행(NFOR)	과훈련증후군(OTS)
자극 강도·기간	짧은 집중 블록(3~10일), 의도적 고부하	FOR보다 강도 및 운동량, 회복 설계 부족	수주~수개월 지속적 과부하
주요 증상	일시적 피로·근육통·수면 질 저하	심한 피로·훈련 의욕·면역 저하	만성 무기력·수면 장애·부정맥·성적 부진
회복 소요	3~7일 휴식/감부하 → 퍼포먼스 향상	10~21일 감부하 필요, 성적 회복 지연	>4~8주 휴식 필요, 때로 수개월
퍼포먼스 변화	초과보상(슈퍼컴펜세이션) 발생	회복 뒤 평시 수준 회복 또는 미세 하락	장기간 성적 하락

객관 지표	기립 HR ±5bpm, HRV 정상 범주	HR 10bpm↑, HRV 저 · 변동성↓	HR 20bpm↑, HRV 지속↓, 테스토스테론/코티솔↓ 비율
심리 척도	RPE↑ · 피로감↑ 하지만 의욕 유지	POMS* 우울 · 피로 점수↑	POMS 부정적 지표 만성화
주요 판별 포인트	휴식 후 퍼포먼스가 더 좋아지는가?	휴식 후에도 성적 · 컨디션이 회복되지 않음	장기 휴식 후에도 회복 지연 또는 의료적 문제 동반

4. 자가근막이완(Self-Myofascial Release, SMR)과 폼롤러

1) 근막통증증후군(Myofascial Pain Syndrome, MPS)

근막통증증후군은 근육 및 그를 감싸고 있는 근막(fascia)에서 발생하는 만성적인 통증 상태로, 특정 부위에 존재하는 통증 유발점(trigger point)이 주된 원인입니다. 이는 근육 과사용, 잘못된 자세, 미세 손상, 지속적 긴장 등에 의해 발생하며, 통증은 통상적으로 압통점(local tenderness) 또는 연관통(referred pain)으로 나타납니다.

■ 특징
- 특정 근육 내에서 "딱딱하게 뭉쳐진 부위(결절)"가 촉지됨
- 눌렀을 때 다른 부위로 통증이 퍼짐(연관통)
- 근육의 기능 저하, 가동 범위 제한, 국소적인 근력 약화
- 종종 목, 어깨, 허리, 둔부에서 흔하게 발생

---

* POMS = Profile of Mood States

2) 트리거 포인트(Trigger Point)

> 트리거 포인트는 근육 내 섬유 속에 존재하는 과민화된 압통점(hyperirritable spot)으로, 눌렀을 때 국소적 또는 연관된 부위로 통증이 방사되는 특징을 지닙니다. 이 지점은 근육 섬유가 부분적으로 지속적인 수축 상태에 있는 것으로, 혈류 감소(허혈)와 대사물 축적, 신경과민화 등이 복합적으로 작용하여 발생합니다.

■ 구분
- 활성 트리거 포인트: 평상시에도 통증을 유발하며, 압박 시 통증 증가
- 잠재성 트리거 포인트: 눌렀을 때만 통증 발생, 평상시에는 무증상일 수 있음

■ 트리거 포인트와 폼롤러

폼롤러는 이러한 트리거 포인트 부위를 직접적으로 자극하고, 해당 부위의 근막 이완과 혈류 회복을 유도하여 통증 감소 및 운동 기능 회복에 기여함

- 작용 기전
  - 압박 → 국소 혈류 증가 → 산소 공급 회복
  - 신경 수용체(골지건기관) 자극 → 근육 이완 유도
  - 통증 수용체 과민 반응 감소 → 통증 역치 상승

항목	설명
근막통증증후군(MPS)	특정 근육 내 트리거 포인트로 인해 발생하는 만성 근육통 증후군
트리거 포인트	근육 속 과민화된 압통점으로, 눌렀을 때 국소 혹은 연관 통증 유발
주요 원인	과사용, 스트레스, 잘못된 자세, 반복 동작
해결 전략	폼롤러, 마사지 볼, 스트레칭, 자세 교정, 약물·전기치료 등

3) 자가근막이완(SMR) 및 폼롤러(Foam Roller) 정의

자가근막이완은 자신의 체중과 도구(예: 폼롤러, 마사지볼 등)를 이용하여 근막(fascia)과 근육의 긴장, 유착, 트리거 포인트를 풀어주는 방법입니다. 이 과정은 자가억제기전(autogenic inhibition)을 유도하여 골지건기관(GTO)의 자극을 통해 근방추 활동을 억제하고, 근육을 이완시킵니다.

폼롤러는 신체의 심부 근막을 압박하여, 유연성 증진, 관절 가동 범위 향상, 근육 이완, 통증 감소, 근육 재정렬 등의 효과를 유도하는 운동 보조 도구입니다. 트리거 포인트를 중심으로 신체를 굴리거나 눌러 통증 부위를 완화시키고, 혈류 공급을 개선하는 데 사용됩니다.

■ 폼롤러 적용 시기

시기	목적 및 효과
훈련 전	관절 가동성 증가, 근육 유연성 향상, 신경계 자극, 부상 예방
훈련 후	피로 회복, 근육 통증(DOMS) 완화, 젖산 제거, 이완 유도

■ 폼롤러 운동 시간 및 강도
- 한 부위당 적용 시간: 약 30초~1분

- 통증 유발점에서는 5~10초 정지 후 천천히 압박 해제
- 총 세션 시간: 5~15분 이내(훈련 강도와 목적에 따라 조절)
- 너무 오래 지속하지 않도록 하고, 느낌은 강하되 참을 수 있는 통증 범위에서 실시

■ 폼롤러의 생리학적 효과

생리학적 효과	설명
근막 이완	유착된 근막을 이완시켜 유연성과 움직임 개선
골지건기관 활성화	자가억제기전을 통해 근방추 반응을 억제하고 근육 이완 유도
관절 가동 범위 증가	고관절, 무릎, 발목 등의 ROM 향상에 단기적으로 효과적
근육통 감소	운동 후 지연성 근육통(DOMS) 감소에 도움
심리적 이완	자율신경계 안정화, 스트레스 완화

■ 폼롤러 운동 시 주의사항
- 반복 횟수에 집착하지 말고 정확한 자세에 집중
- 폼롤러 밀도는 개인의 민감도에 따라 선택(고밀도 → 깊은 자극 / 저밀도 → 부드러운 자극)
- 심한 통증 유발 시 중단하고 전문가와 상담
- 뼈 돌출 부위(척추, 슬개골 등)는 직접적으로 압박하지 않도록 주의
- 텔레비전 시청, 음악 감상 등과 함께 심리적 이완을 유도하며 수행하면 효과 증가

■ 훈련 프로그램 내 통합 방법 예시

단계	내용
준비운동 직전	폼롤러로 전신 근막 이완 → 동적 스트레칭과 연계
본 운동 후	폼롤러로 하체 중심 마사지를 통해 회복 유도 → 정적 스트레칭
주말 회복 세션	10~15분의 전신 폼롤러 세션 + 가벼운 워킹 or 요가

5. HRV(Heart Rate Variability) 회복력 측정하기

rMSSD란 무엇인가?

rMSSD는 심장박동 간 시간 간격(R-R 간격)의 연속된 차이를 분석하여, 얼마나 다양하게 박동 간 간격이 바뀌고 있는지를 숫자로 보여주는 지표입니다. 심장이 '똑딱-똑딱'하고 뛰는 간격이 항상 딱 일정하다면 몸이 스트레스에 반응 중일 수 있습니다. 하지만 심장이 '똑딱… 똑딱- 똑딱… 똑딱'처럼 미세하게 흔들리며 리듬이 다양하다면 부교감신경(회복신경)이 잘 작동 중이며 회복 상태가 양호하다는 뜻으로 해석할 수 있습니다. rMSSD는 이런 미세한 시간 간격의 변화량을 수학적으로 처리하여 하나의 숫자(ms, 밀리초)로 나타내게 됩니다.

✅ 왜 단기 측정에 적합한가?

rMSSD는 몇 분(1~5분) 안에도 꽤 정확하게 측정할 수 있습니다. 스트레스, 피로, 회복 상태에 즉각적으로 반응하기 때문에, 매일 아침 측정하면 회복 상태 추적에 효과적입니다. WHOOP, Oura, Garmin 등 대부분의 웨어러블이 수면 중 또는 기상 직후 rMSSD 기반 HRV를 제공합니다.

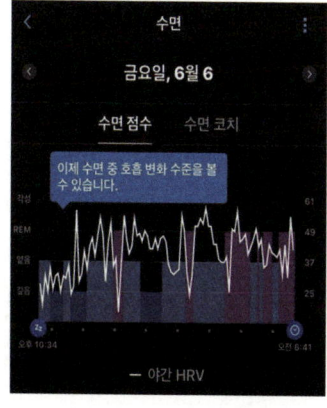 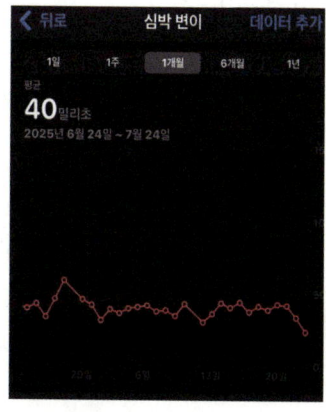

[스마트워치로 측정한 HRV; 가민, 애플워치]

> HRV는 심장박동 간의 시간 간격(R-R 간격)의 변화 폭을 의미
>
> - 단순한 평균 심박수와 달리, 두 박동 사이의 미세한 시간 차이를 측정하여 자율신경계의 균형과 회복 상태를 반영
>   - 높은 HRV → 부교감신경(휴식·회복 지배) 우세 → 회복 상태 양호
>   - 낮은 HRV → 교감신경(스트레스·부하 지배) 우세 → 피로, 과훈련 가능성
>   - HRV는 특히 rMSSD(Root Mean Square of Successive Differences)가 단기 측정에 가장 널리 사용됨

1) HRV의 주요 평가 지표

지표명	설명	권장 사용
rMSSD	박동 간 시간 차이의 제곱평균	짧은 시간 측정, 회복 상태 반영에 탁월
SDNN	전체 측정 기간의 박동 간 표준편차	장기 스트레스 평가(24시간 이상)
pNN50	연속 박동 간 차이가 50ms 이상인 비율	보조적 분석 자료
LF/HF 비율	교감/부교감 비율로 스트레스 반응성 분석	멘탈/심리적 자극 평가 시

2) HRV 평가 방법

(1) 측정 시간

- 아침 기상 직후, 기립 후 1~5분간 안정된 상태에서 측정
- 수면 중 자동 측정(Garmin, WHOOP, Oura 등 웨어러블 이용)

(2) 측정 도구

- 심박 센서(Polar H10, Garmin HRM-Pro 등 가슴 밴드)
- 웨어러블(Garmin, WHOOP, Apple Watch, Oura Ring 등)
- 앱 연동: Elite HRV, HRV4Training, Kubios HRV 등

3) HRV 수치의 일반 범위(rMSSD 기준)

범위(ms)	해석
<30ms	피로 누적, 회복 불충분 가능성
30~50ms	평균적 회복 상태

50~80ms	양호한 회복 상태
>80ms	매우 높은 회복 상태(주로 엘리트 선수)

4) HRV와 회복의 관계

HRV 추세	해석	대응 전략
지속적 하락	누적 피로, 과훈련 가능성	회복일 도입, 강도 낮추기
상승 추세	회복 잘 진행됨	고강도 세션 가능
급락 후 반등	초과 회복(Supercompensation) 가능	중요한 레이스 타이밍 활용 가능

5) 회복 전략에서 HRV의 활용
- 훈련 계획 조절: HRV 저하 시 고강도 훈련 자제
- 테이퍼링 시기 평가: HRV 반등이 경기력 피크 시점을 가늠
- 회복 상태 점검: 수면, 영양, 스트레스 조절 효과 확인

6) 실전 적용 요약
- 매일 아침 측정 or 수면 중 자동 측정
- 7일 평균선 기준으로 변화를 추적
- 낮은 HRV 시 과훈련 경고 → 회복·수면·영양 강화
- 높은 HRV 유지 = 회복 최적화

■ 지구력 선수들을 위한 비시즌 훈련 단계

단계	기간	주요 목표	훈련 방법	핵심 고려사항
1단계: 즉각적 회복기	2~4주	피로 감소, 근육 기능 회복, 정신적 재충전	적극적 회복(수영, 사이클링, 하이킹, 요가), 유연성 및 코어 안정성 강화, 고강도 훈련 최소화	필요시 단기간 완전 휴식 가능, 장기간 비활동 및 고강도 운동 피해야 함
2단계: 유산소 기초 훈련기	4~8주	저충격 크로스 트레이닝을 통한 유산소 지구력 유지	저강도 유산소 운동(심박수 최대 70% 미만), 근력 및 컨디셔닝 훈련, 기술 훈련	이른 고강도 인터벌 트레이닝 도입 지양, 유연성과 관절 가동성 강조

| 3단계: 점진적 부하 훈련기 | 6~12주 | 체계적인 지구력 및 근력 훈련 재개 | 인터벌 트레이닝 도입, 고강도 근력 운동, 종목별 특화 훈련 | 개인별 진행 상황에 따라 훈련 강도 조절, 훈련 강도를 점진적으로 증가, 체성분 변화를 모니터링 |

※ 적극적 회복은 훈련 적응 유지에 효과적이며, 고강도 훈련 이후에도 지구력 성능을 유지하는 데 도움을 준다. 그러나, 고강도 쇼크 트레이닝 후에는 수동적 회복이 필요하다.

6. 운동선수를 위한 낮잠(파워내핑) 가이드

1) 낮잠이 필요한 이유 — "피로를 덜고, 출력은 끌어올린다."

- 훈련·경기 스케줄이 밀집되면 야간 수면만으로는 회복-동원(Recruitment)-학습(기억 통합)이 부족하다.
- 낮잠은 심박·체온을 떨어뜨려(Parasympathetic shift) 뇌·근육에 산소·포도당을 재충전하고, 기상 후엔 각성 호르몬(노르에피네프린) 분비로 반동 각성(Rebound Arousal) 효과까지 얻을 수 있다.
- 메타분석(Lastella 2022) 결과: 20~30분 파워내핑 후 점프·스프린트-반응 과제 4~6% 즉시 향상

2) 낮잠 시간에 따른 선택

구분	20~30분(Power Nap)	90분(Full-Cycle)
선택	오후 경기 전 각성, 오전·점심 훈련 뒤	합숙캠프·이틀 경기·시차 적응으로 누적 피로↑
즉각 효과	집중력·스프린트 반복 능력↑, 수면 관성↓	SWS + REM 포함 → 근 회복·기억 정착↑
야간 수면 영향	거의 無	취침 30~60′ 지연 가능
한눈 팁	알람 25′ 설정, 카페인-내핑 병행 가능	출발 ≥3h 전 종료, 기상 후 라이트 박스

※ "빨리 깰 거면 30분, 깊이 잘 거면 90분." 그 사이 40~70분은 피한다(수면 관성↑)

3) 수면 관성(Sleep Inertia) 다루기

- 정의: 잠에서 깬 직후 15~30분간 머리가 '멍'하고 반응·의사결정 느려지는 상태
- **완화 전략 4Step**
  - 빛: 기상 즉시 자연광 or 10,000lux 라이트 박스 10분
  - 카페인-냅핑: 낮잠 직전 카페인 $3mg \cdot kg^{-1}$ 섭취 → 혈중 최고치가 깰 때 도달
  - 동적 스트레칭 & CMJ 3회: 심박·CNS 재가동
  - 찬물 세안·수분 200ml: 체온·순환 자극

4) 낮잠과 체온

- 하부 체온점(Nadir): 보통 13~15시 사이 코어 온도가 자연스럽게 낮아져 졸음이 오기 쉽다.
- 짧은 낮잠은 체온이 강하 곡선에 들어갈 때(점심 직후) 취하면 가장 빨리 입면하고, 기상 후 체온이 다시 오름과 동시에 각성이 빨라진다.
- 긴 낮잠을 택할 때는 SWS → REM이 끝날 즈음(90~100분) 코어 온도가 다시 상승하므로, 기상 직후 체온 상승 + REM 각성 효과를 함께 얻을 수 있다.

5) 훈련·경기 스케줄별 프로토콜(예)

일정 예	낮잠 배치	이유·세부
06:30 훈련/15:00 경기	11:30~12:00 20분	오전 피로 해소, 경기 3h 전 각성 효과 최대
14:00 고강도 훈련	12:00~13:30 90분	SWS + REM 회복 → 오후 세션 파워↑, 수면 관성은 90'로 상쇄
20:00 야간 경기	14:00~14:30 20분 17:00 카페인-냅핑 20분	이중 부스팅, 카페인 반감기(5~6h) 고려·야간 수면 방해 최소화

6) 엘리트 사례(간단 포인트)

- 노르웨이 XC 팀: LT 세션 뒤 12:30 90분 낮잠 → 오후 기술 훈련 RPE 12 → 9(주관 피로↓)
- 월드투어 사이클 팀: 버스 이동 중 20분 파워내핑 + 아이 마스크 → 시차 7시간 투어에서 HRV 회복 속도 2일 앞당김
- 챔피언스리그 축구 클럽 : 경기일 14시 20분 낮잠을 의무화 → GPS 스프린트 거리 시즌 평균 5%↑

제15장

올바른 자세와 해부학적 적응

지구력 훈련을 오랜 기간 지속하다 보면 우리는 자연스럽게 반복의 미덕에 익숙해집니다. 꾸준함은 성장의 전제이며, 일관성은 실력을 쌓는 가장 확실한 방법입니다. 그러나 표면적으로 동일한 동작을 반복하는 것이 항상 좋은 결과를 가져오는 것은 아닙니다. 여기에는 운동 수행 맥락에서 반드시 이해해야 할 하나의 중요한 원리가 숨어 있습니다.
"세포도 지친다."
이 장에서는 반복 훈련이 야기할 수 있는 해부학적·세포적 피로, 그리고 이를 예방하기 위한 유연성과 동작의 다양성 확보의 중요성을 살펴봅니다.

1. 반복의 긍정과 그 이면: 패턴 과부하(Pattern Overload)

◙ 반복 훈련의 긍정적 측면
- 일정한 동작 패턴을 꾸준히 반복하면 근육·신경·심폐계가 해당 패턴에 최적화되면서 효율이 향상됨
- 달리기(러닝, XC 스키, 사이클) 자세가 고정되면 에너지 소비가 줄어들어 장시간 페이스 유지가 가능해짐
- 실전에서 반복 숙달된 동작은 불필요한 에너지 낭비를 줄이고, 폼의 안정성을 높여 부상 위험을 낮춤

1) 패턴 과부하의 개념
- 패턴 과부하(Pattern Overload)란 동일한 자세나 동작 패턴이 과도하게 반복됨으로써 특정 관절·근육·인대·심지어 신경 조직까지 누적적인 스트레스를 받는 상태를 의미함
- 단순한 근육 피로를 넘어 '누적된 미세 손상(Cumulative Injury Cycle)'으로 이어질 수 있으며, 이는 결국 만성적인 부상으로 발전할 위험이 있다.
- 과부하가 만드는 대표적 부상 징후
  - 활액낭염(Bursitis): 관절 주변 활액낭에 반복적인 마찰과 압력이 가해져 염증이 발생
  - 건막염 및 건염(Tendinopathy): 힘줄 주변 조직이 손상되며 통증과 부종 발생
  - 손목터널증후군(Carpal Tunnel Syndrome): 손목 반복 동작으로 신경이 압박되어 저림, 감각 저하
  - 경추·요추 반복 긴장: 고개를 들거나 허리를 잔뜩 숙인 자세를 장시간 유지할 때 척추 관절과 인대가 과도한 스트레스를

받음

이처럼 뚜렷한 외관의 통증이 발생하기 전에도 이미 조직 수준의 미세 손상은 쌓이게 된다. 따라서 동일한 패턴을 계속 반복하기 전, 반드시 "해부학적 적응"이 선행되어야 한다.

2. 해부학적 적응의 중요성: 자세 교정보다 먼저 준비할 것

▣ 자세보다 중요한 해부학적 준비

> 많은 지도자들이 "올바른 자세가 중요하다"고 강조합니다. 물론, 잘못된 자세를 교정하는 것은 필수적입니다. 그러나 더 중요한 것은 그 올바른 자세를 몸이 받아들일 수 있는 해부학적 기반이 마련되었느냐는 것입니다. 즉, 기능적인 관절 정렬, 근육 밸런스, 충분한 유연성, 그리고 안정화 근육이 제대로 활성화될 준비가 되어 있는지를 먼저 확인해야 합니다.

▣ 단계적 적응 과정을 통한 정착

- 관절 정렬(joint alignment): 예를 들어 러닝에서 무릎이나 발목이 안쪽(내전)으로 말리는 현상이 반복되면, 그 부위의 관절 캡슐이 한 방향으로만 자극을 받아 수용체(고유수용성 감각수용기)가 오작동할 수 있다.
  - 해결책: 먼저 일대일 평가를 통해 관절 가동 범위(ROM)를 측정하고, 부족한 방향의 가동성을 개선하는 스트레칭과 근막 이완(foam rolling)을 병행해야 한다.

- 근육 밸런스(muscle balance): 특정 근육군(예: 대퇴사두근)이 과도하게 발달하고 반대쪽(예: 햄스트링)이 약한 상태에서 스쿼트나 런지 등 반복 동작을 강행하면, 무릎 안정성이 저하되어 관절 연골과 인대에 과도한 압력이 가해지게 된다.
  - 해결책: 대퇴·종아리·둔근·코어 비대칭을 진단하고, 약한 부위를 강화하는 근력 스트렝스 프로그램(예: 힙 쓰러스트, RDL, 브릿지)을 우선적으로 배치해야 한다.

- 유연성과 안정성(flexibility & stability): 관절이 충분히 유연하지 않으면 정상 가동 범위(예: 어깨의 180도 ROM, 고관절의 120도 굽힘) 안에서 움직이기 힘들어지고, 결국 협응되지 않은 부위가 과보상을 일으켜 통증으로 이어짐
  - 해결책: Segmental Stretching 기법을 활용하여, 예를 들어 고관절 굴근 스트레칭(하프 니 스트레칭)과 햄스트링 스트레칭(틸트 뒤로 스트레칭)을 함께 수행하며 안정화 근육(글루트, 코어)의 협응력을 동시에 높여야 한다.

■ 올바른 자세의 정의

단지 외형적인 정렬(어깨가 펴지고, 허리가 과도하게 기울어지지 않는 상태)을 넘어, "신체 구조가 준비된 상태에서의 움직임"을 의미, 즉 이상적인 러닝 자세란 "무릎이 발끝 방향과 일직선상에 놓인 상태에서, 둔근이 충분히 활성화되고, 코어가 안정화된 상태로 지면을 밀어내는 동작"을 가리키게 된다. 이러한 자세가 가능해지려면 반드시 앞서 설명한 해부학적 적응이 완료되어야 한다.

3. 세포도 회복이 필요하다: 조직 피로의 과학

우리는 종종 "근육이 피로하다"고만 생각하지만, 실제로는 근육을 구성하는 세포, 인대 조직, 활액막, 건초(건막), 신경조직까지도 반응하고 피로를 느끼게 된다. 반복적인 훈련 스트레스는 개별 세포 수준에서 미세 손상을 누적시키고, 이를 방치하면 만성적 부상으로 이어질 수 있다.

- **조직 수준의 피로 메커니즘**

- 세포막 미세 파열(cell membrane microtears)

고강도 인터벌 세션 중 격렬한 근섬유 수축이 일어나면, 근섬유를 둘러싼 세포막(사르코렘마)에 미세 균열이 발생한다. 이때 손상된 부위는 즉각적인 수리(단백질 합성 과정)가 필요하다.

- **건(힘줄)과 인대의 텐션 증가(tension overload)**

반복적인 장거리 러닝에서 힘줄과 인대는 동일한 부위에 지속적으로 장력을 받게 된다. 통상적으로 힘줄 조직은 상대적으로 혈액 공급이 적어 회복이 느린 편이기 때문에, 미세 손상이 누적될 수 있다.

- **활액막(관절낭) 자극**

관절이 동일한 범위 내에서 움직임이 반복되면 관절낭(시노비움) 내 액체 점도가 변하고 염증 반응이 증가할 수 있다. 이로 인해 조인트가 뻣뻣해지거나 통증을 유발하는 활액낭염이 발생하기도 한다.

- 신경조직의 부하(neural load)

반복된 힘줄 자극이나 근막 압박이 쌓이면, 말초 신경의 압박 또는 염증이 발생하여 손목터널증후군 같은 신경 압박성 증상이 나타날 수 있다.

• **누적 손상이 부상으로 이어지는 경로**

반복 훈련 부하 → 세포막 미세 파열 → 국소 염증 반응 → 부종 및 통증
↓
보상 동작(compensatory movement) 발생 → 다른 조직 과부하
↓
기능 대사 저하 → 훈련 효율 감소, 만성 부상으로 이행

• **과학적 회복 원리**

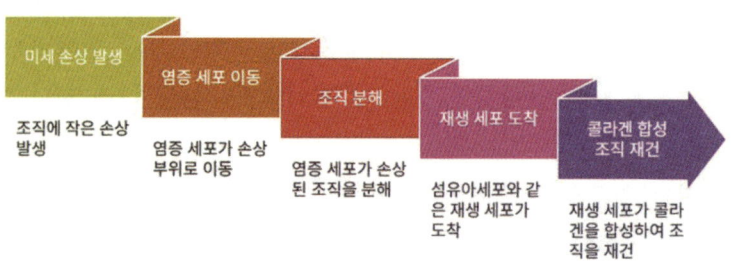

[부상 회복 주기(Injury-Repair Cycle)]

- 재생 속도와 훈련 강도 간 균형: 재생 속도(단백질 합성, 세포 분열)가 훈련 부하(근섬유 손상, 염증 유발)보다 느리면 만성 부상으로 이어질 위험이 크다.
- 영양과 수면의 역할: 단백질 합성에 필요한 충분한 아미노산 공급, 그리고 성장호르몬 분비가 활발해지는 깊은 수면 단계(주로 N3 단계) 확보가 필수적이다.

4. 예방의 핵심: 유연성과 동작의 다양성

패턴 과부하를 예방하기 위해 반드시 갖춰야 할 두 가지 요소는 유연성(flexibility)과 동작의 다양성(variety)이다. 매일의 훈련 루틴 안에서도 작은 변화를 주어 신체 각 조직이 고르게 자극되고, 반복 부하를 줄여야 한다.

- 유연성 확보 전략
    - 다관절 스트레칭(multijoint stretching)
    - 고관절 굴근 스트레칭(Hip Flexor Stretch)
    - 햄스트링 스트레칭(Hamstring Stretch)
    - 어깨 및 흉곽 스트레칭(Shoulder & Thoracic Stretch)

- 동적 스트레칭(dynamic stretching)

워밍업 단계에서 스쿼트·런지·스윙 등의 동적 동작을 통해 근육과 신경을 동시에 깨워주어, 본 훈련에서 가동 범위(ROM) 확보에 도움을 준다.

- 동작의 다양성 확보 전략
- 훈련 세션 내 패턴 변경

- **준비운동 단계**

　단조로운 제자리 조깅 대신, 곡선 주로(drill circuit)를 도입하여 전후·좌우·대각선 이동을 추가함으로써 관절과 근육 섬유를 다양한 방향으로 자극해야 한다.

- **본 훈련 단계**
  - 회복일에 크로스 트레이닝(cross-training) 적용
  - 요가요법
  - 주 1회 회복일에 하타 요가나 비니야사 요가를 통해 전신 근육의 길이를 늘리고, 코어 안정성을 향상시키는 동작을 배치
  - 수영/수중 러닝: 관절 부담이 적은 수중 환경에서 유산소 운동을 수행하여, 지면 충격을 줄이면서도 심폐지구력을 유지
  - 가벼운 웨이트 트레이닝: 3~5kg 덤벨 또는 케틀벨을 활용하여 스쿼트·데드리프트·벤트오버로우 같은 복합 동작을 낮은 부하로 수행하면, 근육 섬유를 자극하면서도 관절 충격은 최소화할 수 있다. 이러한 작은 변화들이 쌓이면, 특정 패턴으로 인한 과부하를 효과적으로 예방할 수 있으며 장기적으로 지속 가능한 훈련 환경을 마련할 수 있다.

[다양성 확보를 위한 클라이밍 훈련 모습]

제16장

지구력 트레이닝과 영양

지구력 운동에서 최상의 퍼포먼스를 발휘하기 위해서는 단순한 훈련뿐만 아니라 적절한 영양 섭취와 회복 전략이 필수적입니다. 본 장에서는 과학적 원리에 기반한 영양 전략을 설명하며, 실제 현장에서 적용할 수 있도록 구체적인 방법을 제시합니다.

1. 지구력 트레이닝과 영양 전략

▣ 정의
지구력 운동에서 최상의 퍼포먼스를 발휘하기 위해서는 훈련뿐 아니라 적절한 영양 섭취와 회복 전략이 필수적임

- 목표
  - 신체 에너지 대사 효율 극대화
  - 체력 및 면역력 유지와 운동 후 빠른 회복
  - 장기적으로 안정적인 경기력 향상

- 주요 특징
  - 에너지 대사: 탄수화물과 지방이 주된 에너지원이며, 운동 강도와 지속 시간에 따라 사용 비율이 달라짐
  - 탄수화물 비중: 55~70%(훈련 강도가 높아질수록 탄수화물 사용이 높아짐)
  - 단백질 비중: 10~20%(근육 회복 및 손상 방지)
  - 지방 비중: 20~30%(장시간 운동 시 중요한 에너지원)
  - 수분 & 전해질: 운동 전·중·후 꾸준한 수분과 나트륨·칼륨·마그네슘 보충 필수

- 장점
  - 잘 짜인 영양 전략을 통해 장시간 고강도 운동 지속 가능
  - 체내 글리코겐 및 지방을 효과적으로 활용해 피로를 지연
  - 부상 및 면역 저하 위험 감소

- 적용 예시
  - 마라톤 · 철인3종 경기 선수: 대회 직전 카보로딩과 경기 중 지속적 탄수화물 · 전해질 섭취
  - 장시간 사이클 훈련: 말토덱스트린*, 전해질 음료를 활용해 에너지와 수분 균형 유지

2. 에너지 대사의 기본 이해

■ 정의

지구력 운동 중 탄수화물(글리코겐)과 지방을 주로 사용하며, 운동 강도와 시간에 따라 에너지원 비율이 달라짐

- 목표
  - 운동 목표(저강도/장거리 vs 고강도/짧은 인터벌)에 따라 에너지원 선택을 최적화
  - 효율적인 지방 대사 및 탄수화물 대사를 통해 피로 지연 및 운동 능력 유지

- 특징
  - 저강도 장시간(Z1~2): 지방 대사의 비중↑
  - 중 · 고강도(Z3~5): 탄수화물(글리코겐) 사용 비중↑

- 장점
  - 에너지원에 대한 이해를 통해 적절한 영양 · 훈련 프로그램 설계 가능

---

* 말토덱스트린(Maltodextrin)은 전분(주로 옥수수, 감자, 쌀, 밀 등)을 가수분해하여 얻는 물질

- 장기적으로 지속적 체력 향상과 체중 관리에 유리

[운동 강도에 따른 에너지 섭취량]

운동 유형	탄수화물(g/kg)	단백질(g/kg)	지방(%)
저강도 지구력 운동	3~5g/kg	1.2~1.5g/kg	25~30%
중강도 지구력 운동 (마라톤, 철인3종)	6~10g/kg	1.5~2.0g/kg	20~25%
고강도 인터벌 트레이닝	8~12g/kg	1.8~2.2g/kg	15~20%

[운동 시간에 따른 탄수화물 섭취량]

운동 시간	권장 탄수화물 섭취량	추천 영양
30~60분	30~60g/hr	스포츠 젤, 바나나
1~2시간	60~90g/hr	에너지 음료, 탄수화물 드링크
2시간 이상	90~120g/hr	카보로딩 드링크, BCAA 보충제

3. 수분 및 전해질 보충 방법

■ 정의

운동 전, 중, 후에 체내 수분과 전해질을 보충하여 탈수·근육 경련 등을 예방하는 전략

- 목표
  - 체온 조절, 혈액순환 유지, 근육 수축 기능 최적화
  - 땀으로 배출되는 나트륨·칼륨·마그네슘 보충

- 특징
  - 운동 전: 500~600mL 수분 섭취

- 운동 중: 15~20분 간격으로 150~250mL 섭취 + 1시간마다 나트륨 300~600mg
- 운동 후: 체중 감소량의 150% 보충(전해질 함유 음료 권장)

- 장점
  - 탈수 예방 및 운동 퍼포먼스 유지
  - 근육 경련 및 전해질 불균형 방지
  - 체온 조절과 회복 촉진

- 적용 예시
  - 장시간 달리기나 사이클 중 스포츠 음료, 전해질 보충제 활용
  - 더운 환경에서 장거리 훈련 시 15분 간격으로 소량씩 자주 수분 섭취

4. 주요 영양소의 역할과 섭취 가이드라인

영양소	역할	권장 섭취량	음식 예시
탄수화물	가장 중요한 에너지원, 글리코겐 저장	일반 훈련기: 5~7g/kg/day 고강도 훈련기: 7~10g/kg/day	밥, 감자, 파스타, 과일
단백질	근육 손상 회복 및 합성	1.2~2.0g/kg/day 훈련 후 30분 내 섭취 필수	닭가슴살, 생선, 두부, 달걀
지방	장시간 운동 시 에너지원, 호르몬 생성	하루 총 칼로리의 20~35%	견과류, 아보카도, 올리브 오일
수분·전해질	체온 조절, 근육 수축 조절	전: 500~600mL 중: 150~250mL/20분 후: 체중 감소량의 150%	스포츠 음료, 전해질 보충제

5. 훈련 전·중·후 영양 전략

(1) 훈련 전(Pre-Workout)
- **목표: 충분한 에너지원 공급 & 소화가 쉬운 음식 선택**
- **가이드**
  - 훈련 3~4시간 전: 탄수화물 위주(밥, 빵, 과일 등)
  - 훈련 1시간 전: 바나나, 스포츠 젤 등 빠르게 소화되는 탄수화물

(2) 훈련 중(During Exercise)
- **목표: 에너지 고갈, 탈수 방지**
- **방법**
  - 운동 지속 시간이 1시간 이상인 경우 탄수화물(젤, 스포츠음료) + 전해질 수시 보충
  - 분지사슬 아미노산(BCAA)과 필수아미노산(EAA) 등으로 근육 분해 방지

(3) 훈련 후(Post-Workout)
- **목표: 글리코겐 재충전, 근육 회복 촉진**
- **핵심: 운동 후 30분 '골든타임' 내 탄수화물 + 단백질**
  - 탄수화물: 체중 1kg당 1.0~1.2g
  - 단백질: 체중 1kg당 0.2~0.4g
  - 수분 & 전해질: 체중 감소량의 150%

[에너지 섭취 예시]

유형	추천 제품 예시	효과
에너지 공급	LIQUID ENERGY 젤	빠른 탄수화물 보충
회복 보충제	PRO RECOVERY	단백질 및 아미노산 보충

전해질 보충제	ELECTROLYTE TABLETS	수분 및 미네랄 보충
BCAA 보충제	BCAA CAPSULES	근손실 방지 및 회복 촉진

6. 가성비 좋은 회복 음료

■ 정의

탄수화물과 단백질을 동시에 함유하여, 운동 후 글리코겐 보충과 근육 회복에 탁월한 음료

[초콜릿 우유의 영양 메커니즘]

영양소	운동 후 효과
탄수화물(Carbohydrates)	근육 글리코겐을 빠르게 보충하여 에너지를 회복
단백질(Protein, 카제인 + 유청 단백질)	근육 손상 회복 및 근육 합성 촉진
지방(Fat)	지속적인 에너지원 제공
칼슘(Calcium)	뼈 건강 유지 및 근육 수축 조절
나트륨 & 칼륨(Sodium & Potassium)	땀으로 손실된 전해질 보충, 수분 균형 유지

- 장점
    - 글리코겐 회복 촉진: 탄수화물 + 단백질 동시 공급 시 합성 속도 증가
    - 근육 회복 극대화: 카제인(느린 흡수) + 유청(빠른 흡수) 단백질이 손상 근육 재생
    - 수분·전해질 보충: 나트륨·칼륨 포함, 탈수 예방에 도움
    - 연구 결과: 스포츠 음료·단백질 쉐이크 대비 근육 피로도 낮추고 회복 속도를 높여줌

- **부정적 견해**
  - 당분 함량: 1컵당 20~25g 당류 → 과잉 섭취 시 혈당 급상승, 장기적 대사 질환 위험 증가
  - 유당불내증: 유당 소화 효소 부족 시 복통·설사 유발
  - 비건·식물성 대체: 두유·아몬드밀크 등도 근육 합성에 효과적

- **적용 예시**
  - 마라톤·철인3종·축구 선수 등이 경기 후 30분 내 섭취하여 피로 및 근손실 방지
  - 고강도 웨이트 트레이닝 후 단백질 쉐이크 대신 초콜릿 우유를 활용

항목	초콜릿 우유	스포츠 음료	단백질 쉐이크
탄수화물 함량	높음(글리코겐 회복↑)	높음(주로 설탕)	낮음
단백질 포함	있음(카제인 + 유청)	없음	있음(주로 유청 단백)
전해질 보충	있음(칼슘, 나트륨, 칼륨)	있음(나트륨)	없음
근육 회복 효과	우수(단백질 + 탄수화물 조합)	낮음	높음
수분 보충 효과	스포츠 음료보다 우수	좋음	낮음

7. 지구력 운동을 위한 특별 영양 전략

(1) 경기 전 카보로딩(Carbo-Loading)
- 목적: 경기 전 글리코겐 저장량 극대화
- 방법: 경기 2~3일 전부터 탄수화물 섭취 증가(8~12g/kg/day), 고지방·고섬유질 음식은 최소화

(2) 고강도 훈련기 영양(High-Intensity Training Nutrition)
- 목표: 에너지 소모 큰 훈련 전·후 탄수화물·단백질 철저 관리

- 방법: 훈련 직후(30분 이내) 복합 탄수화물 + 고품질 단백질 섭취(예: 밥 + 닭가슴살 + 견과류)

8. 지구력 선수들을 위한 보충제 섭취 전략

지구력 선수들에게 연간 지속적으로 섭취해야 하는 보충제는 기본적인 건강 유지와 장기적인 운동 성능 향상에 필수적이다. 이러한 보충제들은 일상적인 영양 섭취를 보완하며 면역 체계 강화, 염증 감소, 골밀도 유지 등 다양한 기능 수행에 도움을 준다.

(1) 연간 섭취(지속적)

보충제 종류	권장 섭취량	주요 효능	섭취 시 고려사항
멀티비타민 & 미네랄	1일 1회	전반적인 영양소 결핍 예방, 면역력 강화	식사 후 섭취, 고품질 제품 선택
오메가-3 지방산(EPA/DHA)	2~3g/일	항염 효과, 심혈관 건강 지원, 관절 건강 개선	식사와 함께 섭취, 멀티비타민과 동시 섭취 가능
비타민 D	2,000~5,000IU/일	골밀도 유지, 면역 기능 향상, 호르몬 균형 조절	지용성 비타민으로 지방과 함께 섭취 시 흡수율 증가
마그네슘	300~400mg/일	근육 기능 조절, 에너지 생성, 수면 질 개선	취침 전 섭취 시 수면 개선 효과, 구연산염/글리시네이트 형태 권장
철분(특히 여성 선수)	여성 15~18mg/일, 남성 8mg/일	빈혈 예방, 산소 운반 능력 향상, 에너지 생성	비타민 C와 함께 섭취 시 흡수율 증가, 카페인과 함께 섭취 금지
프로바이오틱스	100억~500억 CFU/일	장 건강 증진, 면역력 강화, 영양소 흡수 개선	다양한 균주 포함된 제품 선택, 공복에 섭취 권장

연간 지속적으로 섭취하는 보충제는 식이요법의 기본이 되며, 만성적인 영양소 결핍을 예방합니다. 특히 지구력 선수들은 장시간의 훈련으로 인해 일반인보다 영양소 요구량이 높으므로, 이러한 기본 보충제의 섭취가 더욱 중요합니다. 혈액검사를 통해 개인의 결핍 상태를 확인하고, 그에 맞게 섭취량을 조절하는 것이 이상적입니다. 또한, 연령과 성별, 훈련 강도에 따라 요구량이 달라질 수 있으므로 스포츠 영양사나 의사와의 상담을 통해 개인화된 전략을 수립하는 것이 필요합니다.

(2) 월간 섭취(특정 시기 집중)

월간 주기로 집중 섭취하는 보충제는 특정 훈련 시기나 경기 준비 기간에 맞춰 섭취함으로써 최대 효과를 얻을 수 있다. 이러한 보충제들은 일반적으로 체내에 누적 효과를 통해 작용하므로 꾸준한 섭취가 중요하다.

보충제 종류	권장 섭취량	주요 효능
크레아틴	3~5g/일	근지구력 향상, 고강도 운동 성능 증가, 회복 촉진
베타알라닌	3~6g/일	근육 내 카르노신 증가, 젖산 완충 작용, 고강도 운동 시 피로 지연

- 크레아틴은 로딩 기간(1주일간 20g/일) 후 유지 용량(3~5g/일)으로 조정할 수 있으며, 베타알라닌은 피부 따끔거림(파레스테시아)을 줄이기 위해 소량으로 나누어 섭취하는 것이 필요하다.
- 두 보충제 모두 체내 포화 상태에 도달하는 데 시간이 필요하므로, 주요 경기나 강도 높은 훈련 기간 최소 4주 전부터 섭취를 시작하는 것이 권장된다.

(3) 주간 섭취(강도 높은 훈련 주간)

주간 집중 섭취 보충제는 특히 강도 높은 훈련 주간이나 경기 직전 주에 효과적이다. 이러한 보충제들은 일시적인 성능 향상이나 회복 촉진에 도움을 준다.

보충제 종류	권장 섭취량	주요 효능
탄산수소나트륨 (베이킹소다)	체중 1kg당 200~400mg	고강도 운동 시 산성화 방지, 무산소 지구력 개선
BCAA (분지쇄 아미노산)	5~10g/일	근육 피로 감소, 회복 촉진, 근단백질 분해 방지

- 탄산수소나트륨은 위장 불편함을 유발할 수 있으므로, 운동 60~90분 전에 물과 함께 나누어 섭취하는 것이 좋다. 또한 위 자극을 최소화하기 위해 식사와 함께 섭취하는 게 바람직하다.
- BCAA는 특히 고강도 훈련이나 2시간 이상의 장시간 훈련이 계획된 날에 효과적이며, 단백질 섭취가 충분한 경우에는 추가 섭취의 필요성이 줄어들게 된다.

> 월간 및 주간 보충제 섭취 전략은 훈련 주기화에 맞춰 조정되어야 합니다. 고강도 훈련 블록이나 경기 준비 기간에는 이러한 보충제의 섭취를 증가시키고, 회복 주간이나 비시즌에는 감량하거나 중단할 수 있습니다. 또한, 모든 보충제는 개인의 반응과 내성에 따라 조정이 필요하므로, 소량부터 시작하여 점차 권장량으로 증가시키는 것이 안전합니다. 보충제 사용 시 도핑 검사를 받는 선수들은 반드시 인증된 제품(예: Informed Sport, NSF Certified for Sport)을 선택해야 합니다.

(4) 매일 섭취(기본 컨디션 유지)

매일 섭취하는 보충제는 균형 잡힌 식단을 보완하는 목적으로 사용해야 한다. 개인의 훈련 강도, 신체 목표, 식이 제한, 건강 상태 등을 고려하여 섭취 계획을 수립해야 한다. 여러 보충제를 동시에 시작하기보다는 한 번에 하나씩 도입하여 신체 반응을 관찰하는 것이 필요하다.

▣ 단백질 보충제(Whey/식물성 단백질)

지구력 선수는 일반적으로 체중 1kg당 1.6~2.0g의 단백질이 필요하며, 식사만으로 이 요구량을 충족시키기 어려울 때 단백질 보충제가 효과적인 대안이 된다. 훈련 후나 식사 간격이 긴 경우에 특히 유용하며, 근육 합성을 촉진하고 훈련으로 인한 근육 손실을 방지할 수 있다.

- Whey 단백질: 우유 단백질의 약 20%를 차지하는 성분으로, 소화 흡수가 빠르고 필수 아미노산이 풍부하여 운동 후 회복에 효과적이다.
- 특징: 섭취 후 30분~1시간 내에 빠르게 흡수되어 혈중 아미노산 농도를 높인다. 류신, 이소류신, 발린과 같은 BCAA가 풍부하여 근육 합성을 촉진한다. 또한, 면역 단백질이 함유되어 있어 면역력 강화에 기여하며, 지방과 탄수화물 함량이 낮아 체중 조절에 효과적이다.
- 식물성 단백질: 유제품 알레르기가 있거나 비건 식단을 따르는 선수들에게 적합하다.

▣ L-카르니틴

L-카르니틴은 지방산을 미토콘드리아로 운반하여 에너지 생성을 돕는 아미노산 유도체이다. 지구력 운동에서는 지방 연소 효율을 높여 글리코겐을 절약하고 지구력 향상에 기여한다. 권장 섭취량은 2~4g/일이며, 운동 30~60분 전이나 하루에 나누어 섭취할 수 있다.

■ 타우린

타우린은 세포 수분 균형, 항산화 방어, 칼슘 신호 전달 등에 관여하는 아미노산이다. 지구력 선수에게는 피로 방지, 산화 스트레스 감소, 근육 손상 완화 효과가 중요하다. 1~3g/일의 용량이 효과적이며, 운동 전이나 피로감이 높은 시기에 섭취할 수 있다.

(5) 운동 전, 중, 후 섭취
■ 운동 전 섭취(30~60분 전)

보충제 종류	권장 섭취량	주요 효능	섭취 시 고려사항
프리워크아웃 복합제	제품 권장량 준수	에너지 증가, 집중력 향상, 혈류 개선	카페인 함량 확인, 취침 전 6시간 이내 섭취 자제
탄수화물 보충제	30~60g	혈당 수준 유지, 글리코겐 저장량 최적화	개인의 소화 능력에 맞게 조절, 과다 섭취 시 위장 불편 가능
카페인	200~300mg(체중 1kg당 3~6mg)	중추신경계 자극, 지방 분해 촉진, 운동자각도 감소	내성 발생 가능, 주기적 사용 권장, 개인별 반응 차이 큼

- 프리워크아웃 복합제: 카페인, 베타알라닌 등 여러 성분을 함유하여 에너지 증가, 집중력 향상, 혈류 개선에 도움을 줄 수 있다.
- 탄수화물 보충제: 특히 글리코겐이 고갈된 상태일 때 유용하다. 말토덱스트린이나 사이클릭 덱스트린 같은 복합 탄수화물은 지속적인 에너지 공급에 효과적이다.
- 카페인: 중추신경계를 자극하고 지방 분해를 촉진하며, 운동자각도를 감소시켜 지구력 운동에 특히 효과적이다. 내성 발생을 막기 위해 중요한 훈련이나 경기에만 주기적으로 사용하는 것이 바람직하다.

■ 운동 중 섭취(1시간 이상 훈련 시)

1시간 이상 지속되는 고강도 지구력 운동 시, 수분 손실, 전해질 고갈, 글리코겐 소모, 근육 단백질 분해 등의 문제를 해결하기 위해 전략적인 보충제 섭취가 필요하다.

- 전해질 보충제: 근육 기능, 신경 전달, 수분 균형 유지에 필수적이며, 더운 환경에서 땀으로 손실되는 전해질을 보충해 근경련, 탈수 위험을 줄인다.
- 탄수화물 젤/스포츠 드링크: 장시간 운동 중 혈당 유지와 글리코겐 고갈 방지를 위해 시간당 30~60g의 탄수화물 섭취가 필요하며, 고강도 운동(2시간 이상)에서는 최대 90g/시간까지 증가시킬 수 있다.
- BCAA 또는 EAA: 2시간 이상의 장시간 운동 시 근육 단백질 분해를 방지하고 중추 피로를 감소시키는 데 도움이 된다. 특히 공복 상태이거나 저탄수화물 식이를 할 때 중요하다.

운동 지속 시간	권장 섭취 전략	섭취 간격
60~90분	수분 + 전해질	15~20분마다 150~250ml
90~150분	수분 + 전해질 + 탄수화물(30~60g/시간)	15~20분마다 150~250ml의 스포츠 드링크 또는 30분마다 에너지 젤 1개
150분 이상	수분 + 전해질 + 탄수화물(60~90g/시간) + BCAA/EAA	15~20분마다 150~250ml의 스포츠 드링크, 30~45분마다 에너지 젤, 60분마다 BCAA/EAA

■ 운동 후 섭취(30~60분 내)

운동 후 30~60분 이내에 적절한 보충제를 섭취하는 것은 회복 과정을 가속화하고 적응 반응을 최적화하는 데 중요한 역할을 한다. 이전에는 이 시기를 '골든타임'이라 부르며 즉각적인 영양 섭취를 강조하기도 했으나, 최근 연구들은 운동 후 2시간 이내에만 충분한 영양소를 섭취해도 근육 단백질 합성에는 큰 차이가 없다고 보고하고 있다. 따라서 '골든타임'이라는 개념에 얽매이기보다, 운동 후 2시간 이내에 탄수화물과 단백질을 포함한 영양소를 충분히 섭취하는 것이 근육 손상 복구, 글리코겐 재합성, 염증 감소에 도움이 되는 핵심 전략이다.

보충 요소	목적	권장 섭취 타이밍
단백질(WPI/WPC)	근육 재생, MPS 자극	운동 후 30분 이내
탄수화물	글리코겐 회복	운동 후 즉시~2시간 이내 분할
오메가-3	염증 조절, 면역 유지	식사 또는 단백질과 함께 섭취
타르트 체리 주스	산화 스트레스, 회복 촉진	운동 후, 취침 전

- 단백질 보충제: 운동 후 30분 이내에 20~40g의 고품질 단백질을 섭취해 근육 단백질 합성을 촉진하고 손상된 조직 복구를 돕는다.
- 탄수화물 보충제: 운동 직후 체중 1kg당 1.0~1.2g의 고글리세믹 탄수화물을 섭취하는 것이 글리코겐 재합성에 효과적이다.
- 오메가-3 지방산: 고강도 운동 후 증가하는 염증을 완화해 회복에 중요한 역할을 한다.
- 타르트 체리 주스: 강력한 항산화 성분인 안토시아닌이 풍부하여 운동 후 근육 손상 억제 및 회복 촉진에 탁월하다.

※ 단백질과의 병행 섭취
- 탄수화물: 단백질 = 3:1 또는 4:1 비율 → 인슐린 반응 증가 → 글리코겐 회복 촉진
- 다음날 훈련이 예정된 경우: 운동 후 2시간 이내에 30분 간격으로 소량씩 분할 섭취하면 회복 효과 극대화

(6) 베타알라닌과 탄산수소나트륨(베이킹소다)
■ 베타알라닌
- 작용 원리
  - 베타알라닌은 체내에서 히스티딘과 결합해 카르노신을 생성함
  - 카르노신은 근육 내에서 pH 완충 역할을 하여, 고강도 운동

시 발생하는 젖산 축적을 줄이고 피로를 지연시킴

- **왜 매일 섭취해야 할까?**
  - 베타알라닌은 크레아틴과 유사하게 체내에 누적되어야 효과가 발휘됨
  - 하루만 또는 운동하는 날만 섭취해서는 근육 내 카르노신 농도가 충분히 올라가지 않음
  - 최소 2~4주간 꾸준히 섭취해야 근육 내 카르노신 수치가 증가하여 피로 저항력이 향상됨
  - 카페인·베이킹소다처럼 즉각적인 퍼포먼스 상승을 주는 보충제가 아니므로, 장기간 누적이 핵심

- **섭취 가이드**
  - 일일 섭취량: 3~6g 정도를 2~3회 분할하여 매일 섭취
  - 섭취 기간: 보통 4~8주 이상 꾸준히 복용 시, 근육 내 카르노신 수치가 40~80%가량 증가
  - 부작용(피부 따끔거림) 완화: 섭취량을 2~3회 분할하여 섭취
  - 식사 직후나 다른 보충제(프리워크아웃 등)와 함께 섭취 시 부작용 증상 완화
  - 섭취 시간: 특정 시간 제한은 없으나, 운동 전·후로 나누어 섭취하면 좋음
  - 다른 보충제와 병행: 카페인·크레아틴·BCAA 등과 함께 섭취 가능

- **효과적인 운동 유형**
  - 고강도 인터벌 트레이닝(HIIT)
  - 웨이트 트레이닝(중·고강도, 고반복 세트)
  - 지구력 스포츠(마라톤, 사이클, 수영 등)

- 격투기(복싱, MMA, 레슬링, 유도 등)
- 구기 종목(축구, 농구 등 전력 질주 & 회복 반복)

■ 요약
- 결론: 베타알라닌은 "운동할 때만" 섭취해서는 충분한 효과를 보기 어려움
- 매일 꾸준히 섭취해 근육 내 카르노신 농도를 높이는 것이 핵심
- 최소 2주 이상(4주 이상 권장) 복용 시 피로 저항력과 고강도 운동 퍼포먼스가 향상됨

■ 탄산수소나트륨(베이킹소다)

탄산수소나트륨($NaHCO_3$)은 우리 몸의 pH 조절사(알칼리 버퍼)로, 혈액과 근육 내 과도한 산성(젖산 등)을 중화하여 운동 지속력을 연장하는 역할을 하게 된다.

• **작용 기전**
- 산·염기 균형 유지: 고강도 운동 시 젖산(Lactate) 축적으로 pH가 떨어지면 근수축 단백질 기능이 저하되게 된다.
- $NaHCO_3$는 H^+ 이온과 결합해 CO_2로 전환시키며, 세포 외액의 알칼리도를 높여 산성화를 완화한다.

• **신경·근수축 유지**
- 근섬유 내 Ca^{2+} 방출·재흡수 과정이 pH에 민감한데, 알칼리성이 유지되면 수축 효율이 향상된다.
- 결과적으로 고강도 구간(스프린트·언덕 오르기)에서 힘이 "한 방울도 줄어들지 않게" 지탱해 주게 된다.

- 섭취 효과
    - 급성 피로 지연
    - 고강도 퍼포먼스 향상
    - 반복 스프린트, 언덕 인터벌에서 평균 출력·속도 증가
    - 짧은 회복 시간

- 섭취 전략

구분	용법	장점	단점
급성(아큐트)	체중 0.2~0.3g/kg을 운동 60~120분 전 단회 섭취	강력한 버프 효과, 준비 시간이 짧음	위장 자극(구역·복통), 고농도 섭취 시 불편
분할 섭취	위 용량을 3~4회로 나누어 2~3시간 전부터 30분 간격 섭취	위장 부작용 최소화	준비 시간·관리 번거로움
만성 로딩	하루 0.2g/kg을 3~7일간 나누어 섭취	위장 안정성↑, 지속 버퍼링 효과	매일 관리 필요, 훈련 중 체액·전해질 관리 신경 써야
병용 전략	β-알라닌, 크레아틴 등과 함께 복용 → 시너지가 가능	근·중추 피로 동시 타겟팅	시너지 부작용 모니터링 필요

- 부작용 및 관리
    - 위장 자극: 구역감·복통 발생 시 분할 섭취 또는 enteric-coated (위장용 코팅) 제제 사용
    - 나트륨 과다: 혈압 상승 우려, 저염 식단 유지, 충분한 수분 섭취
    - 장기 로딩 시 전해질 불균형: 칼륨·마그네슘 보충 고려

- 실전 적용 가이드
    - 사전 테스트: 대회 2주 전 소량(0.1g/kg)으로 내 위장 반응 확인
    - 최적 용량 찾기: 개인별 민감도 차 크므로 0.2 → 0.25 → 0.3g/kg 단계별 증량

- 타이밍 확립: 혈중 $NaHCO_3$ 농도 최대 시점을 60~90분으로 맞추기
- 영양·수분 동시 관리: 운동 전 탄수화물 1~2g/kg, 수분 5~7mL/kg 병행

■ 영양 섭취에 대한 결론

- 지구력 운동에서는 체계적인 영양 섭취와 훈련 전략이 결합되어야 최상의 퍼포먼스를 낼 수 있음
- 기본적으로 탄수화물·단백질·지방·수분·전해질 균형을 맞추고, 상황(훈련 주기, 강도, 대회 시점)에 따라 보충제를 적절히 활용하면 에너지 고갈·피로·부상을 최소화하고 경기력 극대화 가능
- 초콜릿 우유, 카보로딩, 베타알라닌, 탄산수소나트륨 등은 다양한 연구로 효과가 검증된 전략이나, 개별별 소화·체질·목표를 고려하여 선택적 적용해야 함

9. 영양 전략에 대한 다양한 견해

쟁점	논쟁 내용	상반된 견해
탄수화물 비율 vs 케톤화 식단	지구력 운동에 55~70% 탄수화물 권장 vs LCHF(저탄수·고지방) 식단이 지방 대사 강화로 장거리에서 유리하다는 주장	· 케톤화: 지방 사용↑·글리코겐 절약 · 탄수화물 중심: 고강도 구간 퍼포먼스↓ 위험
단백질 권장량 1.5~2.0g/kg/day	이 범위가 충분한가 vs 2.2g/kg 이상이 근합성에 더 효과적이라는 연구	· 고단백론: 추가 단백질로 회복↑ · 신장 부담·영양 불균형 우려
지방 섭취 비중 (20~30%)	지방 비중을 30% 이상 늘려야 지구력↑ vs 지방 소화율 한계로 오히려 소화 불편·에너지 이용률 저하	· 지방 적응론: 지방 산화 능력↑ · 소화론: 위장관 부담·퍼포먼스 저하

말토덱스트린 vs 저분자 복합 탄수화물	단순당(말토덱스트린) 혈당 급등 우려 vs 저분자 복합 탄수화물(포도당·과당 혼합) 안정적 흡수	· 단순당: 빠른 흡수 · 즉각 에너지 · 복합당: 혈당 · 에너지 레벨 안정 유지
BCAA/EAA 효과	별도 BCAA 섭취가 근손실 방지에 유의미 vs 충분한 전체 단백질 식단이 더 중요	· BCAA: 중추 피로↓ · 근 단백 보호 · 식사 단백질만으로도 충분
초콜릿 우유 vs 단백질 쉐이크	초콜릿 우유 가성비 · 흡수 프로파일 우위 vs 당분 과다 · 유당불내증 문제	· 우유: 단백질 + 전해질 동시 보충 · 쉐이크: 당분↓ · 알레르기 안전
카페인-내핑(Caffeine Nap)	카페인 섭취 후 20분 낮잠 각성 부스트 vs 카페인 민감 · 수면 질 저하	· 효과론: 수면 관성↓ · 각성↑ · 부작용론: 위장 장애 · 불면 유발 가능
크레아틴 · 베타알라닌의 지구력 효과	크레아틴이 지구력에도 유리 vs 폭발력 중심으로 지구력엔 미미	· 크레아틴: 회복 · 근지구력↑ 보고 · 전통론: 지구력 효과 제한적
전해질 보충량(나트륨 300~600mg/hr)	표준 권장량이 신장 부담 · 고혈압 유발 vs 부족 시 탈수 · 경련 위험	· 충분 보충: 근 기능 유지 · 열 스트레스 대응 · 과잉 주의: 개인별 땀 배출량 차 고려
타르트 체리 주스의 항산화 효과	강력한 자연 항산화 vs 항산화 과잉이 훈련 적응 신호 억제	· 회복 촉진론: 염증↓ · 피로↓ · 적응 방해론: ROS 신호 차단으로 훈련 효과 저해 가능

■ 핵심 용어 및 핵심 포인트

핵심 용어	핵심 포인트
탄수화물 로딩(Carb Loading) 글리코겐 저장량 극대화를 위한 고탄수화물 섭취	경기 전후 탄수화물 · 단백질 비율을 최적화한다.
단백질 합성(Protein Synthesis) 운동 후 근육 회복 · 성장에 필수적인 아미노산 결합 과정	운동 후 30분 이내 단백질 · 탄수화물 혼합 섭취를 추천한다.
지질 대사(Fat Oxidation) 지방을 분해해 에너지로 전환하는 생화학적 과정	중 · 장거리 시 지질 산화를 적극 활용한다.
전해질 균형(Electrolyte Balance) 체액 · 신경 전달에 필수 무기질 농도 유지	수분 · 전해질 균형이 경기력 유지의 기초이다.
타이밍 영양(Nutrient Timing) 운동 전 · 중 · 후 최적 영양 섭취 시점을 전략적으로 계획	보충제 선택 시 과학 근거와 개인 반응을 고려한다.

■ 보충제 섭취 주의사항 및 도핑 관련 면책 고지

1. KADA 원칙: "100% 안전한 보충제는 없다." 인증(Informed Sport/NSF Certified for Sport)은 리스크를 낮출 뿐, 금지약물 미검출을 보증하지 않습니다.
2. 라벨·배치번호·기록: 용기의 인증마크와 배치번호를 확인하고, 공식 데이터베이스에서 배치를 조회한 뒤 사진·문서로 보관하십시오.
3. 공식 유통 우선: 브랜드 공식몰·공식 수입사·공식 판매처만 이용하십시오. 병행수입, 개인 판매자, 해외 미인증 셀러는 피하십시오.
4. 단순 포뮬러 우선: 탄수화물 젤·전해질·WPI 등 단일 성분 위주로 선택하고, 프리 워크아웃/부스터/팻버너/호르몬 부스터류는 고위험군으로 취급하여 사용하지 마십시오.
5. COA/배치 리포트 확보: 제조사의 성분 분석서(COA) 또는 배치 시험 성적서를 가능하면 확보·보관하십시오.
6. 신규 배치 금지 기간: 경기 14일 전 이후에는 새 제품/새 배치를 도입하지 마십시오(예기치 않은 반응·오염 리스크 차단).
7. 의심 즉시 중단: 이상 반응·성분 의심 시 즉시 섭취 중단 → 팀 닥터/반도핑 담당자 보고 → 영수증·용기·배치 스티커 보존 절차를 따르십시오.
8. 최신 규정 확인 의무: 각국·각 단체의 반도핑 규정은 수시 개정됩니다. 최신 규정 확인과 의학·영양·법률 자문은 선수·팀의 자체 책임입니다.

■ 면책 조항

- 본 책의 내용은 교육 목적의 일반 정보이며, 의학·영양·법률 자문이 아닙니다.
- 보충제의 선택·구매·섭취·관리 및 그에 따른 도핑검사 결과의 모든 책임은 전적으로 독자/선수 본인에게 있습니다.
- 저자·감수자·출판사는 특정 제품·브랜드·제조사를 보증·후원·권장하지 않으며, 사례로 언급된 제품·용어는 설명 목적의 일반 예시입니다.
- 법이 허용하는 범위 내에서, 저자·감수자·출판사는 본 책의 정보 사용으로 발생하는 직접·간접·우발·특별·결과적 손해 등에 대해 책임을 지지 않습니다.
- 보충제 및 반도핑 관련 의사결정은 반드시 전문의·영양사·팀 닥터·반도핑 담당자와 상의하십시오.

제17장

엘리트 훈련에서 배우다

1. 닐스 반 데르 포엘(Nils van der Poel)의 3년간 트레이닝 계획

1) 닐스 반 데르 포엘의 인상적인 도전

2022년 베이징 동계올림픽에서 5,000m와 10,000m 스피드 스케이팅 부문에서 세계 신기록을 세우며 금메달을 차지한 닐스 반 데르 포엘은, 기존의 '인터벌 중심 훈련'을 벗어나 장거리 유산소를 극대화하는 색다른 접근을 시도했습니다. "조금 더 길게, 조금 더 많이, 그리고 효율적으로"라는 그의 모토는 마라톤을 비롯해 다양한 지구력 종목에도 적용 가능해, 많은 코치와 선수에게 큰 화제가 되었습니다.

2) 훈련 철학
- "많이, 그리고 효율적으로": 긴 시간 동안 안정적인 페이스로 유산소 역량을 끌어올림
- "고강도보다는 지속적인 훈련": 인터벌에 의존하기보다는 중·장거리 유산소 훈련에 집중
- "올바른 회복이 최고의 훈련": 휴식·재충전 시간을 체계적으로 확보
- "심리적 자유": 지나치게 세부적인 규칙에 얽매이지 않는 자율적 훈련 환경

3) 3년간의 훈련 개요

훈련 기간	목표	주당 훈련 시간	핵심 훈련 방법
1년차: 기초 구축기	지구력·유산소 기초 확립	30~40시간	장거리 사이클링(주 1,000~1,400km), Z2 위주

2년차: 경기 적응기	스케이팅 기술 향상, 레이스 페이스 적용	25~30시간	유산소 유지 + 스케이팅 훈련 병행
3년차: 경기 최적화기	경기 속도 향상, 최고 컨디션 조정	15~20시간	고강도 스케이팅 훈련 + 테이퍼링(Tapering)으로 최종 조율

4) 3년간 트레이닝 특성

■ 1년차(기초 구축기: Endurance Base Phase)
- **기간: 대회 준비 2~3년 전**
- **목표: 장거리 유산소 능력 극대화, 부상 방지**
- **주요 특징**
  - 스케이팅보다는 사이클링 중심
  - 주당 30~40시간 훈련, 1,000~1,400km 사이클링
  - 강도는 주로 Z2~3(RPE 3~5)
  - 고강도 최소화 → 장기적 지구력 발달 집중
  - 웨이트 · 코어 운동 병행

- **대표 훈련 방법**
  - 장거리 사이클링(하루 4~6시간)
  - 전신 근력 · 하체 강화 훈련
  - 마사지 · 스트레칭 · 수면 최적화 등 회복 관리

■ 2년차(경기 적응기: Performance Adaptation Phase)
- **기간: 대회 준비 1~2년 전**
- **목표: 유산소 유지 + 스케이팅 기술 연습**
- **주요 특징**
  - 사이클링 훈련 유지(주 500~800km) + 스케이팅 훈련 확대
  - 중강도(Z3~4, RPE 5~7) 중심
  - 경기 페이스에 점진적으로 적응

- **대표 훈련 방법**
  - 얼음 위 스케이팅 훈련(주 5회 이상)
  - 근력 유지(주 2~3회)
  - 사이클링은 부하 조절용으로 활용

▣ 3년차(경기 최적화기: Race Optimization Phase)

- **기간: 대회 1년 전~직전**
- **목표: 최고 경기력 구현, 고강도 스케이팅 훈련 집중**
- **주요 특징**
  - Z4~5(RPE 7~9) 고강도 비중을 높임
  - 레이스 페이스 훈련 및 스피드 훈련
  - 사이클링은 서브 훈련으로 유지
  - 경기 전 테이퍼링(3~4주)으로 컨디션 극대화

- **대표 훈련 방법**
  - 고강도 스케이팅 인터벌
  - 근력 유지(주 1~2회)
  - 회복·컨디셔닝 집중

▣ 종합 정리

닐스 반 데르 포엘의 훈련은 기존 '많이, 빠르게, 강하게'라는 엘리트 지구력 트레이닝의 관성을 넘어, '천천히, 오래, 회복하며' 발전하는 방법을 제시합니다. 이는 단순한 종목별 전략을 넘어, 지구력 스포츠 전반에 걸친 훈련 패러다임의 전환을 촉진할 수 있는 귀중한 사례입니다. 특히 중장기 프로젝트를 수행하는 엘리트 선수 및 지도자에게 과학적이고 전략적인 연간·다년 계획 수립의 기준을 제공하는 훈련 모델로 평가할 수 있습니다.

2. 엘리우드 킵초게(Eliud Kipchoge)의 연간 마라톤 스케줄

1) 체계적인 5단계 연간 주기

세계 최고의 마라톤 선수인 엘리우드 킵초게는 봄 혹은 가을에 열리는 메이저 대회를 목표로 5단계 주기화를 반복한다.

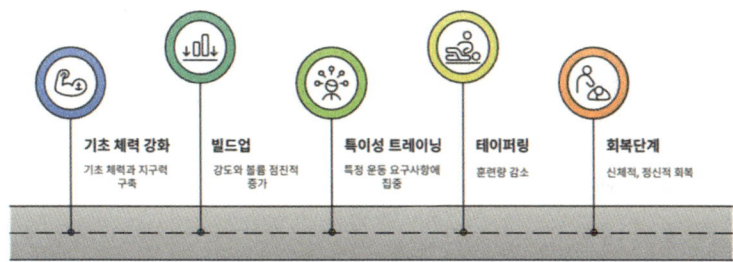

위 과정을 통해 서서히 강도를 높이고, 대회 직전에는 피로를 최소화하여 최고의 컨디션을 완성하는 것으로 알려져 있다.

■ 기초 훈련기(Base Training Phase)
- 기간: 12~16주
- 목적: 유산소 능력 강화, 부상 예방
- 훈련 내용
  - 장거리 러닝(30~40km)
  - 가벼운 템포 러닝(Z2~3)
  - 코어·하체 중심 근력 훈련
  - 주간 러닝 거리: 180~200km

◼ 빌드업 단계(Build-Up Phase)

- **기간: 8~12주**
- **목적: 강도 점진적 상승, 마라톤 페이스 대비**
- **훈련 내용**
  - 고강도 인터벌(400~1,600m)
  - 언덕 훈련
  - 마라톤 페이스 장거리 러닝(30~35km)
  - 주간 러닝 거리: 200~240km

◼ 특화 준비기(Specific Preparation Phase)

- **기간: 6~8주**
- **목적: 레이스 시뮬레이션, 페이스 유지 훈련**
- **훈련 내용**
  - 20~30km 레이스 페이스 연습
  - 템포 러닝(Z3~4)
  - 영양·수분 보충 테스트
  - 주간 러닝 거리: 200~230km

◼ 테이퍼링(Tapering)

- **기간: 2~3주**
- **목적: 피로 회복, 컨디션 최적화**
- **훈련 내용**
  - 주간 거리·강도를 50~60%로 감소
  - 짧은 인터벌(400m~1km, 빠른 페이스)
  - 가벼운 회복 활동(요가·마사지)
  - 주간 러닝 거리: 100~140km

◼ 마라톤 대회 및 회복기
- Race Week: 대회 1주 전, 6~10km 저강도 러닝 + 코스·날씨 분석 + 탄수화물 로딩
- 회복기: 대회 후 3~4주, 걷기·가벼운 조깅 등 저강도 활동, 점진적 복귀

◼ 킵초게의 철학 & 라이프스타일
- "마라톤은 몸이 아니라 마음으로 완주한다."
- 명상·독서로 정신 훈련
- 규칙적인 일상 + 팀 동료와 공동체 의식 형성

2) 테이퍼링의 중요성

테이퍼링은 경기 직전, 훈련 강도와 양을 조절하여 신체의 피로를 해소하고, 경기 당일 최상의 컨디션을 끌어올리기 위한 필수적인 전략입니다.

◼ **핵심 원칙**
- 훈련 강도 유지, 시간 및 빈도 점진적 감소: 훈련의 질(강도)은 유지하되, 전체적인 훈련량은 점진적으로 감소시켜야 합니다. 이는 근력과 기술을 유지하면서 피로를 회복하는 데 도움이 됩니다.
- 운동 부하 60~40% 수준으로 감소: 평소 훈련하던 운동량의 60%에서 40% 수준까지 점진적으로 줄여야 합니다. 너무 급격하게 줄이면 컨디션 저하를 초래할 수 있습니다. 심리적으로 불안한 경우 60% 수준까지 훈련량을 줄이는 것이 적합합니다.
- 훈련 빈도 70~80% 유지: 훈련 횟수를 너무 많이 줄이면 경기 감각과 리듬을 잃을 수 있습니다. 따라서 평소 훈련 빈도의 70~80% 수준을 유지하며 경기 리듬을 잃지 않도록 주의해야 합니다.

- 테이퍼링 기간: 테이퍼링은 경기 2~4주 전에 시작하며, 선수의 체력과 목표 등 개인에게 최적화된 기간을 설정하는 것이 중요합니다.

■ 엘리트 선수의 테이퍼링

세계적인 마라톤 선수인 엘리우드 킵초게의 경우, 테이퍼링 단계의 주간 러닝 거리가 100~140km로 설정되어 있었습니다. 이 수치는 일반적인 테이퍼링의 훈련량보다 상대적으로 높습니다. 킵초게의 훈련 계획은 엘리트 선수 기준이므로, 그의 테이퍼링 기간 주간 러닝 거리는 일반인의 기준보다 높게 설정되어 있습니다.

※ 주의사항
- 지나친 빈도 감소는 금물: 훈련 빈도를 너무 많이 줄이면 경기 감각이 무뎌지고 리듬이 깨질 수 있습니다.
- 개인별 맞춤 조정: 모든 선수에게 동일한 테이퍼링 전략이 적용될 수는 없습니다. 선수의 피로 상태, 컨디션 변화를 세심하게 관찰하고, 그에 맞춰 훈련량과 강도를 조절하는 것이 핵심입니다.

3. 에이릭 미르 노슘(Eirik Myhr Nossum): 노르웨이 크로스컨트리 스키 대표팀 코치
- 인터뷰 중심으로

1) 노슘의 훈련 철학
- 장기적 지속 가능성(Long-term sustainability)
- 과학적 접근(Scientific approach)
- 전통적 · 체계적 훈련 + 데이터 기반 분석 → 연 800~1,000시간 유산소 훈련(90% 저강도)

2) 핵심 포인트

- **임계 강도(Threshold Intensity) 중심 인터벌**
  - 고강도(Z4~5)를 무리하게 많이 하기보다, Z3 훈련을 꾸준히 수행
  - 젖산역치를 조금씩 끌어올려 피로를 지연

- **주기화(Periodization)**
  - 고강도 블록과 장거리(저강도) 훈련을 적절히 배치
  → 시사점: 모든 지구력 스포츠에서 훈련의 주기화(periodization) 및 체계적인 계획이 필요하다는 것을 다시 한번 확인할 수 있다.

  - 데이터 분석·생리학적 테스트 활용해 각 선수 개별화
  → 시사점: 데이터 기반 접근법은 엘리트 선수뿐만 아니라 일반인 트레이닝에서도 중요

- **경기력 극대화(Performance Optimization)**
  - 실제 레이스 환경 시뮬레이션(고도 적응, 코스 반복)
  - 크로스트레이닝(롤러 스키, 러닝, 근력 훈련)으로 다치지 않고 퍼포먼스 향상
  → 시사점: 마라톤, 철인3종, 사이클링 등의 종목에서도 크로스트레이닝을 활용하면 부상을 방지하고 퍼포먼스를 높일 수 있다.

  - 기술 완성도(스키 효율·페이스 조절) 강조
  → 시사점: 러닝, 사이클링 등에서도 경제적인 움직임과 기술적 완성도가 기록 향상에 필수적

- 팀 문화 & 심리적 요인
  - 팀 내 경쟁을 건강하게 유지
  - 이미지 트레이닝, 경기 전 루틴 설정 등 심리 훈련

3) 훈련 혁신(Training Innovation)
- 빅데이터와 AI 분석 활용(개인화, 맞춤형 훈련의 과학적 진화)
- 선수들의 퍼포먼스를 세밀하게 분석하여 맞춤형 훈련 제공
- 새로운 회복 기법 적용(고압 산소치료기, 물리치료)
- 고강도 훈련 후 최적의 회복 방법(예: 수면 관리, 영양학적 접근, 회복 운동 프로그램 등) 도입

■ 종합 정리

에이릭 미르 노숨(Eirik Myhr Nossum)의 훈련 철학은 지속 가능한 유산소 기반 훈련을 중심으로, 과학적 데이터와 개별화 전략을 통합한 구조화된 시스템 구축으로 요약할 수 있습니다. 그는 단순히 노르웨이 크로스컨트리 스키 대표팀의 성공을 이끈 지도자에 머무르지 않고, '기초 체력 → 생리적 데이터 → 기술 → 심리 → 회복'이라는 지구력 스포츠 전 영역을 체계적으로 통합한 훈련 프레임워크를 제시함으로써, 마라톤·사이클링·철인3종 등 다양한 종목은 물론, 일반인 대상 트레이닝에도 과학적이고 지속 가능한 훈련 설계의 방향성을 제시하고 있습니다. 그의 접근은 무분별한 고강도 반복보다 장기적 성장과 효율적 회복, 그리고 데이터 기반의 개별 최적화를 강조함으로써, 현대 지구력 트레이닝의 새로운 기준이 되고 있습니다.

4. 타데이 포가차(Tadej Pogačar): 슬로베니아, UCI 월드투어 팀인 UAE 팀 에미리츠 (UAE Team Emirates) 사이클 선수 – 인터뷰 중심으로

타데이 포가차는 2019년부터 UAE 팀 에미리츠에서 활약해 왔으며, 최근 몇 년간 세계 최고의 도로 사이클 선수 중 한 명으로 자리매김했습니다. 특히 20대 초반의 젊은 나이에 투르 드 프랑스 등을 제패하면서 세계적인 주목을 받고 있습니다.

1) 투르 드 프랑스 역사상 가장 젊은 우승자(1998년생: 2020년 우승)
- 종합 우승: 2020년, 2021년(2회 우승)
- 2020년: 일반 등급(GC), 산악 등급, 청소년 등급 동시 석권
- 2021년: 일반 등급(GC), 산악 등급, 청소년 등급 동시 석권
- 종합 2위: 2022년, 2023년

2) 훈련 지표 및 철학
- 주요 트래킹 지표: 파워(와트/kg), 심박수, VAM(수직 상승 속도), 심박변이도(HRV)
- 볼륨 vs 강도 균형: 롱 라이딩(Z2) 위주 베이스 구축에, 문턱 훈련과 VO₂max 세션을 전략적으로 병행

3) 주요 훈련 프로그램
볼륨 vs 강도 균형: 롱 라이딩(Z2) 위주 베이스 구축에, 젖산역치 훈련과 VO₂max 세션을 전략적으로 병행

◼ Z2 훈련의 중요성 강조: 주로 평지에서 실시

- 목적
  - 기본 지구력(aerobic base) 강화
  - 지구력 스태미너 유지 및 향상
  - 근육 피로 누적 최소화 → 장시간 훈련 가능
  - 회복 라이딩(recovery ride)으로도 활용

- 훈련 예시
  - 장거리 라이딩: 하루 4~6시간, 대부분 Z2 유지
  - 회복 라이딩: 강도 낮은 날 Z2로 1~2시간 가볍게 주행
  - 인터벌 사이 회복: 고강도 세션 사이에 Z2로 8~10분 회복

◼ 템포(Tempo) 훈련: 포카차가 강도 훈련 중 가장 중요하게 생각하는 훈련

- 목적
  - Z3 영역에서 장시간 페이스 유지
  - 중간 강도 스테이지에 필요한 지구력 강화

- 예시 세션
  - 3×15분(FTP 80~85%) + 세트 간 8분 회복(FTP = 55%)
  - 3×15분(FTP = 89%) : 세션 끝 후반부에 강도 높이기

◼ 크리스크로스 템포(Criss-Cross Tempo)

- 목적
  - 레이스 중 가속·감속 상황 시뮬레이션(Over/Under)
  - Z4~5 짧은 고강도 후 Z3로 복귀

- 예시 세션
  - 3×18분 인터벌
  - 3분(FTP 100%) → 3분(FTP 80% 반복)
  - 세트 간 10분 회복(FTP = 50%)

■ 스프린트(Sprint) 훈련: 시합기가 다가오면서 테이퍼링을 실시하면서 활용함
- 목적
  - 15초 이내 최대 파워 향상 → 폭발적 가속 능력 강화
  - 종합우승 노리는 올라운더에게도 필수

- 예시 세션
  - 6×15초 전력 스프린트
  - 스프린트 사이 10분 가벼운 라이딩(FTP ≤60%)

■ VO₂max 인터벌
- 목적
  - 짧은 시간 고강도 반복 → 심폐지구력 극대화

- 예시 세션
  - 4×3분(FTP 110%) + 세트 간 4분 회복(FTP = 55%)
  - 간혹 FTP 105~120% 범위, 회복 시간은 인터벌보다 약간 길게

※ 핵심 훈련 블록
- 3일 블록 훈련(기초 베이스)
  - 1일차: Z2 내에서 장거리 라이딩(FTP의 약 55~75%)
  - 2일차: 긴 거리 Z2 Ride with
    → 젖산역치 훈련(각 15분×2세트, FTP의 약 85~95%), 중간

휴식 30분

- 3일차: 짧은 Z2 Ride with
  → 젖산역치 훈련(각 15분×2세트, FTP의 약 85~95%), 중간 휴식 30분

4) 훈련 - 회복 - 적응의 균형
- 지로 → 투르 사이 33일
  - 충분한 휴식과 회복 병행
  - 고지대 훈련으로 산악 스테이지 준비

- 저강도 라이딩(Z1~2)
  - 고강도 세션 사이에 수백 km 저강도 주행
  - 회복·적응 동시 유도

- UAE 팀 에미레이트 모니터링
  - 파워·심박·회복 지표 상시 체크
  - 누적 피로도·컨디션 맞춰 훈련 강도 조절

5) 훈련 특이성 분석
- 고지대 훈련 캠프
  - 시에라 네바다·리빙고 등 해발 고도 훈련
  - 산악 구간 대응 능력·심폐지구력 강화
  - 고도 적응 통해 산소 운반 능력↑ → 장거리 클라이밍 퍼포먼스 극대화

- 체계적 파워 기반 훈련
  - 파워미터로 FTP·VO₂max 등 주요 지표 모니터링

- 고강도 인터벌(스위트스폿 · 임계 파워) ↔ 장거리 저강도 라이딩 균형
- 시즌별 주기화(periodization)
→ 베이스 단계: 장시간 저강도 지구력
→ 강도 단계: 점진적 고강도 인터벌

• **유연한 훈련 접근 및 회복**
- 레이스 일정 · 컨디션 따라 훈련 강도 조절
- 마사지 · 수면 · 영양 관리로 부상 최소화
- 서포트 스태프 · 영양사 · 의무 트레이너 밀착 관리

• **기술 및 멘탈 트레이닝**
- 내리막 코너링 · 그룹 라이딩 포지션 · TT 자세 등 세부 기술 강화
- 멘탈 코칭으로 심리적 안정 · 경쟁력 유지

타데이 포가차(Tadej Pogačar)의 훈련 철학은 볼륨과 강도의 정교한 균형을 바탕으로, 파워 기반의 데이터 분석, 훈련 특이성과 회복 전략, 그리고 기술 · 심리 요소 통합을 아우르는 입체적이고 융합적인 퍼포먼스 시스템으로 요약할 수 있습니다. 그는 단순히 월드투어 레벨의 무대에서 우승을 거두는 데 그치지 않고, '기초 지구력 → 파워 기반 트래킹 → 고강도 인터벌 → 회복 및 적응 → 기술 및 심리 강화'로 이어지는 통합 훈련 구조를 구축하여, 사이클링은 물론 마라톤 · 철인3종 등 유사 지구력 종목에까지 적용 가능한 현대적 트레이닝 모델을 제시하고 있습니다.

특히 포가차는 Z2 유산소 베이스 라이딩을 기반으로, 젖산역치 훈련 · VO_2max 세션 · 크리스크로스 인터벌 · 스프린트 훈련을 주기적으로 병행하며, 고강도 자극과 회복의 리듬을 정교하게 설계합니다.

여기에 고지대 적응 훈련, 파워미터를 활용한 세부 데이터 관리, 전담 서포트팀을 통한 회복 및 영양 관리, 그리고 내리막 코너링, TT 자세 등 경기 특이성 기술 훈련 및 멘탈 코칭까지 통합하여, 경기력의 전 영역을 정밀하게 다듬는 시스템을 운영합니다.

그의 접근은 단순한 체력의 누적이 아닌, 지속 가능한 지구력 향상, 회복 속도 최적화, 경기 대응력 강화, 정신적 안정까지 고려한 전방위적 경기력 통제의 예로, 현대 사이클링뿐 아니라 모든 지구력 스포츠 종목에서의 과학적·전략적 훈련 설계의 모범 기준으로 기능할 수 있습니다.

5. 노르웨이 크로스컨트리 스키 선수 마리트 뷔오르겐 (Marit Bjørgen) - 논문·공식 케이스 스터디 중심으로

뷔오르겐은 동계스포츠에서 가장 많은 금메달을 획득한 여성 선수입니다. 또한 장기간 동안 세계 크로스컨트리 스키를 지배하였던 선수입니다(동계올림픽 금 8, 세계선수권 금 18, 월드컵 개인 110승).

1) 연간 강도·형태 분포(전성기 5시즌 평균)

범주	수치/비율	메모
연간 총훈련	· 937±25h / 543±9회	주당 세션 = 10~12회
훈련 형태	· 지구력 91% · 근력 8% · 스피드 1%	근력: 코어 + 고강도 웨이트 병행
지구력 강도	· LIT 92.3±0.3% · MIT 2.9±0.5% · HIT 4.8±0.5%	'저강도 대용량 + 고강도 소량'

LIT 구성	· 워밍·쿨 21% · 90분 이하 14% · 90~150분 42% · 150분 이상 23%	장시간 LIT이 핵심 매개

※ 단, 시즌이 진행될수록 LIT 시간은 GP 76h → SP 68h → CP 55h로 줄되, 세션 수는 거의 일정(32회/월)

2) 모드·특이성 분포(지구력 + 스피드 기준)

항목	수치/비율	메모
특이성 훈련(스키/롤러)	63±3%(= 545h)	비특이성: 러닝 34% · 사이클 3%
특이성 증가	GP 52% → SP 78% → CP 85%	시즌이 갈수록 종목 특이성을 증가
기술 분화	클래식 48% : 스케이팅 52%	MIT에서 스케이팅 비중 증가(약 61% 정도)

3) 고지·피킹 타임라인(미니 가이드)

▣ **고지훈련(연 5회, 캠프 ≤10~16일, 연 18~25% 볼륨)**

- 고지훈련 전(14~1일 전): 총훈련량 감소 · HIT/근력 훈련 비율 증가 → 폴라라이즈드 분포
- 고지훈련 중(1 → 14일): LIT 장시간(≥2.5h) 훈련 증가, MIT 소폭 증가, HIT 감소(변형 피라미드)
- 고지대 훈련 후(+1 → +4일): 쉬운 LIT만, MIT/HIT 금지 → 이후 점진 회복

▣ **피킹(Peaking): 메이저 대회 전 6주**

- 메이저 대회 전 42~15일: LIT · 근력 훈련 증가(볼륨 +25%)
- 메이저 대회 전 14~8일: 볼륨 소폭 감소(약 -6%), 감각 유지
- 메이저 대회 전 7~1일: 볼륨 크게 감소(약 -30%) → 전체 HIT 비중 증가(약 18%), 세션 수는 유지(11회/주)

4) 대표 세션 카드(예)

- LIT 장거리: 스키/롤러 2~3h@Z1~2(마지막 20분 기술 집중)
- 크루즈(역치): 4~5×8~10분@LT, r = 2~3분(모드 혼합)
- HIT(VO_2): 5×4~5분@Z5, r = 2~3분(업·다운 변조, 레이스 지형 반영)
- 스피드: 8~12×10~20초 가속 질주(완전 회복), LIT에 삽입
- 근력: 코어 30~45분 + 헤비 30~45분(하체 1~2, 상체 3~4종목; 더블폴 강화)

5) BP(Block Periodization)과 TRAD(Traditional Periodization) 모델 모두 성공

- BP: 한 번에 한 능력(젖산역치·VO_2·스피드 등)에 집중 부하를 걸고, 단기 블록을 이어 붙여 간섭을 줄이며 정점(피킹)을 만드는 방식
- TRAD: 여러 능력을 동시에 기르면서 장기 단계를 따라 체계적으로 진행(볼륨은 점진적 감소, 강도는 증가)하는 고전적 방식

■ 구조 비교(요점표)

항목	BP(Block Periodization)	TRAD(Traditional Periodization)
핵심 원리	능력별 집중 부하 + 순차적 연결	능력 동시 개발 + 단계적(선형) 진행
전형적 단계	Accumulation(일반/볼륨) → Transmutation(특이·역치/VO_2) → Realization(테이퍼/피크)	Preparatory(일반 → 특이) → Pre-comp → Competitive → Transition
메소사이클 길이	짧음(보통 2~4주), 선명한 목표	장기간(4~8주+), 복합 목표
강도/부하 배치	한 능력에 크게 몰고 나머지는 유지 용량	능력들을 균형 배치(간섭 위험은 낮지만 자극 선명도↓)
피킹(정점)	자주·날카로운 피크 설계 용이	큰 시즌 피크 1~2회에 강함
장점	간섭 최소화, 빠른 특정 능력 향상, 다빈도 피킹	안정적 적응, 초·중급자나 장기 시즌에 적합

단점	비표적 능력의 잔존 효과(Residuals) 의존↑, 설계·모니터링 난이도↑	특정 능력의 상승 곡선이 완만, 상위 엘리트에선 자극이 희석될 수 있음
적합 대상	상급/엘리트, 종목 특이 능력 급상승·다빈도 레이스	초·중급자, 학기·시즌 길고 일정이 완만한 경우
예(지구력)	역치 블록(크루즈 4~5×10분 중심) → VO_2 블록(5×4분) → 레이스 페이스 + 테이퍼	기본기(고볼륨 LIT) → 역치 점진 강화 → 경쟁기 유지/테이퍼

6) 연간 주기화(전성기 5시즌 해석)

연간 주기	목표	핵심 내용	예시 세션*
GP(5~10월)	엔진 확장·기초기술	총량 최대, 장시간 LIT 다수(≥90분), 근력·스피드 확보	롱 스키/런 2~4h@Z1~2 + 스피드 6~8×15″
SP(11~12월)	특이성·품질 강화	총량↓, 특이성·HIT 비중↑(절대량은 미세 조정)	4×8′@LT, r = 2′ + 다운힐 기술
CP(1~3월)	유지·레이스 최적화	총량 더↓, 경기 포함 HIT↑, MIT 과다 금지	경기 간 60~90′@Z1~2/ 짧은 RP 유지

※ 엘리트 지구력 선수들 훈련의 시사점

'장기적이고 체계적인 접근'이 만드는 진짜 실력

닐스 반 데르 포엘, 엘리우드 킵초게, 그리고 패트릭 상·에이릭 미르 노숨 코치의 이야기는 모두 "오랫동안 꾸준히"라는 공통분모를 보여줍니다. 단기간에 '죽을 만큼' 훈련하기보다는, 각 단계에서 자신에게 맞는 강도를 찾고, 차근차근 피로를 줄여 가며 한계를 넓혀 나가는 것이야말로 장거리 지구력 스포츠의 정석임을 일깨워줍니다.

무엇보다도 중요한 것은, 훈련 자체뿐 아니라 마음가짐(멘탈)과 적극적인 회복이 어우러졌을 때 최고의 퍼포먼스가 발휘된다는 사실입니다. 그들이 보여주는 장기적 주기화 훈련과 세심한 휴식 설계는, 일반인이라도 자신의 목표(마라톤·철인3종·사이클 등)에 맞춰 지속

---

* @ = 강도, ′ = 분, ″ = 초, r = 회복, RP = 레이스 페이스

적으로 적용할 수 있는 훌륭한 본보기가 될 것입니다. 과학과 전통, 그리고 자기만의 철학이 어우러진다면 누구나 어려운 도전에 한 걸음 더 가까워질 수 있다는 점을 이들의 성공 사례가 잘 보여주고 있습니다.

제18장

초보자에서 상급자까지
: 적용 프로그램

1. 레이스 페이스(Race Pace)와 템포 트레이닝 (Tempo Training)

1) 페이스 훈련 vs 템포 러닝의 차이

구분	레이스 페이스(Race Pace)	템포 러닝(Tempo/Threshold Pace)
정의	특정 목표 경기 거리(5K · 10K · HM · M 등)에서 유지하려는 타깃 페이스	개인 젖산역치(LT/VT2 근방)에서 지속 가능한 지속 페이스(45~60분 레이스 페이스)
1차 목적	목표 거리 경기 내성 · 경제성 향상(영양 · 보폭 · 케이던스 · 폼 포함)	역치 상향(LT 속도 · 파워↑), 동일 심박에서 더 빠른 페이스 달성
강도 기준(달리기)	거리별로 상이(아래 표 참조)	HRR(Karvonen) 76~82%/RPE(CR10) 7~8/혈중젖산 4mmol · L^{-1}(개인차 2~6)/말하기: 짧은 문장 가능
강도 기준(사이클)	거리 · 종목별 상이	FTP 88~95%/CP ~95%/HRmax 85~90%/RPE 7~8
세션 형태	목표 거리 페이스 지속/빌드/분할(예: M 페이스 2×8km)	크루즈 인터벌(예: 3~5×LT 10분, r = 2~3분)/지속 템포 20~40분
시점	준비기 후반~특이성 강화기, 테이퍼 직전까지	기초기 후반~강도 향상기 전 기간 (주 1회 내)
자주 하는 실수	거리 · 주간 볼륨 대비 너무 자주/너무 길게 수행	역치보다 빠르게 달려서 VO₂max 세션화(회복 불량 · 드리프트↑)

※ 핵심 규칙: "역치를 올리고 싶으면 템포, 대회 페이스에 익숙해지고 싶으면 레이스 페이스"

■ 목표 거리별 레이스 페이스 표준 범위(러닝 기준)

목표 거리	페이스의 생리학적 위치	HRR(%)	RPE(CR10)	느낌 · 호흡 힌트
5K	LT 상회(VO$_2$max 접근)	82~88	8~9	문장 불가, 단어 끊김
10K	LT 근방/상회	80~86	8	짧은 문장 겨우 가능
하프(HM)	LT 근방/하회	78~84	7~8	한두 문장 가능, 집중 필요
마라톤(M)	LT 하회(경제성 중시)	70~78	6~7	대화 몇 문장 가능, 말수 적음

- 페이스 훈련은 "이 페이스로 달렸을 때 어떤 느낌인가?"를 몸에 익히는 과정으로, 짧은 세트 반복이나 인터벌 형태로 구성된다.
- 템포 러닝은 "젖산역치 근처에서 얼마만큼 버틸 수 있는가?"를 훈련하며, 일정 시간 동안 휴식 없이 꾸준히 달려 역치(pace)를 끌어올리는 데 초점이 맞추어진다.

2) 설정 방법

◾ **Tempo(역치) 초기 설정**
- 20분 TT: 최대 지속 페이스로 20분 수행 → 마지막 15분 평균 HR = LTHR. 이후 템포 세션은 LTHR ±2~3bpm 근방에서 실시
- 지속 템포 페이스: "1시간 레이스에서 유지 가능할 것 같은" 체감 페이스로 시작 → 호흡·RPE 기준으로 미세 조정

◾ **Race Pace 초기 설정**
- 목표 대회 예상 완주 기준에서 역산(예: 목표 M 3:20 → 4′44″/km)
- 최근 테스트/모의경기/롱런의 후반 10~15km 구간 페이스·HR 데이터를 근거로 현실적 범위 설정(예: 4′44″±5″/km)

2. 템포 러닝 속도가 목표 페이스보다 빠른데, 심박수는 왜 낮을 수 있는가?

1) 템포 러닝 페이스가 목표 페이스보다 빠른 이유

◾ **지구력 향상과 젖산역치(LT) 개선**
- 템포 러닝의 목적은 젖산이 급격히 증가하기 시작하는 '역치'

지점을 끌어올리는 것
- 마라톤이나 10km 레이스는 LT2 이하 속도로 달리는 경우가 많으므로, LT2를 높이려면 목표 페이스보다 약간 빠른 속도가 효과적

■ 목표 페이스 대비 훈련 강도 증가
- 예) 10km를 50분(5:00/1km)에 완주하려는 목표가 있다면, 템포 런은 4:45~5:00/1km 정도로 설정
- 이는 LT를 자극하면서도 '너무 힘들지 않은 수준'을 유지하는 훈련 강도

2) 템포 훈련 심박수가 목표 레이스 심박수보다 낮은 이유

■ 목표 레이스 페이스는 '지속 시간'이 길어 피로도 누적
- 10km 레이스는 최대심박수(HRmax)의 약 85~90% 선에서 오랜 시간 지속
- 템포 러닝은 80~85% HRmax 수준에서, 20~40분 정도로 레이스보다 운동 시간이 짧아 피로가 덜 쌓임 → 심박수 상승이 제한적

■ 훈련 환경·심리적 요인 차이
- 레이스에서는 경쟁·긴장·아드레날린으로 인해 심박수가 예상보다 높아질 수 있음
- 템포 러닝은 통제된 훈련 환경에서 수행되므로, 상대적으로 심박수가 낮게 나타남

■ 운동 지속 시간과 강도의 상관관계
- 심박수는 운동 강도뿐만 아니라 지속 시간에도 영향을 받음
- 템포 러닝은 레이스보다 짧게 수행하므로, 같은 강도라도 심박

수 반응이 다르게 나타날 수 있음

3. 대표적인 훈련 방법

1) Tempo(역치)
- 크루즈 인터벌*: 4회×LT 8분, r = 2분 조깅
- 지속 템포: LT 25~35분
- 가변 템포: LT 6분 + LT 아래 2분×3회

2) Race Pace
- 마라톤 페이스: 2회×MP** 8~10km, r*** = 8분 이지
- 하프 페이스: 3회×HMP**** 5km, r = 6분 이지
- 10K 페이스: 5~6회×10KP***** 1km, r = 2′ 조깅

3) 선택·배치 가이드(주간 계획에 넣기)
- 한 주에 둘 다? 가능하나 총 고강도 TIZ(>LT)****** ≤60~90분/주 원칙 내에서 한 축은 Tempo, 한 축은 특이성(Race Pace)으로 분리
- 경기 6~10주 전: Race Pace 블록 비중 점증, 템포는 훈련량을 감소하고 훈련 질 유지로 역치 유지

---

* 크루즈 인터벌(Cruise Intervals): 젖산역치(LT) 근처 속도로 중간 길이 반복(보통 5~12분 또는 1~2마일)을 짧은 회복(1~3분 조깅)과 묶어 총 20~40분의 LT 시간을 쌓는 세션
** MP = 마라톤 페이스
*** r = recovery(회복 구간)
**** HMP = 하프마라톤 페이스
***** 10KP = 10km 시합 페이스 수행
****** TIZ(>LT) = Time In Zone(above Lactate Threshold)

- 테이퍼 1~2주: Race Pace 짧고 선명하게, 템포는 짧게 스파이시(10~20분)로 감각만 유지
  → 한 세션·한 주 동안 젖산역치(LT2/VT2) 이상 강도에서 실제로 "일한 시간"의 합. 워밍업/쿨다운·회복 구간은 제외

4. 초보자를 위한 10개월 주기화 훈련 프로그램

아래 표는 단계별(기초기 → 빌드업기 → 강도 향상기 → 레이스 준비기 → 테이퍼링)로 주간 훈련 예시를 정리한 것이다.

(1) 1~2개월차(기초기)
■ 목표: 러닝 습관 형성과 기초 지구력 확보

요일	훈련 내용	훈련 목적
월	휴식 or 가벼운 걷기(30~40분)	회복 및 근육이완
화	2~3km 가벼운 러닝(RPE 3~4, HRmax 60~70%)	유산소 기초훈련 생리학적 적응
수	근력 운동(상·하체 & 코어)	상해 예방 전신 근육 균형
목	인터벌: 1분 러닝(HRmax 75~85%) + 2분 걷기×5~8세트(RPE 5~6)	심폐기능 강화 속도 강화
금	휴식 or 요가·스트레칭	회복
토	3~5km 지속 러닝(RPE 4~5, HRmax 65~75%)	심폐기능 강화
일	장거리 걷기(60분)	회복 및 지구력 증진

(2) 3~4개월차(빌드업기)
■ 목표: 5km 연속 달리기 달성 & 페이스 조절 능력 향상

요일	훈련 내용	훈련 목적
월	인터벌: 2분 러닝(HRmax 80~90%) + 1분 걷기×6~10세트(RPE 6~7)	스피드 증진 심폐지구력 강화

요일	훈련 내용	훈련 목적
화	휴식 or 3km 조깅(RPE 3~4, HRmax 60~70%)	회복 및 근육이완
수	근력 운동(상·하체 & 코어)	상해 예방 전신 근육 균형
목	3~4km 지속 러닝(RPE 5~6, HRmax 70~80%)	젖산 내성 훈련
금	휴식 및 스트레칭	회복
토	5km 장거리 러닝(RPE 6, HRmax 75~85%)	젖산 및 페이스 조절 훈련
일	크로스 트레이닝(수영, 사이클 등)	상해 예방 및 지구력 강화

(3) 5~6개월차(강도 향상기)

■ 목표: 10km 대비 속도·근지구력 향상, 인터벌·템포 강화

요일	훈련 내용	훈련 목적
월	템포 러닝(4km, 목표 페이스보다 10초 빠른 속도, RPE 6~7, HRmax 80~85%)	젖산 및 스피드 지구력
화	3~4km 조깅(RPE 3~4, HRmax 60~70%)	회복 및 근육이완
수	근력 운동 + 코어 강화	상해 예방 전신 근육 강화
목	인터벌: 400m×6~8회(HRmax 85~95%, RPE 7~8)	무산소성 역치 VO_2max
금	휴식	회복
토	6~8km 지속 러닝(RPE 6~7, HRmax 75~85%)	페이스 조절
일	크로스 트레이닝(사이클, 수영 등)	근지구력 향상

(4) 7~8개월차(레이스 준비기)

■ 목표: 10km 거리 적응, 안정적인 페이스 유지

요일	훈련 내용	훈련 목적
월	인터벌: 800m×4~6회(HRmax 85~95%, RPE 7~8)	무산소 역치 젖산 내성 스피드 지구력
화	4~5km 조깅(RPE 4, HRmax 65~75%)	회복 및 근육이완
수	근력 + 코어 운동	상해 예방 전신 근육 강화
목	6km 템포 러닝(RPE 6~7, HRmax 80~85%)	젖산 내성 및 지구력 강화
금	휴식	회복
토	8~10km 장거리 러닝(RPE 6~7, HRmax 75~85%)	지구력 및 페이스
일	회복 조깅(3km) or 요가	회복

(5) 9~10개월차(테이퍼링 & 레이스 준비)

■ 목표: 부상 예방 & 컨디션 최적화, 대회 직전 1~2주 동안 훈련량을 50% 감소하여 피로 회복

요일	훈련 내용	훈련 목적
월	템포 러닝(5km, RPE 6~7, HRmax 80~85%)	젖산 내성 페이스 훈련
화	3km 조깅(RPE 3~4, HRmax 60~70%)	회복 및 근육이완
수	가벼운 인터벌(400m×4회, HRmax 85~90%, RPE 7)	스피드 지구력 훈련 강도 유지
목	6km 조깅(RPE 4~5, HRmax 65~75%)	컨디셔닝
금	휴식	회복
토	6~8km 장거리 러닝(RPE 6, HRmax 70~80%)	지구력 유지 컨디션 최적화
일	요가 or 가벼운 스트레칭	회복

■ 요약

- 목표 페이스는 현재 실력(주로 5km 기록)과 다양한 훈련 데이터를 기반으로 설정하며, 10km 완주 시간을 가늠하는 데 핵심 지표가 됨
- 템포 러닝은 목표 페이스보다 다소 빠르게 달려 젖산역치를 끌어올리는 훈련
- 속도는 빠르지만, 레이스보다 훈련 시간이 짧거나 환경이 통제되어 있어 심박수가 레이스 때보다 낮을 수 있음
- 10개월 주기화로 기초기 → 빌드업기 → 강도 향상기 → 레이스 준비기 → 테이퍼링 단계를 거치면, 부상 위험을 최소화하고 체계적으로 10km 완주 역량을 기를 수 있음
- 심박수(RPE · HRmax %), 목표 페이스, 템포 페이스 등을 종합적으로 고려하면, 초보 러너도 효율적이고 안전하게 러닝 실력을 향상시킬 수 있습니다.

5. 중급 일반인 러너를 위한 10~20km 대회 대비 주기화 트레이닝 프로그램(16주 과정)

- 주 3~5회 이상 달릴 수 있으며, 10km를 50~60분 내에 완주가 가능한 중급 러너
- 20km 거리까지 완주 능력을 끌어올리고, 기록 단축 및 체력 향상을 희망하는 사람

■ 목표
- 10km 기록 단축: 현재 10km 50~60분 완주 → 목표는 더 빠른 페이스 확보
- 20km 레이스 대비 지구력 강화: 기존 10km에서 더 긴 거리(20km)로 확장하면서도, 지속적으로 페이스를 유지할 수 있도록 훈련
- 부상 없이 체계적 훈련: 주기별로 훈련 강도를 점진적으로 증가시키면서, 충분한 회복과 부상 방지에 초점
- 유연한 개인화: 16주 혹은 10개월(40주) 중 어느 기간을 선택해도, 개인 컨디션과 스케줄에 맞추어 훈련 강도·빈도를 조절할 수 있음

1) 기간 및 주기화 개요
(1) 16주 과정(4개월)
- 주당 4~5회 러닝 기준
- 주요 훈련 단계
  - 기초 & 빌드업(1~4주): 기존 10km 페이스 점검, 주간 러닝 거리 확립
  - 강도 향상(5~8주): 템포 런, 인터벌 등으로 속도와 힘 강화

- 거리 확장(9~12주): 15km 이상 러닝으로 지구력 증대, 20km 근접 훈련
- 레이스 준비 & 테이퍼링(13~16주): 실전 페이스 최종 조정, 부상 방지 · 컨디션 최적화

(2) 10개월(40주) 장기 주기화
- 주당 3~5회 러닝 기준
- 장기적 성장 목표: **10km 기록 단축 + 20km 완주를 동시에 준비**
- 주요 훈련 단계
  - 기초기(1~8주): 러닝 습관 · 근력 · 유산소 기초 다지기
  - 빌드업기(9~16주): 10km 페이스 안정화, 속도 · 인터벌 훈련
  - 중간 점검 & 거리 확장(17~24주): 15~20km 장거리 시도, 페이스 유지 능력 강화
  - 강도 & 스피드 향상기(25~32주): 목표 기록 단축을 위한 템포 · 인터벌 집중
  - 레이스 준비 & 테이퍼링(33~40주): 20km 레이스 대비, 최종 컨디션 조절

2) 프로그램 특징

- **점진적 거리 확장 + 스피드 강화**
  - 10km → 최대 20km까지 훈련 거리를 늘리며, 인터벌 · 템포런 등을 통해 페이스도 단축

- **회복 중시**
  - 주기별로 휴식주(Recovery Week)를 설정해, 누적 피로와 부상 위험을 줄임

- **부가 훈련 병행**
    - 근력 운동(하체 · 코어 위주), 크로스 트레이닝(자전거, 수영 등), 유연성/밸런스 운동(요가, 필라테스 등)
    - 러닝 외 운동으로 근육 불균형을 예방하고 전신 체력을 높임

- **유연한 페이스 조절**
    - 개인의 현재 기록(예: 10km 55분, 20km 미경험 등)에 맞춰, 목표 페이스를 설정하여 템포 러닝과 인터벌 강도를 조절

- **레이스 실전 대비**
    - 일정 거리(10~15km)를 목표 페이스로 달리는 훈련, 고강도 인터벌 및 롱런을 결합해 장거리 페이스 유지 훈련

■ 요약

- 중급 러너가 10km에서 더 빠른 페이스를 확보하고, 동시에 20km 레이스에 도전하려면 체계적인 주기화가 필수
- 16주 과정은 단기 집중으로 레이스를 준비하는 데 적합하며, 10개월(40주) 장기 플랜은 부상 위험을 낮추고 서서히 기록을 끌어올리는 데 효과적
- 개인 스케줄(직장 · 학업 등)과 신체 특성을 고려해 훈련 일정을 유연하게 조절하며, 충분한 휴식과 영양관리를 병행해야 최적의 성과를 얻을 수 있음

주기	목표	주당 러닝 횟수	주간 키 세션	RPE 범위
1~2개월(기초기 · Base Phase)	유산소 기초 형성, 부상 방지	4~5회	장거리 조깅, 근력 운동, 크로스 트레이닝 (사이클 · 수영)	3~5
3~4개월(지구력 향상 · Endurance Phase)	장거리 레이스 적응, 페이스 조절 능력 개발	4~5회	주간 장거리 러닝 증가, 템포 런	4~6

5~6개월(스피드 & 인터벌 · Speed & Interval Phase)	페이스 변속 능력 향상, 젖산역치 증가	5~6회	인터벌 트레이닝, 언덕 러닝	5~8
7~8개월(레이스 준비 · Race Preparation Phase)	레이스 페이스 훈련, 경기 환경 적응	5~6회	롱런 레이스 페이스 훈련, 빌드업 런	6~9
9개월(테이퍼링 · Tapering Phase)	피로 회복, 컨디션 최적화	4~5회	훈련량 감소, 고강도 존 유지	4~6
10개월(레이스 · Race Month)	경기 페이스 유지, 최상의 컨디션	3~4회	짧은 조깅, 가벼운 템포 런	3~5

3) 상세 월별 훈련 프로그램(Mesocycle & Microcycle)

(1) 1~8주: 기초 준비기(Base Phase)

■ 목표: 기본적인 지구력과 근지구력 향상, 부상 예방

요일	훈련 내용	훈련 목적
월	휴식 or 가벼운 조깅(30분, Z1)	회복 및 근육 이완
화	이완 스트레칭 + 근력 운동(하체 중심)	근력 강화 및 부상 예방
수	지속주(45분, Z2)	기초 지구력 향상
목	크로스 트레이닝(자전거, 수영)	전신 지구력 및 다양한 근육 발달
금	인터벌 트레이닝(400m×6회, 목표 페이스보다 10초 빠르게)	스피드 향상 및 무산소 능력 개발
토	장거리 러닝(60분, Z2~3)	장거리 지구력 및 레이스 적응력 향상
일	요가 & 코어 운동	유연성 향상 및 코어 강화

(2) 9~16주: 유산소 강화기(Aerobic Endurance Phase)

■ 목표: 장거리 러닝 시작, 심폐 능력 및 지구력 강화

요일	훈련 내용	훈련 목적
월	휴식 or 가벼운 조깅(40분, Z1)	회복 및 근육 이완
화	템포 러닝(5km, Z3~4)	젖산역치 향상 및 심폐기능 강화
수	장거리 러닝(70분, Z2)	지구력 향상 및 유산소 능력 개발
목	크로스 트레이닝 + 근력 운동	전체적인 체력 강화 및 부상 방지
금	인터벌 트레이닝(800m×4회, 목표 페이스)	속도 향상 및 심폐지구력 극대화
토	페이스 러닝(10km, Z3)	레이스 페이스 적응 및 실전 감각 유지
일	회복 조깅(30분)	근육 회복 촉진 및 피로 해소

(3) 17~24주: 스피드 및 지구력 강화기(Speed & Endurance Phase)
■ 목표: 스피드 훈련 추가, 레이스 페이스 훈련

요일	훈련 내용	훈련 목적
월	휴식 or 가벼운 조깅(45분, Z1)	회복 및 근육 이완
화	템포 러닝(6km, Z3~4)	젖산역치 향상 및 페이스 감각 개발
수	장거리 러닝(80분, Z2)	기초 지구력 향상 및 유산소 능력 강화
목	힐 트레이닝(언덕 반복 200m×6회)	하체 근력 및 심폐지구력 강화
금	인터벌 트레이닝(1km×5회, 목표 페이스)	최대산소섭취량(VO_2Max) 향상
토	페이스 러닝(12km, Z3)	레이스 페이스 적응 및 정신적 강인함 개발
일	요가 & 스트레칭	유연성 향상 및 전체적인 회복

(4) 25~32주: 특이적 준비기(Specific Preparation Phase)
■ 목표: 레이스 시뮬레이션, 장거리 페이스 조절

요일	훈련 내용	훈련 목적
월	가벼운 조깅(50분, Z1)	심폐지구력 향상 및 회복, 기초 체력 증진
화	페이스 훈련(7km, 목표 페이스)	레이스 페이스 적응 및 신체 리듬 형성
수	장거리 러닝(90~100분, Z2)	지구력 향상 및 장시간 운동 적응
목	인터벌 트레이닝(1km×6회, 목표 페이스보다 5초 빠르게)	심폐기능 및 젖산역치 향상, 속도 강화
금	근력 훈련 + 가벼운 러닝	전체적인 근육 균형 개선 및 부상 예방
토	레이스 시뮬레이션(15km, Z3)	실전 적응력 향상 및 레이스 전략 연습
일	요가 & 회복 스트레칭	근육 회복 및 유연성 향상, 정신적 이완

(5) 33~40주: 테이퍼링 & 대회기(Tapering & Race Phase)
■ 목표: 피로 감소, 대회 컨디션 최적화

요일	훈련 내용	훈련 목적
월	휴식 or 가벼운 조깅(30분, Z1)	회복 촉진 및 근육 이완
화	레이스 페이스 러닝(6km, 목표 페이스)	목표 속도 적응 및 페이스 감각 향상
수	장거리 러닝(60분, Z2)	지구력 강화 및 심폐기능 개선
목	짧은 인터벌(400m×4회, 목표 페이스보다 빠르게)	스피드 향상 및 젖산역치 증가
금	휴식 or 가벼운 걷기	주요 훈련 후 회복 및 에너지 보충
토	대회 대비 페이스 조정(5km, Z3)	레이스 컨디션 시뮬레이션 및 정신적 준비
일	요가 & 정신적 준비	유연성 향상 및 스트레스 감소

▣ 핵심 포인트 & 조언

- **점진적 훈련 원칙(Progressive Overload)**
  - 매달 훈련량을 5~10% 증가
  - 4주차마다 회복 주간 설정하여 과훈련 방지

- **부상 예방 & 회복**
  - 크로스 트레이닝(수영, 자전거) 활용
  - 근력 훈련과 스트레칭 필수

- 대회 2~3주 전 테이퍼링: 운동량을 줄이고 피로 회복

▣ 훈련 강도 설정

Zone	주요 목적	특징/설명	주요 활용
Z1 50~60%	회복(Recovery)	• 대화가 가능한 낮은 강도 • 심박수와 호흡이 편안한 수준	회복 조깅, 가벼운 운동 전·후 워밍업 및 쿨다운
Z2 60~70%	지구력(Endurance)	• 장거리 러닝에 적합 • 편안하게 유지할 수 있지만, Z1보다 약간 더 빠른 속도	장거리 러닝, 기초 지구력 강화, 주당 거리 확보
Z3 70~80%	템포(Tempo)	편안하지 않지만 일정 시간 지속 가능한 중강도	템포 러닝, 젖산역치(LT) 향상, 페이스 조절 훈련
Z4~5 80~100%	인터벌 트레이닝 & 레이스 페이스 (Threshold/Race)	레이스 시 목표 속도 지속 시간이 길어질수록 힘들지만 훈련 효과가 높음	인터벌 트레이닝, 레이스 시뮬레이션, 스피드 향상

6. 상급자(일반인)를 위한 마라톤 주기화 트레이닝 프로그램

■ 주기화 프로그램 요약

주기	기간(주)	주간 거리(km)	강도	주요 훈련 내용	보조 훈련
기초기	8~10	60~90	RPE 3~5 + Z2	장거리 조깅, 템포런, 기본 인터벌(짧은 구간)	코어 훈련, 유산소 드릴, 유연성 트레이닝
빌드업기	8~10	80~110	RPE 4~6	인터벌 + 피니시 페이스 연습, 템포 10~12km, 근력 훈련	스쿼트 · 스트레칭, 크로스 트레이닝
특화기	6~8	90~120	RPE 5~7 + Z3	30~34km 롱런(마라톤 페이스), 레이스 시뮬레이션	중거리 인터벌, 보조 근력, 영양 보충
테이퍼기	2~3	40~60	RPE 1~3/Z1	가벼운 러닝, 유산소 + 크로스 트레이닝	가벼운 맨몸 운동, 영양 · 수분 조절

(1) 기초기(Base Phase, 8~10주)
■ 목표: 근지구력 및 심폐 기초 체력 향상, 부상 예방

항목	주요 훈련 내용
주당 러닝 횟수	5~6회
주간 거리	60~90km
강도 분포	Z1~2 중심(RPE 3~5), 90% 이상 저강도
주요 세션	· 롱런(주 1회, 20~28km) · 템포 러닝(주 1회, 6~10km Z3) · 기술 강화 훈련(주 1~2회)
보조 훈련	코어 근력 강화, 유산소 보조(사이클, 수영), 스트레칭, 모빌리티
특징	목표 페이스보다 느린 페이스 유지, 심폐와 근육에 기초 내성 부여

(2) 빌드업기(Build-Up Phase, 8~10주)

■ 목표: 젖산역치 상승, 중고강도 대응 능력 향상

항목	주요 훈련 내용
주당 러닝 횟수	6~7회
주간 거리	80~110km(점진적 증가)
강도 분포	Z1~3 중심(RPE 4~6), 주 2회 고강도 포함
주요 세션	· 템포 런(8~12km, RPE 6) · 인터벌: 4×1km or 6×800m(Z4, RPE 7) · 롱런 + 피니시 페이스업(30km 중 마지막 10km = 목표 페이스)
보조 훈련	기능성 트레이닝, 점프 트레이닝, 점진적 근력 부하
특징	목표 페이스 접근, 젖산역치 구간에서의 지속 충격 훈련

(3) 특이적 준비기(Specific Preparation Phase, 6~8주)

■ 목표: 레이스 페이스 적응, 에너지 시스템 최적화, 전략적 피크 만들기

항목	주요 훈련 내용
주당 러닝 횟수	6~7회
주간 거리	90~120km
강도 분포	Z2+4, 고강도 분산 2~3회 포함
주요 세션	· 마라톤 페이스 훈련(30km, 중반부 16km 목표 페이스) · 인터벌: 6×1.5km(RPE 7~8, Z4)
보조 훈련	경기 환경 시뮬레이션, 수분 · 영양 설계 전략 테스트
특징	목표 마라톤 페이스에 정확히 적용, 영양 전략 병행, 실전 감각 확보

(4) 테이퍼(Taper Phase, 2~3주)

■ 목표: 회복 촉진 + 컨디션 최상 유지

항목	주요 훈련 내용
주당 러닝 횟수	4~5회
주간 거리	기존의 40~60%로 감소
강도 분포	저강도 위주 + 짧은 마무리 세션(RPE 3~5)
주요 세션	- 템포 런(6km) - 인터벌 짧게(400m×6회) - 레이스 시뮬레이션(10km 레이스 페이스)
특징	거리와 강도 모두 감소, 컨디션 유지가 핵심

(5) 회복기(Recovery Phase, 2~4주)

■ 목표: 심신 회복 및 부상 예방, 다음 사이클 준비

항목	내용
주당 러닝 횟수	3~4회
주간 거리	20~40km
강도 분포	거의 전부 Z1(RPE 1~3)
주요 세션	걷기 · 조깅, 가벼운 크로스 트레이닝(수영, 자전거 등)
보조 훈련	마사지, 요가, 영양 점검, 수면 질적 전략
특징	몸과 마음 모두 쉬는 시기, RPE 5 이상의 세션 금지

■ 결론: 왜 이렇게 구성하는가?

- 지속적인 저강도 훈련(LIT)은 미토콘드리아 밀도와 지방산화 능력 향상에 핵심적이다.
- 임계 강도 훈련(Threshold, Z3)은 젖산역치(LT) 향상에 효과적이며, 지구력 종목의 성과와 밀접한 관련이 있다.
- 인터벌(Z4~5)은 VO_2max 향상과 신경계 자극에 기여한다.
- 회복기와 테이퍼링은 과훈련 예방과 슈퍼컴펜세이션(초과 회복)을 유도한다.

7. 러너 · 사이클 · XC 스키 12주 훈련 프로그램

- 대상: 주 5~10시간 훈련 가능한 중급자(최근 6개월 규칙적 운동)
- CTL 기준은 독자 상황에 맞춰 조정
- TID는 단계별로 Pyramidal → 혼합 → 약한 Polarized로 이동
- 모든 플랜에 S&C(비시즌 2회, 시즌기 1회) 포함

1) 러닝(10K 목표, 12주)

- 주간 빈도: 주 6일(러닝 5 + S&C 1), 총 5.5~7.5h
- **페이스 기준: RP(레이스 페이스) = 목표 10K 페이스**
  - 지속 가능 강도 = LT = 30~40분, 인터벌(VO_2) = 3~5분

- 단계 요약

단계	주차	TID(L/M/H, %)	주간 핵심
Base	1~4	85/10/5	롱 LIT, 크루즈 LT 도입, 가속주(스트라이드)
Build	5~8	80/15/5	LT 블록 강화, 언덕 리피트, 주간 롱런 유지
Peak/Taper	9~12	75/15/10 → 볼륨 -30%	VO_2 간헐 도입, 레이스 주간 감량

- 대표 주간(예: 6주차)

요일	세션	내용
월	회복 LIT + 드릴	45'@Z1~2 + ABC 드릴 10' + 6×80m strides (폼 유지 가능한 빠른 속도)
화	LT 크루즈	3×10'@Z3(LT), r = 3' 조깅
수	LIT	60~75'@Z1~2
목	S&C(유지)	상·하체 Heavy 3×4@85%1RM 코어
금	회복	40' LIT 또는 완전 휴식
토	언덕 변주	10×60~75" 업힐 @RP+, 걷기 하강 회복
일	롱런	90~110'@Z1~2(후반 20' 경제성 집중)

- 레이스 주간(12주차): 볼륨 -35~40%, 빈도 유지(가벼운 LIT), T-3일 LT 2×8', T-2일 LIT 30', T-1일 프라이밍(샤프니스 4×60~80m)

2) 사이클(그란폰도 120~160km, 12주)

- 주간 빈도: 주 6일(라이드 5 + S&C 1), 총 7~10h

- 파워/심박 기준: LT ≈ CP60/FTP 인근, VO₂ = 3-5′ @110~120% FTP
- 단계 요약

단계	주차	TID(L/M/H, %)	주간 핵심
Base	1~4	85/10/5	지형 포함 LIT, 케이던스 드릴, 짧은 언덕
Build	5~8	80/15/5	스윗스팟/서스테인 LT, 내리막 · 코너 기술
Peak/Taper	9~12	75/15/10 → 볼륨 -30%	VO₂ 간헐 · 레이스 시뮬

- 대표 주간(예: 7주차)

요일	세션	내용
월	회복	60′@Z1~2, 스킬(코너 · 브레이킹) 10′
화	스윗스팟	3×15′@88~92% FTP, r = 5′
수	LIT	90′ 평지 LIT
목	S&C(유지)	데드리프트 3×4@85%, 런지 3×6/측, 코어 2종
금	회복	45~60′ LIT
토	VO₂ 언덕	5×4′@110~120% FTP, r = 3′(업 · 다운 변조)
일	롱라이드	3~4h LIT, 20~30′@LT 포함(지형 적응)

- 레이스 주간(12주차): 볼륨 -30~35%, T-5일 LT 2×12′, T-3일 90′ LIT, T-1일 프라이밍(6×10-12″ 스프린트)

3) XC 스키(클래식/스케이팅 10~20km, 12주)
- 주간 빈도: 주 6일(기술 · 지구력 5 + S&C 1), 총 7~10h, 비설기엔 롤러스키 대체
- 강조 요소: 특이성 점진 증가(GP → SP → CP), 더블폴 · 업힐 기술, 한랭 환경 대비 프라이밍

• 단계 요약

단계	주차	TID(L/M/H, %)	주간 핵심
Base	1~4	85/10/5	장시간 LIT, 스킬(다운힐 · 코너), 폴링 드릴
Build	5~8	80/15/5	LT 4-8′ 반복, 업 · 다운 변조 인터벌
Peak/Taper	9~12	75/15/10 → 볼륨 -30%	VO_2 4-5′, 레이스 시뮬

• 대표 주간(예: 8주차)

요일	세션	내용
월	기술 + LIT	75′ LIT + 코너/다운힐 기술 15′
화	LT 혼합	4×8′@LT(클래식 2, 스케이팅 2), r = 3′
수	LIT 장거리	2~2.5h@Z1~2(후반 20′ 더블폴 집중)
목	S&C(유지)	풀다운 3×6, 페이스풀 3×10, 힙힌지 3×5
금	회복	45′ 쉬운 LIT + 스틱 드릴
토	VO_2	5×4′@Z5, r = 3′(지형 반영 업 · 다운 변조)
일	롱 LIT	2~3h@Z1~2(기술 삽입)

• 레이스 주간(12주차): 볼륨 -30~40%, 세션 수 유지, T-2일 40′ LIT + 기술, T-1일 프라이밍(스케이팅 6×20″ 변조)

> **"기록을 위해서 달리지 말고, 가치를 위해 달리세요."**
>
> 우리는 종종 시계를 바라보며 달립니다. 몇 분, 몇 초를 단축하기 위해 숨을 몰아쉬고, 기록이 곧 내 실력의 전부인 것처럼 착각할 때가 있습니다. 하지만 묻고 싶습니다. 당신이 그 기록을 향해 달릴 때, 무엇을 느꼈나요? 훈련은 단지 '시간과 싸우는 일'이 아닙니다. 그 안에는 자신과 마주하는 과정이 있고, 포기하고 싶은 순간을 이겨낸 내면의 의지가 있으며, 몸보다 마음을 먼저 단련시키는 철학이 숨어 있습니다.

기록은 사라지지만, 그 기록을 향해 흘린 땀과 마음은 삶의 가치로 남습니다. 그러니, 기록을 위해 달리지 마세요. 가치를 위해 달리세요. 시간을 이기는 것이 아니라, 자신을 이해하고 성장시키는 여정을 위해 달리세요. 당신의 러닝은 누군가와 비교되기 위한 것이 아니라, 어제의 나와 오늘의 나를 연결하는 과정이 되어야 합니다.

에피소드 7

결과에 집중하면, 과정이 흐려진다

저는 늘 "지도자의 언어는 마법과 같아야 한다"는 철학을 가지고 있습니다. 그렇기에 선수들과의 약속은 반드시 지켜야 한다는 신념으로, 신뢰를 쌓기 위해 많은 노력을 기울여 왔습니다. 지도자가 신뢰를 얻으면, 선수는 훈련 지시에 더욱 충실하게 반응하게 되고, 그 결과를 어느 정도 예측할 수 있습니다. 하지만 그 반대도 분명히 존재합니다. 잘못된 언어 전달과 지도자의 멘탈리티(Mentality)는 오히려 선수에게 부정적인 영향을 줄 수 있다는 사실을 저는 경험을 통해 배웠습니다.

대한스키협회는 매년 크로스컨트리 스키 국가대표팀 남자 선수를 6명 선발해 왔습니다. 2012년, 저는 국가대표 선수 1명과 전체 7위에 오른 선수를 배출할 수 있었습니다. 그리고 저는 7위 선수에게 이렇게 말했습니다.

"한 등수만 더 오르면 국가대표가 될 수 있어. 그러기 위해선 지금부터 훈련, 생활 태도, 모든 것이 달라져야 해."

그때 저는, 7등에서 6등, 단 한 등수의 차이를 좁히는 것이 얼마나 어려운 일인지 절실히 느끼고 있었습니다. 수치로 보면 작은 차이처럼 보일 수 있지만, 그 안에는 경기력, 심리, 회복, 생활 태도 등 모든 요소가 복합적으로 작용합니다. 그럼에도 불구하고 저는 매일 같이 "국가대표가 되려면…"이라는 말을 반복했고, 그 말들이 선수에게 어떤 부담으로 작용할 수 있는지를 그 당시에는 미처 깨닫지 못했습니다.

2015년, 또 다른 선수가 7위를 하게 되었을 때, 저는 똑같은 패턴을 반복했습니다.

"지금처럼만 더 하면 대표가 될 수 있다."

"앞에 있는 누구만 이기면 된다."

그때까지도, 저는 제 말이 선수에게 어떤 영향을 미치는지를 전혀 알지 못했습니다.

[2016년 노르웨이 트룬헤임 국제코치세미나 참가]

그러던 2016년, 저는 노르웨이 트론헤임(Trondheim)에서 열린 국제코치세미나에 유일한 아시아 지도자로 참석할 기회를 얻게 되었습니다. 이 세미나에 참여하기까지 많은 고민이 따랐습니다. 4박 5일 일정에 300만 원이 넘는 경비가 소요되었고, 그 지출은 저에게도 결코 가볍지 않은 부담이었습니다. 하지만 저는 늘 지출을 결정할 때 이렇게 스스로에게 질문을 던집니다.

"이 비용을 지불함으로써, 나는 얼마나 많이 배우고, 그것을 얼마나 가치 있게 활용할 수 있을까?"

그 기준으로 생각했을 때, 저는 이 기회를 놓쳐서는 안 된다고 판단했습니다. 결과적으로, 트론헤임에서 저는 훈련 방법은 물론, 팀 문화, 지도 철학, 스포츠 심리에 이르기까지 정말 많은 것을 배울 수 있었습니다. 그중에서도 제게 가장 깊이 남은 메시지는 "과정 중심이어야 한다"는 지도 철학이었습니다. 그 자리에서 저는 저 자신을 돌아보게 되었습니다.

"레몬을 떠올리면 입안에 침이 고이듯이, 결과에만 집중하게 하면 선수들은 불안해지고 몰입이 흐려진다."

"나는 그동안 대표팀 선발이라는 결과를 너무 자주 말해왔고, 그것이 오히려 선수들의 현재 훈련 집중을 방해하고 있었던 것은 아닐까?"

그동안 제가 무심코 반복했던 말들이 선수에게는 심리적 압박이 되었고, 계획되지 않았던 심리적 피로도와 훈련 스트레스를 높였을 수도 있다는 점을 저는 깊이 반성하게 되었습니다. 세미나를 마치고 한국으로 돌아온 저는, 팀 문화, 지도 철학, 스포츠 심리학에 대해 다시 공부하기 시작했습니다. 그리고 가장 먼저 바꾼 것은 선수에게 동기를 부여하는 방식이었습니다. 예전처럼 타인과의 비교를 통한 자극이 아니라, 자신의 향상과 노력에 의미를 두는 방식으로 전환했습니다. 심리학에서는 이를 "자기 지향성(Ego Goal Orientation)"과 "숙달 지향성(Mastery Goal Orientation)"으로 구분합니다. 자기 지향성은 자신의 성과를 타인과 비교하여 스스로의 성공 여부를 판단하는 경향을 말합니다. 이는 불필요한 경쟁 심리와 내적 불안을 유발할 수 있습니다. 반면 숙달 지향성은 자신의 향상 정도와 노력 자체에 가치를 두며, 결과보다는 과정에 몰입하게 만드는 긍정적인 동기 유도 방식입니다.

지금의 저는, 선수들이 스스로 '숙달 지향적인 마인드셋'을 가질 수 있도록 돕는 것이 지도자로서의 중요한 역할이라고 믿고 있습니다. 그래서 지금도 종종 제 자신에게 되새기는 문장이 있습니다.

"결과를 말하면, 과정이 흐려진다. 과정이 결국 결과를 만든다."

독자 여러분께도 같은 이야기를 드리고 싶습니다. 지나치게 결과와 목표에만 집중하기보다, 지금 하고 있는 과정, 훈련 하나하나에 몰입하고 집중하는 것! 그것이 결국 가장 좋은 결과로 이어지는 길입니다.

제19장

몰입의 기술, 통제의 힘
: Flow 트레이닝과 자기조절

"경기 중, 내가 통제할 수 있는 유일한 대상은 '상대'가 아니라 바로 '나' 자신이었다."

훈련과 경기에서 최고의 퍼포먼스가 발현되는 순간, 선수들은 흔히 '몰입 상태(Flow)'를 경험합니다. 이 상태에서는 시간 감각이 사라지고, 움직임은 자연스럽고 유려하며, 외부의 방해 없이 자기 자신과 완전히 연결됩니다.

저는 지구력 선수를 지도하면서 수없이 반복되는 훈련 속에서도 어떤 순간에는, 기록이 아니라 가치에 몰두한 선수들이 가장 높은 수행력을 발휘한다는 사실을 보았습니다. Flow 트레이닝은 바로 그러한 상태를 의도적으로 설계하고 유도하는 심리적·훈련적 접근 방법입니다. 지구력 스포츠처럼 오랜 시간 집중력을 유지해야 하는 종목에서는 그 효과가 특히 큽니다.

1. 몰입(Flow)이란 무엇인가?

Flow 개념은 심리학자 미하이 칙센트미하이(Mihaly Csikszentmihalyi)가 처음 제안했다.

■ 몰입은 다음과 같은 조건이 충족될 때 발생
- 명확한 목표가 있다.
- 기술과 도전의 균형이 맞는다.
- 피드백이 즉각적으로 주어진다.
- 외부의 방해 없이, 현재 순간에 집중한다.
  - 이 상태에 들어서면, 사람은 최고의 퍼포먼스를 발휘하면서도 심리적 만족감을 느끼게 된다.

- 지구력 훈련에서도 Flow는 정신적 회복, 기술 습득, 경기력 향상을 모두 촉진할 수 있다.

1) 내가 경험한 몰입: '통제'란 곧 '자기 자신을 아는 것'

선수를 지도하며 자주 느꼈던 점은, 경기를 망치는 건 '상대'가 아니라 '자기 자신'이라는 사실이었습니다. 경쟁자와의 싸움보다 더 힘든 것은, 흔들리는 자기 내면을 다스리는 일이었습니다. 그래서 저는 훈련 중에도 늘 강조했습니다.

"네가 통제할 수 있는 건 상대가 아니라, 네 리듬과 호흡이다."

몰입 훈련은 결국 자기조절 능력(Self-regulation)을 기르는 훈련이며, 이것은 훈련의 질과 경기의 결과를 바꾸는 핵심 변수입니다.

2. Flow 트레이닝 적용 4단계

(1) 명확한 목표 설정(Clear Goals)
"오늘의 훈련에서 무엇을 집중할 것인가?"
- 예: 페이스 유지, 심박수 150bpm 이하 유지, 호흡 리듬 맞추기 → 불확실성을 줄이고 몰입을 유도

(2) 기술과 도전의 균형 맞추기(Challenge-Skill Balance)
- 너무 쉬우면 지루하고, 너무 어려우면 포기하게 된다.
- 자신의 현재 능력보다 '약간' 높은 목표를 제시하여 몰입을 유도하는 긴장감을 주어야 한다.

(3) 즉각적인 피드백 제공(Immediate Feedback)
- 영상 분석, 심박수 모니터, RPE 기록 등을 실시간으로 제공 및 확인
- "지금 자세가 무너졌어", "심박수와 호흡이 높아졌어" 등 즉시 교정

(4) 현재에 집중하는 훈련(Mindfulness)
- 훈련 중 호흡, 자세, 근육 감각에 의식적으로 주의를 기울이는 연습을 해야 한다.
- 주의가 산만해졌을 때 다시 '현재로 돌아오는 습관'에 대한 훈련을 해야 한다.

3. 몰입 상태 향상 전략

◼ 마인드풀니스 명상(Mindfulness Meditation)
- 하루 10~20분, 호흡에만 집중하며 몸의 감각을 인지
- 바디스캔(body scan), 호흡 카운팅 등 기법 활용

◼ 루틴 설정(Routine)
- 반복 가능한 준비 루틴
  - 워밍업, 스트레칭 순서
  - 특정 음악 듣기
  - 호흡 3회 + 자기 대화 한 문장 등

◼ 긍정적 자기 대화(Positive Self-Talk)
- **예시**

"나는 리듬을 잘 유지하고 있어."

"지금 호흡이 안정돼."

"잘하고 있어, 계속 가자."

◼ 시각화 훈련(Visualization)
- 훈련 전 성공적인 움직임과 경기 흐름을 머릿속에 그리기
- 목표를 달성했을 때의 감각과 감정을 구체적으로 상상

◼ 외부 방해 차단
- 훈련 장소에서 스마트폰, 음악 등 외부 자극 최소화
- 가능한 한 몰입에 적합한 환경을 조성

4. 실전 적용 예시

■ 템포 러닝 중
- 심박수 155~160 유지 목표 → 코치가 실시간 피드백 제공
- 자세 흔들리면 즉시 교정
- 러닝 종료 후 RPE, 집중도, 기분 상태 기록 → 몰입도 점검

■ 인터벌 훈련 중
- 영상 촬영 후 동작 비교
- 시각화 훈련 병행하여 고강도 훈련 전 불안감 해소
  - 정리: 몰입은 '내가 나를 통제하는 힘'이다.

5. 러너스 하이(Runner's High)

러너스 하이란 유산소 운동, 특히 장시간 달리기나 사이클링 같은 지속적이고 중강도 이상의 유산소 운동을 수행할 때 나타나는 심리적·생리적 현상으로, 기분이 상승하고 통증이 경감되며 '무아' 또는 '도취' 상태에 가까운 쾌감이 느껴지는 것을 말합니다. 러너스 하이는 운동의 긍정적 동기부여와 퍼포먼스 향상에 큰 도움이 되지만, 무분별하게 쾌감만을 좇다 보면 부상이나 과훈련, 심리적 의존 등의 문제를 초래할 수 있습니다. "내 몸이 보내는 신호"를 존중하며, 과학적 훈련 계획과 주기적인 휴식을 통해 안전하게 러너스 하이를 경험하는 것이 중요합니다.

1) 러너스 하이의 두 가지 기전
- 엔돌핀 분비 증가: 과도한 운동 부하에 대응해 뇌하수체와 부신에서 엔돌핀이 분비되어 통증을 억제하고 기분을 좋게 만든다.
- 엔도카나비노이드 활성화: 최근 연구에서는 내인성 칸나비노이드(anandamide 등)가 증가하여 불안감을 줄이고, 이완감과 행복감을 유도한다고 알려져 있다.

2) 러너스 하이의 장점
◼ 기분 개선 및 스트레스 해소
- 엔돌핀·엔도카나비노이드의 분비로 우울감과 불안이 감소하고 전반적인 행복감이 상승

◼ 운동 지속력 향상
- 통증·피로감이 줄어들어 동일 강도의 운동을 더 오랫동안 수행할 수 있으며, 운동 몰입도(flow)가 높아짐

◼ 운동 동기부여
- 긍정적 경험이 반복될수록 '달리고 싶은' 심리적 보상이 강화되어 꾸준한 훈련 습관 형성에 도움이 됨

◼ 인지 기능 및 집중력 증진
- 도파민, 세로토닌 등의 신경전달물질 분비가 촉진되어 학습 능력과 집중력이 일시적으로 상승할 수 있음

3) 러너스 하이의 단점
◼ 부상 위험 간과
- 통증이 완전히 사라진 듯 느껴지면 근육·관절의 미세 손상이나 피로 골절 같은 부상을 인지하지 못하고 무리하게 달릴 수

있다.

◾ 과훈련(overtraining) 유발
- 달콤한 쾌감을 좇아 과도한 훈련량을 소화하다 보면 오히려 성과 저하, 면역력 약화, 만성 피로로 이어질 수 있다.

◾ 심리적 의존
- '쾌감'을 목적으로 운동을 수행하게 되면, 이를 얻지 못했을 때 좌절감·무기력감이 커질 수 있다.

4) 주의해야 할 점
◾ 통증과 피로 구분
- '러너스 하이'로 인해 일시적으로 통증이 둔화되더라도, 자신의 바디 신호(호흡·심박·근육통 등)를 주기적으로 체크해야 한다.

◾ 훈련 계획의 주기성 준수
- 충분한 휴식과 저강도 훈련(회복 주간)을 포함한 주간·월간 프로그램을 설계해 과훈련을 예방해야 한다.

◾ 다양한 운동 방법 병행
- 달리기만 고집하지 말고 자전거·수영·근력 트레이닝 등을 병행해 신체 부위별 과부하를 분산시켜야 한다.

◾ 심리적 균형 유지
- 운동 외에도 명상, 요가, 스트레칭 등 이완 기법을 도입해 엔돌핀·칸나비노이드 시스템에 대한 의존도를 낮추도록 한다.

■ 적절한 영양과 수분 공급

훈련 중·후에 충분한 탄수화물·단백질 및 전해질 보충으로 신경전달물질 합성과 에너지 회복을 지원하도록 한다.

6. 몰입과 러너스 하이의 차이점

러너스 하이와 플로우 상태는 모두 운동 중에 경험할 수 있는 긍정적 심리현상이지만, 그 본질과 발생 조건이 다릅니다. 먼저 러너스 하이는 주로 장시간 달리기나 사이클링 같은 지속적인 유산소 운동을 수행할 때, 엔돌핀과 내인성 칸나비노이드의 분비가 증가하면서 통증이 완화되고 기분이 고양되는 생리적 쾌감입니다. 이때 운동자는 근육의 피로감이나 통증을 잊은 채 페이스를 유지하거나 오히려 가속하는 느낌을 받지만, 이는 신체 경고 신호를 둔화시키기 때문에 부상 위험이나 과훈련을 불러올 수 있습니다.

반면 플로우 상태는 특정 과제에 완전히 몰입하여 시간 감각이 왜곡되고 '자아'가 사라진 듯한 심리적 몰입 경험입니다. 플로우는 도전 과제의 난이도와 개인의 기술 수준이 균형을 이룰 때, 그리고 명확한 목표 설정과 즉각적인 피드백이 주어질 때 발생합니다. 달리기뿐 아니라 팀 스포츠, 무술, 악기 연주 등 거의 모든 활동에서 일어날 수 있으며, 집중력과 수행 효율을 극대화해 학습과 기술 향상에도 도움이 됩니다.

정리하자면, 러너스 하이는 화학적 쾌감(엔돌핀·칸나비노이드 분비)이 주된 동인이며 유산소 세션 후반부의 통증 완화와 에너지 유지에 초점을 맞춥니다. 반면 플로우는 심리적 몰입(목표-피드백 구조와 도전-기술 균형)이 핵심으로, 어떤 활동에서든 완전한 집중과 자기 잊어버림을 통해 수행 능력을 극대화하는 상태입니다. 따라서 러너스 하이는 신체적 피로와 통증 관리를, 플로우는 과제 설계와 피드백 시스템 구축을 통해 적절히 유도하고 관리해야 합니다.

7. 결론

우리는 종종 '조금 더 빠르게, 조금 더 열심히'라는 남의 기준에 맞추며 만족감을 얻으려 하지만, 그 만족감은 진정 나 자신을 위한 것이 아닙니다. 내가 어떤 생각을 품고 무엇을 하고 있는지 진짜로 알고 있는 사람은 오직 나 자신뿐이기 때문입니다. 느릴 때는 과감히 속도를 늦추고, 훈련과 휴식의 균형을 스스로 결정할 수 있는 용기가 필요합니다. 이러한 결단은 단순한 게으름이 아니라, 오히려 장기적인 성장과 성취를 위한 현명한 선택입니다.

과학적으로 설계된 계획을 묵묵히 따르는 끈기와, 그 길에 대한 흔들림 없는 믿음이야말로 진정한 강함의 근간입니다. 훈련의 강도와 빈도를 스스로 조절하고, 회복이 필요할 때 과감히 휴식하는 과정 속에서 비로소 지속 가능한 발전을 이룰 수 있습니다. 이때 중요한 것은 외부의 경쟁자가 아니라 내 호흡·리듬·감정이라는 통제 가능한 요소에 집중하는 것입니다.

바로 이 지점에서 'Flow 트레이닝'이 등장합니다. Flow 상태는 단순히 퍼포먼스를 극대화하는 순간이 아니라, 나와 훈련이 완전히 하나가 되는 경이로운 순간입니다. 이 상태가 활성화되면 외부의 소음과 잡념은 사라지고, 내 몸과 마음은 오로지 지금 이 순간의 호흡과 동작에만 몰입하게 됩니다. 그렇게 집중된 에너지는 기술의 정교함을 높여줄 뿐 아니라, 훈련이 지닌 본질적 '의미'를 되살려줍니다.

경쟁자는 내가 통제할 수 없지만, 내 호흡과 리듬, 감정은 내가 통제할 수 있습니다. 이 내적 통제에서 시작되는 깊은 몰입이야말로 지구력을 완성하는 마지막 퍼즐 조각이며, 나만의 기준으로 성장하는 길입니다. 결국, 타인의 속도가 아닌 나 자신이 정한 리듬에 맞춰 과학적 훈련을 묵묵히 이어가는 과정이야말로 진정한 강함과 지속 가능한 성공을 담보합니다.

에필로그

열정 다음은 권태, 그리고 성숙!

제가 대학에서 선수들을 지도하던 시절, 예상치 못한 한 가지와 자주 마주해야 했습니다. 바로 제가 지도하던 선수들의 약 80%가 중도에 운동을 그만두고 싶다는 의사를 밝히는 일이었습니다. 그럴 때마다 저는 큰 상처를 받았습니다. 스스로는 최선을 다해 지도한다고 믿고 있었기에, 내가 무엇을 놓치고 있기에 이렇게 많은 선수들이 그만두려 하는 걸까? 하는 자책에 며칠 밤을 잠 못 이루며 마음고생을 했던 기억이 지금도 생생합니다.

시간이 흐르고, 수년간의 사례를 하나씩 되짚으며 그 흐름을 분석해 보니 공통적인 두 가지 유형을 발견할 수 있었습니다. 첫 번째 유형은 자신의 운동 능력이 기대만큼 발전하지 않거나 경쟁력을 잃었다고 느끼며, 진로를 조기에 결정하려는 선수들이었습니다. 그리고 두 번째 유형은 오히려 학교 생활과 운동 모두를 열정적으로, 정말 성실하게 임하던 선수들에게서 나타나는 경우였습니다.

특히 두 번째 유형의 선수들은 여름 훈련을 온전히 소화한 후에 이러한 권태감을 호소하는 경우가 많았습니다. 한 학생은 방학 기간 중 모교에서 후배들과 자발적으로 고강도 훈련을 이어간 뒤, 개강 후 운동을 그만두고 싶다고 말했습니다. 자신의 에너지와 열정을 모두 쏟아낸 직후 찾아오는, 말할 수 없는 피로와 무력감이 그들을 사로잡고 있었던 것입니다. 저 역시 지도자 생활을 하며 지치고 외로워서

혼자 울었던 밤들이 있었습니다. 그 과정을 지나며 저는 한 가지 중요한 사실을 깨달았습니다.

"열정 다음에는 곧바로 성숙이 오는 것이 아니라, 반드시 권태가 찾아온다."

열심히 살아온 사람에게 찾아오는 권태는 실패의 징후가 아니라, 그동안 잘 살아왔다는 명백한 증거였습니다. 그 권태를 '내가 잘해왔다는 증명'으로 인정하는 순간, 제 마음은 훨씬 가벼워졌습니다. 그리고 이 깨달음을 선수들과 나누었습니다.

"지금 이 권태는 네가 진심으로 열정을 다했다는 증거야. 너무 힘들면, 잠시 쉬어도 괜찮아. 쉼이 곧 후퇴는 아니니까. 그렇게 쉬고 나면, 다시 시작할 수 있는 힘이 분명히 생길 거야."

그 조언을 받아들이고 다시 훈련장으로 돌아온 선수들이 많았습니다. 이들은 이전보다 더욱 단단해진 태도로 자신의 운동 인생을 이어갔고, 때로는 이전보다 더 깊은 몰입과 성장을 보여주었습니다.

독자 여러분도 혹시 이런 경험이 있으셨을지 모르겠습니다. 잘 되던 훈련이 갑자기 하기 싫어지고, 목표가 무의미하게 느껴지며, 모든 걸 내려놓고 싶어지는 순간들! 그럴 땐 혹시 과훈련(overtraining) 또는 권태(burnout) 혹은 지루함에서 비롯된 보어아웃(boreout)일 수 있다는 걸 떠올려 보시길 바랍니다.

그 순간에는 오히려 잠시 운동에서 한 발 물러나는 용기가 필요할

지도 모릅니다. 여행을 떠나보는 것도 좋고, 미술관을 찾아보거나, 좋아하는 사람들과 의미 있는 대화를 나누어 보는 것도 좋습니다. 그렇게 충분히 휴식과 회복을 경험한 뒤, 다시 달리는 발걸음은 분명 이전과는 다른 깊이와 힘을 지니게 됩니다.

  열정 다음에 권태가 오는 건 자연스러운 일입니다. 그러나 그 권태를 잘 통과한 사람에게만 '성숙'이 찾아옵니다. 그것이 저의, 그리고 제자들의 경험이었습니다.

2025년 9월
저자 **최용철**

한글색인

ㄱ

- 강도 분배(Training Intensity Distribution; TID) — LIT/MIT/HIT 시간 비율 | POL · PYR · Threshold 중 전략 선택 | 관련 장: 8, 7
- 고강도 훈련(High-Intensity Training; HIT) — LT2 이상 인터벌 | 주당 2회 · 총 20~40′ 내 설계 권장 | 관련 장: 8, 7
- 고지 거주–평지 훈련(Live High Train Low; LHTL) — 고지 거주 · 평지 훈련 전략 | 강도 -7~10%로 시작 · 철분 관리 | 관련 장: 10
- 기능적 역치 파워(Functional Threshold Power; FTP) — 실무 역치 파워 | 파워 기반 훈련 · 계획 핵심 지표 | 관련 장: 8, 3
- 급성부하(Acute Training Load; ATL) — 최근 며칠의 피로 | 과도 상승 시 회복 블록 고려 | 관련 장: 3, 7, 14
- 강도계수(Intensity Factor; IF) — NP/FTP 비율 | 세션 상대 강도 판단에 사용 | 관련 장: 3

ㄴ

- 네거티브 스플릿(Negative Split) — 후반 가속 전략 | 과속 억제 · 심리적 여유 확보 | 관련 장: 9, 19
- 능동 회복(Active Recovery) — 아주 가벼운 회복 활동 | "말하기 쉬움" 기준 유지 | 관련 장: 14

ㄷ

- 단조로움(Monotony) — 주간 강도의 변화 부족 | >2.0 경고값, 주간 10% 변화 권장 | 관련 장: 3, 7
- 델로드(Deload) — 계획된 부하 감량 주간 | 피크 전 · 대회 후 재생 창 마련 | 관련 장: 7, 14
- 더블 역치(Double Threshold) — 하루 2회 역치 근처 세션 | 상급자 한정 · 회복 · 영양 선행 | 관련 장: 8, 14
- 동시 과제(Dual-task) — 운동 + 인지 과제의 동시 수행 | 실내 · 관리 환경 우선 · 난이도 점진 | 관련 장: 19, 11

ㄹ

- 레이스 페이스(Race Pace) — 목표 경기 속도 · 파워 | 리허설 세션과 결합해 변동 최소화 | 관련 장: 8, 9, 19
- 로드 모니터링(Load Monitoring) — 훈련 부하 추적 체계 | CTL/ATL/TSB · TRIMP · TSS 통합 해석 | 관련 장: 3

ㅁ

- 만성부하(Chronic Training Load; CTL) — 최근 주 · 월의 피트니스 | 장기 추세 · 피크 타이밍 참고 | 관련 장: 3, 7, 14
- 무산소 작업용량(W′; W prime) — CP 위 고강도에서 쓰는 예산 | 인터벌 설계 · 회복 간격 조정에 활용 | 관련 장: 8

ㅂ

- 부담(Strain) — 볼륨×Monotony | 급증 구간은 부상 · 권태 위험↑ | 관련 장: 3
- 부하 균형(Training Stress Balance; TSB) — CTL-ATL, 상태 지표 | 음수 지속 시 컨디션 위험 신호 | 관련 장: 3, 7, 14
- 블록 주기화(Block Periodization) — 한 능력 집중 설계 | POL · 더블 역치와 병행 시 효율적 | 관련 장: 7, 8

ㅅ

- 산소포화도(SpO$_2$) — 혈중 산소포화 수준 | 고지 적응 · 피로 평가 보조 | 관련 장: 10, 14
- 세션 RPE(Session-RPE) — 세션 전체 체감 점수 | 시간×RPE로 주간 합산 가능 | 관련 장: 3, 19
- 세션의도(Session-Goal) — 세션 목적 기준의 분류 방식 | TIZ와 함께 보고 해석 일치화 | 관련 장: 8
- 수면 위생(Sleep Hygiene) — 수면 습관 · 환경 관리 | 핵심 세션 전날 스크린 다운 | 관련 장: 14, 19
- 스위트 스팟(Sweet Spot) — 중상 강도 지속 영역 | MIT 범주 · 종목 · 시기별 선택 적용 | 관련 장: 8
- 심박변이도(HRV; rMSSD) — 회복 · 자율신경 지표 | 아침 고정 측정 · 7일 평균 추세 활용 | 관련 장: 3, 14
- 심박예비량(HRR) — HRmax 안정 시 심박 | 퍼센트 HRR 기반 강도 설정에 활용 | 관련 장: 8, 3

- C-Index(C-Index) — 인자–집행 통합 지표(책 내 정의) ｜ z–점수 기반 · 0 이상 유지 목표 ｜ 관련 장: 19, 3, 14
- 순응(Acclimatization) — 고지 · 더위 등 환경 적응 ｜ 첫 주 강도 낮춤 · SpO_2 · 자각 체크 ｜ 관련 장: 10, 14

ㅇ

- 에너지 가용성(Energy Availability) — 섭취–소모 후 남는 에너지 ｜ 회복 · 호르몬 · 컨디션의 기반 ｜ 관련 장: 14, 9
- 워밍업 순서(Warm-up Sequencing) — 체온↑ → 가동성 → 드릴 → 가속 ｜ 개인 루틴 10% 변화로 권태 예방 ｜ 관련 장: 11, 9
- 임계 파워(Critical Power; CP) — 장시간 지속 가능한 준정상 파워 ｜ 세션 목표 · 존 설정의 실무 기준 ｜ 관련 장: 8, 3
- 인터벌 구조(Interval Structure) — 반복 시간×휴식 비율 ｜ 4×8′(r = 2–3′) 등 대표 처방 활용 ｜ 관련 장: 8
- 양극화 트레이닝(Polarized Training; POL) — 저강도 다수 + 고강도 소수 ｜ 중강도 누출 관리가 성패 좌우 ｜ 관련 장: 8, 7

ㅈ

- 자각적 운동 강도(RPE) — 0~10세션 체감 강도 ｜ 데이터 부재 시 간이 부하 지표로 활용 ｜ 관련 장: 3, 19
- 자기지시(Self-talk) — 수행을 돕는 내적 언어 ｜ 2인칭 · 3단어 카드로 간결하게 ｜ 관련 장: 19
- 저강도 훈련(Low-Intensity Training; LIT) — LT1 이하 기반 · 회복 훈련 ｜ 주간 시간 75~80% 권장(전략별 조정) ｜ 관련 장: 8, 7
- 저장철(Ferritin) — 철 저장 상태 지표 ｜ 고지 계획 전 결핍 스크리닝 권장 ｜ 관련 장: 10
- 젖산역치 1/2(Lactate Threshold 1/2; LT1/2) — LIT 상한 · HIT 관문 ｜ 4~8주마다 재평가 권장 ｜ 관련 장: 8, 11
- 전환기(Transition) — 시즌 사이 재생 · 재정렬 기간 ｜ 기술 · 약점 · 건강 회복 집중 ｜ 관련 장: 7, 14
- 정규화 파워(Normalized Power; NP) — 변동 보정 평균 파워 ｜ IF · TSS 산출의 기반 지표 ｜ 관련 장: 3
- 정신적 피로(Mental Fatigue) — 인지 부담 누적에 의한 판단 저하 ｜ 세션 전 · 후 3분 간이 체크 권장 ｜ 관련 장: 19
- 주기화(Periodization) — 시즌–블록–주간 설계 틀 ｜ 3주 + 1주 · 블록 집중 등 리듬 구성 ｜ 관련 장: 7

- 중강도 누출(Z3 leak) — 의도치 않은 Z3 체류 증가 | POL 운용 시 상시 감시 포인트 | 관련 장: 8, 3
- 중강도 훈련(Mid-Intensity Training; MIT) — LT1~LT2 구간 훈련 | POL 전략에서는 의도적 제한 | 관련 장: 8

ㅊ

- 체류 시간(Time-in-Zone; TIZ) — 실제 강도 체류 시간 합 | Session-Goal과 기준 명시 필요 | 관련 장: 8
- 총부하(Training Stress Score; TSS) — 세션 총훈련 부하 점수 | 계획–실행–회고 공통 언어 | 관련 장: 3
- 최대산소섭취량(VO_2max) — 유산소 최대 용량 | 개별 추세로 해석(테스트 오차 고려) | 관련 장: 8, 3
- 최대심박수(HRmax) — 개인의 최고 심박 | 강도 설정 보조 · 개인차 고려 | 관련 장: 8, 3

ㅋ

- 케이던스(Cadence) — 1분간 보폭 수(러닝) · 분당 페달 회전수(사이클) | 효율 · 부상 균형 범위에서 조정 | 관련 장: 8, 11

ㅌ

- 트림프(TRIMP) — 시간×강도 기반 부하 점수 | 심박 기반 간이 부하 추적에 유용 | 관련 장: 3
- 테이퍼(Taper) — 경기 전 볼륨 감량 | 볼륨 20~50%↓, 강도 유지 | 관련 장: 9
- 템포(Tempo) — 역치 아래–근처의 지속 주행 | 역치 적응 강화, RP와 역할 분업 | 관련 장: 8, 9

ㅍ

- 페이싱(Pacing) — 경기 중 속도 · 파워 배분 전략 | 과속 방지 · 후반 유지 전략 설계 핵심 | 관련 장: 9, 8, 19
- 페이스 변동계수(CV of Pace/Power) — 목표 속도 · 파워의 흔들림 지표 | RP 구간 CV ≤2.5% 목표 | 관련 장: 19, 8
- 피라미달(Pyramidal) — 저〉중〉고 순의 분배 | 연중 기본형, 특정 단계에서 POL 전환 | 관련 장: 7, 8
- 피크 VO_2(VO_2peak) — 테스트 조건상의 최고 산소 섭취 | VO_2max와 혼용 주의 · 맥락 해석 | 관련 장: 8

- 플라이오메트릭스(Plyometrics) — 신경근 파워 훈련 | 러닝 경제성 · 스프린트 보조 | 관련 장: 11, 7
- 프라이밍(Priming) — 경기 24~48h 전 짧은 고강도 예열 | 짧고 날카롭게 · 과부하 금지 | 관련 장: 9, 11

ㅎ

- 호흡역치 1/2(Ventilatory Threshold 1/2; VT1/2) — 호흡 변곡점 | LT1/2와 함께 강도 설정 앵커 | 관련 장: 8, 11
- 회복일(Recovery Day) — 의도적 저강도/휴식 | 적응 고정 · 과부하 차단의 핵심 | 관련 장: 14, 7

영어색인

A

- Acclimatization(순응) — 환경(고지 · 더위)에 천천히 적응하는 과정 | 첫 주 강도 낮춤 · SpO_2 / 자각 상태 점검 | 관련 장: 10, 14
- ACWR(급성/만성 부하비) — 최근 부하/지난 기간 부하 비율 | 극단 값 경계로 부상 · 컨디션 위험 감시(선택 사용) | 관련 장: 3
- Aerobic Capacity/VO₂max(최대산소섭취량) — 유산소 시스템 최대 용량 | 장기 추세로 해석, 테스트 간 오차 고려 | 관련 장: 8, 3

B

- Block Periodization(블록 주기화) — 한 기간 한 능력에 집중하는 설계 | POL · 더블 역치와 결합 시 효율적 | 관련 장: 7, 8
- Brain Endurance Training(뇌 지구력 훈련) — 운동과 인지 과제를 동시에 수행 | 피로 속 판단 내성 강화 | 관련 장: 19

C

- C-Index(인지-집행 통합 지표, 책 내 정의) — z(인지 정확도) - z(페이스CV) - z(RPE–HR 괴리) | 0 이상 유지 목표 | 관련 장: 19, 3, 14
- Carbohydrate Loading(탄수화물 적재) — 경기 전 글리코겐 최적화 | 체중 변동 · 위장 반응 모니터 | 관련 장: 9
- CP/Critical Power(임계 파워) — 장시간 지속 가능한 준정상 상태 파워 | 세션 목표 · 존 설정 기준 | 관련 장: 8, 3
- Cadence(케이던스) — 분당 보폭/페달 회전 | 효율 · 부상 위험 균형 범위에서 조정 | 관련 장: 8, 11

D

- Deload(델로드) — 계획된 부하 감량 주간 | 3주 밀고 1주 정리 등 리듬 설계 | 관련 장: 7, 14
- Double Threshold(더블 역치) — 하루 2회 역치 근처 세션으로 용량 분할 | 상급자 한정, 회복 · 영양 · 수면 전제 | 관련 장: 8, 14

- Dual-task(동시 과제) — 운동 + 인지 동시 수행 | 실내 · 관리 환경에서만 시행 | 관련 장: 19, 11

E

- Energy Availability(에너지 가용성) — 섭취 에너지-운동 소모 후 남는 에너지 | 저에너지 가용성은 회복 · 호르몬 저하 위험 | 관련 장: 14, 9

F

- Ferritin(혈청 페리틴) — 저장철 지표 | 고지 계획 전 결핍 스크리닝 권장 | 관련 장: 10
- Flanker/Stroop(인지 억제 과제) — 주의/억제 평가 과제 | 세션 전후 3~5분 점검에 활용 | 관련 장: 19
- FTP(기능적 역치 파워) — 40~60분 지속 가능한 실무 역치 | 자전거 훈련 · 존 설정 실무 잣대 | 관련 장: 8, 3

G

- Go/No-Go(반응 · 억제 과제) — 반응 억제/충동 통제 측정 | HIT 간격 중 오반응률 기록 | 관련 장: 19
- Glycogen Depletion(글리코겐 고갈) — 탄수 고갈 상태 | 장거리 훈련 · 테이퍼에서 전략 관리 | 관련 장: 9, 14

H

- HIT/High-Intensity Training(고강도 훈련) — LT2 이상 간격 훈련 | 주당 2회 표준, 총 20–40′/주 | 관련 장: 8, 7
- HRmax/HRR(최대심박/심박예비량) — 강도 설정의 기초 지표 | 장비 · 환경에 따라 보정 | 관련 장: 8, 3
- HRV(rMSSD)(심박변이도) — 회복 · 자율신경 지표 | 아침 고정 루틴 + 7일 이동평균 | 관련 장: 3, 14

I

- IF/NP/TSS(강도계수/정규화 파워/총부하) — TrainingPeaks 계열 지표 | 계획–실행–회고 공통 언어 | 관련 장: 3
- Interval Structure(인터벌 구조) — 반복 시간×휴식 비율 | 4×8′(r = 2~3′) 등 대표 처방 | 관련 장: 8

L

- Lactate Threshold 1/2(LT1/2, 젖산역치 1/2) — LIT 상한/HIT 관문 | 4~8주마다 재평가 | 관련 장: 8, 11
- LHTL/Live High Train Low(고도 생활 평지 훈련) — 고지 거주 · 평지 훈련 전략 | 강도 -7~10%로 시작 | 관련 장: 10
- LIT/Low-Intensity Training(저강도 훈련) — LT1 이하 기반 · 회복 | 주간 시간 75~80% | 관련 장: 8, 7
- LTAD(Long-Term Athlete Development)(장기선수발달) — 연령 · 발달 단계 맞춤 설계 | 기초 기술 · 체력 우선 순환 | 관련 장: 7, 14

M

- Macro/Meso/Microcycle(거시/중/미시 주기) — 시즌-블록-주간 설계 틀 | 개인화 리듬 설계 | 관련 장: 7
- Mental Fatigue(정신적 피로) — 인지 부담 누적으로 판단 저하 | 3분 간이 체크 + 계획 조정 | 관련 장: 19
- MIT/Mid-Intensity Training(중강도 훈련) — LT1~LT2 구간 | POL에서는 의도적 제한 | 관련 장: 8
- Monotony/Strain(단조로움/부담) — 주간 강도의 변화 부족/부담량 | Monotony 〉2.0 경고 | 관련 장: 3, 7

N

- Negative Split(네거티브 스플릿) — 후반을 더 빠르게 가는 전략 | 과속 방지 · 후반 내구성 훈련 | 관련 장: 9, 19
- NP/Normalized Power(정규화 파워) — 변동을 보정한 파워 | IF · TSS 계산에 사용 | 관련 장: 3

O

- Overreaching(기능적 과도 훈련) — 단기 성과 상승을 노린 의도적 과부하 | 회복 창 포함 시 긍정적 | 관련 장: 7, 14
- Overtraining Syndrome(과훈련증후군) — 만성 피로 · 성과 저하 | 초기 신호에서 계획 조정 | 관련 장: 14, 3

P

- Pacing(페이싱) — 경기 중 속도·파워 배분 | RP 변동 CV ≤2.5% 목표 | 관련 장: 9, 8, 19
- Periodization(주기화) — 장·중·단기 리듬으로 훈련 조직 | 3주+1주/블록 집중 등 | 관련 장: 7
- PLY/Plyometrics(플라이오메트릭스) — 신경근 파워 훈련 | 주기·부하 관리, 러닝 경제성 보조 | 관련 장: 11, 7
- Polarized Training(POL, 양극화) — 저강도 다수 + 고강도 소수, 중강도 최소 | 시간 분포 ≈ 80/5/15 | 관련 장: 8, 7
- Priming(프라이밍) — 경기 24~48h 전 짧은 고강도 예열 | 짧고 날카롭게, 과부하 금지 | 관련 장: 9, 11
- Pyramidal(피라미달 분배) — 저강도 > 중강도 > 고강도 순 분포 | 연중 기본형 | 관련 장: 7, 8

R

- Race Pace(레이스 페이스) — 목표 경기 속도/파워 | 리허설 세션과 결합 | 관련 장: 8, 9, 19
- Recovery Day(회복일) — 의도적 저강도/휴식으로 적응 고정 | LIT 20~45′ 또는 완전 휴식 | 관련 장: 14, 7
- rMSSD(단기 HRV 지표) — HRV 대표 지표 | 아침 고정 측정·7일 평균 | 관련 장: 3, 14
- RPE/Session-RPE(자각적 운동 강도/세션 RPE) — 체감 강도(0~10), 세션 전체 점수 | 간이 부하 추적 | 관련 장: 3, 19

S

- Self-talk(자기지시) — 수행을 돕는 내적 언어(2인칭 권장) | 3단어 카드 활용 | 관련 장: 19
- Session-Goal(세션 의도 분류) — 세션 목적 기준의 강도 분배 계산법 | "80/20" 해석 시 기준 명시 | 관련 장: 8
- Sleep Hygiene(수면 위생) — 일정 취침·빛/카페인 관리 | 핵심 세션 전날 스크린 다운 | 관련 장: 14, 19
- SpO$_2$(산소포화도) — 산소 운반 상태 지표 | 고지 적응·과훈련 신호 보조 | 관련 장: 10, 14
- Strain(부담) — 볼륨×Monotony | 과도 급증 경계 | 관련 장: 3
- Sweet Spot(스위트스팟) — 중상 강도 지속(주로 사이클) | MIT 범주, 종목·단계에 따라 선택 | 관련 장: 8

T

- Taper(테이퍼) — 경기 전 볼륨 감량(강도 유지) | 볼륨 20~50%↓ | 관련 장: 9

- Tempo(템포) — 역치 아래–근처 지속 주행 | 역치 적응 강화, RP와 역할 분업 | 관련 장: 8, 9
- Threshold Training(역치 중심 훈련) — LT2 근처 집중 | POL · PYR과의 배합 고려 | 관련 장: 8, 7
- Time-in-Zone(TIZ, 체류 시간 분류) — 실제 강도 체류 시간으로 분배 계산 | Session-Goal과 구분 | 관련 장: 8
- Transition(전환기) — 시즌 사이 재생 · 재정렬 기간 | 기술 · 약점 · 건강 회복 | 관련 장: 7, 14
- TRIMP(훈련 충격 점수) — 시간×강도 기반 부하 | 주간 합계 · 추세 확인 | 관련 장: 3
- TSB/CTL/ATL(균형/만성/급성 부하) — 상태 지표 묶음 | TSB 음과도 지속 경계 | 관련 장: 3, 7, 14

V

- VO_2peak(피크 VO_2) — 테스트 조건상 최고 산소 섭취 | VO_2max와 혼용 주의, 맥락으로 해석 | 관련 장: 8
- VT1/VT2(호흡역치 1/2) — 호흡교환 변곡점 | LT1/2와 함께 강도 설정 앵커 | 관련 장: 8, 11

W

- Warm-up Sequencing(워밍업 순서) — 체온↑ → 동적 가동성 → 전용 드릴 → 가속 | 루틴 10% 변화로 권태 예방 | 관련 장: 11, 9
- W′(무산소 작업용량) — CP 위 짧은 고강도에서 소진되는 예산 | 인터벌 설계 보조 지표 | 관련 장: 8

Z

- Z3 leak(중강도 누출) — 의도치 않게 Z3 체류가 늘어나는 현상 | POL 운용 시 상시 감시 | 관련 장: 8, 3

참고문헌

Almquist, N. W., Eriksen, H. B., & Wilhelmsen, M. (2022). No differences between 12 weeks of block- vs traditional-periodized training in performance adaptations in trained cyclists. Frontiers in Physiology, 13, Article 837634.

American College of Sports Medicine. (2009). Progression models in resistance training for healthy adults. Medicine & Science in Sports & Exercise, 41(3), 687-708.

Bailey, D. M., & Davies, B. (1997). Physiological implications of altitude training for endurance performance at sea level: A review. British Journal of Sports Medicine, 31(3), 183-191.

Bailey, D. M., Davies, B., Romer, L., & Castell, L. (1998). Implications of moderate altitude training for sea-level endurance in elite distance runners. European Journal of Applied Physiology, 78, 360-368.

Balsalobre-Fernández, C., Santos-Concejero, J., & Grivas, G. V. (2016). Effects of strength training on running economy in highly trained runners: A systematic review with meta-analysis of controlled trials. Journal of Strength and Conditioning Research, 30(8), 2361-2368.

Barnes, K. R., & Kilding, A. E. (2015). Strategies to improve running economy. Sports Medicine, 45(1), 37-56.

Bartolomei, S., Hoffman, J. R., & Merni, F. (2014). A comparison of traditional and block periodized strength training programs in trained athletes. Journal of Strength and Conditioning Research, 28(4), 990-997.

Beattie, K., Kenny, I. C., Lyons, M., & Carson, B. P. (2014). The effect of strength training on performance in endurance athletes. Sports Medicine, 44(6), 845-865.

Behm, D. G., & Chaouachi, A. (2011). A review of the acute effects of static and dynamic stretching on performance. European Journal of Applied Physiology, 111(11), 2633-2651.

Behm, D. G., Kay, A. D., & Trajano, G. S. (2021). Mechanisms underlying performance impairments following prolonged static stretching without a comprehensive warm-up. European Journal of Applied Physiology, 121, 3291-3308.

Billat, L. V. (2001). Interval training for performance: A scientific and empirical practice. Special recommendations for middle- and long-distance running. Part I: Aerobic interval training. Sports Medicine, 31(1), 13-31.

Blazevich, A. J., Gill, N. D., & Kvorning, T. (2018). No effect of muscle stretching within a full, dynamic warm-up on athletic performance. ACSM Annual Meeting Abstracts.

Blagrove, R. C., Howatson, G., & Hayes, P. R. (2018). Effects of strength training on the physiological determinants of middle- and long-distance running performance: A systematic review. Sports Medicine, 48(5), 1117-1149.

Bompa, T. O., & Buzzichelli, C. (2019). Periodization: Theory and methodology of training (6th ed.). Human Kinetics.

Bontemps, B., Vercruyssen, F., Gruet, M., & Louis, J. (2020). Downhill running: What are the effects and how can we adapt? Sports Medicine, 50(12), 2125-2140.

Bourdon, P. C., Cardinale, M., Murray, A., Gastin, P., Kellmann, M., Varley, M. C., Gabbett, T. J., Coutts, A. J., Burgess, D. J., Gregson, W., & Cable, N. T. (2017). Monitoring athlete training loads: Consensus statement. International Journal of Sports Physiology and Performance, 12(Suppl 2), S2-161-S2-170. https://doi.org/10.1123/IJSPP.2017-0208

Buchheit, M., & Laursen, P. B. (2013). High-intensity interval training, solutions to the programming puzzle: Part I & II. Sports Medicine, 43(5), 313-338.

Casado, A., Foster, C., Bakken, M., & Tjelta, L. I. (2023). Does lactate-guided threshold interval training within a high-volume low-intensity approach represent the "next step" in the evolution of distance running training? International Journal of Environmental Research and Public Health, 20(5), 3782. https://doi.org/10.3390/ijerph20053782

Chapman, R. F., & Karlsen, T. (2014). Defining the "dose" of altitude training: How high to live for optimal sea level performance enhancement. Journal of Applied Physiology, 116(6), 595-603.

Chapman, R. F., & Stickford, A. S. L. (2014). Timing of return from altitude training for optimal sea level performance. Journal of Applied Physiology, 116(4), 455-461.

Chen, H. W., Lin, Y. C., Chang, C. Y., et al. (2022). The effects of different warm-up strategies on explosive performance in elite male handball players. Journal of Sports Science & Medicine, 21(2), 304-311.

Choi, Y. C. (2018). The effect of 3 weeks high altitude skiing training on isokinetic muscle function of cross-country skiers. Journal of Korean Content Society, 9(11), 465-471.

Cornejo, B. J. (2013). Mindfulness, attention, and flow in the treatment of affective disorders in athletes. In M. J. Beauchamp & M. A. Eys (Eds.), Group dynamics in exercise and sport psychology (pp. 207-230). Wiley.

Cook, C. J., Beaven, C. M., & Kilduff, L. P. (2013). Three weeks of eccentric training combined with overspeed exercises enhances power and running speed performance. Journal of Strength and Conditioning Research, 27(8), 2219-2226.

Düking, P., Zinner, C., & Sperlich, B. (2018). The future of wearable technologies and sports engineering. Sports Engineering, 21, 1-12. https://doi.org/10.1007/s12283-017-0264-9

Ericsson, K. A., Krampe, R. T., & Tesch-Römer, C. (1993). The role of deliberate practice in the acquisition of expert performance. Psychological Review, 100(3), 363-406.

Esteve-Lanao, J., San Juan, A. F., Earnest, C. P., Foster, C., & Lucia, A. (2007). How do endurance runners actually train? Relationship with competition performance. Medicine & Science in Sports & Exercise, 39(5), 920–927.

Fahrizal, R., & Santoso, H. B. (2017). The effect of Buteyko breathing technique on VO_2 max in endurance athletes. International Journal of Physical Education, Sports and Health, 4(5), 49–53.

Faubert, C. (2005). The impact of a resonance-based intervention on the cycling performance, well-being, and intrinsic motivation of endurance athletes [Master's thesis, University of Ottawa]. Library and Archives Canada.

Faude, O., Kindermann, W., & Meyer, T. (2009). Lactate threshold concepts: How valid are they? Sports Medicine, 39(6), 469–490.

Ferley, D. D., & Osborn, R. W. (2014). The effects of incline and level-grade high-intensity interval treadmill training on running economy and muscle power in well-trained distance runners. Journal of Strength and Conditioning Research, 28(3), 748–755.

Fisher, H., & Gooderick, J. (2011). Recovery in performance sport: A review of selected macro and micro strategies. Strength and Conditioning Journal, 33(1), 10–17.

Fleck, S. J., & Kraemer, W. J. (2014). Designing resistance training programs (4th ed.). Human Kinetics.

Foster, C., Florhaug, J. A., Franklin, J., Gottschall, L., Hrovatin, L. A., Parker, S., Doleshal, P., & Dodge, C. (2001). A new approach to monitoring exercise training. Journal of Strength and Conditioning Research, 15(1), 109–115.

Foster, C., Rodriguez-Marroyo, J. A., & de Koning, J. J. (2017). Monitoring training loads: The past, the present, and the future. International Journal of Sports Physiology and Performance, 12(Suppl 2), S2-2–S2-8.

Genitrini, M., Fritz, J., & Zimmermann, G. (2022). Downhill sections are crucial for performance in trail running ultramarathons. Journal of Functional Morphology and Kinesiology, 7(4), 103.

Gronwald, T., Rogers, B., & Hoos, O. (2020). Fractal correlation properties of heart rate variability: A new biomarker for intensity distribution in endurance exercise and training prescription? Frontiers in Physiology, 11, Article 550572.

Hackney, A. C. (2006). Stress and the neuroendocrine system: The role of exercise as a stressor and modifier of stress. Expert Review of Endocrinology & Metabolism, 1(6), 783–792.

Haff, G. G., & Triplett, N. T. (Eds.). (2015). Essentials of strength training and conditioning (4th ed.). NSCA/Human Kinetics.

Halson, S. L. (2014). Monitoring training load to understand fatigue in athletes. Sports Medicine, 44(Suppl 2), S139–S147. https://doi.org/10.1007/s40279-014-0253-z

Hébert-Losier, K., Wessman, C., Alricsson, M., & Svantesson, U. (2015). Updated reliability and normative values for the weight-bearing lunge test in healthy adults. Physiotherapy Theory and Practice, 31(4), 256–263.

Hickson, R. C. (1980). Interference of strength development by simultaneously training for strength and endurance. European Journal of Applied Physiology and Occupational Physiology, 45(2–3), 255–263.

Higgins, T. R., Greene, D. A., & Baker, M. K. (2017). Effects of cold water immersion and contrast water therapy for recovery from team sport: A systematic review and meta-analysis. Journal of Strength and Conditioning Research, 31(5), 1443–1460. https://doi.org/10.1519/JSC.0000000000001630

Hing, W. A., et al. (2008). Contrast therapy – a systematic review. Physical Therapy in Sport, 9(3), 148–156.

Hoch, M. C., & McKeon, P. O. (2011). Peroneal reaction time after functional ankle instability. Journal of Athletic Training, 46(3), 312–317.

Hofmann, P., & Tschakert, G. (2017). Intensity- and duration-based options to regulate endurance training. Frontiers in Physiology, 8, Article 337.

Hogarth, B. T. (2018). Shining light on the dark side of flow: Is mindfulness in high-flow-state athletes predictive of improved emotion-regulation and self-control? [Doctoral dissertation]. ProQuest.

Issurin, V. B. (2008). Block periodization versus traditional training theory: A review. Journal of Sports Medicine and Physical Fitness, 48(1), 65–75.

Issurin, V. B. (2010). New horizons for the methodology and physiology of training periodization. Sports Medicine, 40(3), 189–206.

Issurin, V. B. (2016). Benefits and limitations of block periodized training approaches to athletes' preparation: A review. Sports Medicine, 46(3), 329–338.

Jeffreys, I. (2006). Warm up revisited: The 'RAMP' method of optimising performance preparation. UK Strength and Conditioning Association.

Johansen, J. M., Sunde, A., & Helgerud, J. (2022). Relationships between maximal aerobic speed, lactate threshold, and double poling velocity at lactate threshold in cross-country skiers. Frontiers in Physiology, 13, Article 829758.

Kapus, J., Hart, N., & Polkey, M. I. (2013). Inspiratory muscle training in athletes: A meta-analytical review. Medicine & Science in Sports & Exercise, 45(6), 1162–1170.

Karlsen, K. (2021). Flow in physical activity and exercise: Exploring the relevance of mindfulness and exertion [Master's thesis, UiT The Arctic University of Norway]. Munin.

Karlsen, T., Solli, G. S., & Samdal, S. T. (2020). Intensity control during block-periodized high-intensity training: Heart rate and lactate concentration during three annual seasons in world-class cross-country skiers. Frontiers in Sports and Active Living, 2, Article 549407. https://doi.org/10.3389/fspor.2020.549407

Keller-Ross, M. L., & Johnson, B. D. (2022). Training-induced alterations in autonomic and respiratory responses: Implications for exercise tolerance. Sports, 10(9), 140. https://doi.org/10.3390/sports10090140

Kelemen, B., Benczenleitner, O., & Tóth, L. (2024). The Norwegian double-threshold method in distance running: Systematic literature review. Scandinavian Journal of Sports Physiology, NBXV4075.

Kim, J. K., & **Choi, Y. C.** (2020). The effect of short-term off-season cross-country ski training on body composition, physical fitness, and isokinetic muscle functions of cross-country skiers. Journal of Men's Health, 16(1), 63–74.

Kim, J. G., Lee, B. W., Kim, N. J., & **Choi, Y. C.** (2013). Effect of altitude training conditions on VO_2 max, red blood cells, and hemoglobin in cross-country skiers. 한국체육과학회지, 22(5), 1313–1324.

Kim, T. H., Han, J. K., Lee, J. Y., & **Choi, Y. C.** (2021). The effect of polarized training on the athletic performance of male and female cross-country skiers during the general preparation period. Healthcare, 9(7), 851.

Kusumaningtyas, D. A., & Handari, N. (2024). Influence of Buteyko breathing on endurance and oxygen efficiency in trained individuals. Journal of Sports Science and Medicine, 23(1), 105–112.

Lastella, M., et al. (2015). The impact of napping on physical performance: a systematic review. Sports Medicine, 45(2), 295–306.

Laursen, P. B., & Jenkins, D. G. (2002). The scientific basis for high-intensity interval training: Optimising training programmes and maximising performance in highly trained endurance athletes. Sports Medicine, 32(1), 53–73.

Lange, V. (2024). Flow and athletic experts. Episteme. Advance online publication. https://doi.org/10.1007/s10670-024-00856-X

Llanos-Lagos, C., Ramírez-Campillo, R., Moran, J., & Sáez de Villarreal, E. (2024). Effect of strength training programs in middle- and long-distance runners' economy at different running speeds: A systematic review with meta-analysis. Sports Medicine, 54(4), 895–932.

Mah, C. D., et al. (2011). The effects of sleep extension on the athletic performance of collegiate basketball players. Sleep, 34(7), 943–950.

McArdle, W. D., Katch, F. I., & Katch, V. L. (2015). Exercise physiology: Nutrition, energy, and human performance (8th ed.). Lippincott Williams & Wilkins.

McEwen, B. S. (1998). Protective and damaging effects of stress mediators. New England Journal of Medicine, 338(3), 171–179.

McEwen, B. S., & Wingfield, J. C. (2003). The concept of allostasis in biology and biomedicine. Hormones and Behavior, 43(1), 2–15.

Meerits, A., Buford, T. W., & Roberts, C. K. (2014). Static stretching decreases vertical jump height in collegiate athletes. Journal of Strength and Conditioning Research, 28(2), 531–536.

Midgley, A. W., & McNaughton, L. R. (2006). Time at or near VO_2 max during continuous and intermittent running. Medicine & Science in Sports & Exercise, 38(6), 1180–1184.

Mujika, I., & Padilla, S. (2000). Detraining: Loss of training-induced physiological and performance adaptations. Part I: Short-term insufficient training stimulus. Sports Medicine, 30(2), 79–87. https://doi.org/10.2165/00007256-200030020-00002

Mujika, I., & Padilla, S. (2001). Physiological and performance characteristics of male professional road cyclists. Sports Medicine, 31(7), 479–487.

Mujika, I., & Padilla, S. (2003). Scientific bases for precompetition tapering strategies. Medicine & Science in Sports & Exercise, 35(7), 1182–1187.

Ngo, D., & Kazmi, M. (2024). Power and strength training plan for off- and on-season for teenage runners. Theseus.

Paavolainen, L., Häkkinen, K., Hämäläinen, I., Nummela, A., & Rusko, H. (1999). Explosive-strength training improves 5-km running time by improving running economy and muscle power. Journal of Applied Physiology, 86(5), 1527–1533

Pageaux, B., & Lepers, R. (2016). The effects of mental fatigue on sport-related performance. Progress in Brain Research, 229, 93–115.

Plews, D. J., & Laursen, P. B. (2017). Training adaptation and heart-rate variability in elite endurance athletes: Opening the door to frequent monitoring and new insights. Sports Medicine, 47(3), 463–475.

Powers, S. K., & Howley, E. T. (2017). Exercise physiology: Theory and application to fitness and performance (10th ed.). McGraw-Hill Education.

Rønnestad, B. R., Bjerkrheim, K. A., & Hansen, J. (2022). A 6-day high-intensity interval microcycle improves indicators of endurance performance in elite cross-country skiers. Frontiers in Sports and Active Living, 4, Article 948127.

Rønnestad, B. R., Hansen, E. A., & Raastad, T. (2011). Strength training improves 5-min all-out performance following 185 min of cycling. Journal of Strength and Conditioning Research, 25(8), 2180–2189.

Rønnestad, B. R., & Mujika, I. (2014). Optimizing strength training for running and cycling endurance performance: A review. Scandinavian Journal of Medicine & Science in Sports, 24(4), 603–612.

Roberts, L. A., Gill, N. D., & Kilduff, L. P. (2015). Post-exercise cold water immersion attenuates acute anabolic signaling and long-term adaptations in muscle to strength training. Journal of Physiology, 593(18), 4285–4301.

Russell, S., Jenkins, D., & Rynne, S. (2020). Integrating mental fatigue into athlete monitoring: A narrative review. International Journal of Sports Physiology and Performance, 15(5), 673–682.

Sargeant, A. J. (1987). Effect of muscle temperature on leg extension force and short-term power output in humans. European Journal of Applied Physiology, 56(6), 693–698.

Saunders, P. U., Telford, R. D., Pyne, D. B., Peltola, E. M., Cunningham, R. B., Gore, C. J., & Hawley, J. A. (2006). Short-term plyometric training improves running economy in highly trained middle- and long-distance runners. Journal of Strength and Conditioning Research, 20(4), 947–954.

Saw, A. E., Main, L. C., & Gastin, P. B. (2016). Monitoring the athlete training response: Subjective self-reported measures trump commonly used objective measures—A systematic review. Sports Medicine, 46(7), 1065–1083. https://doi.org/10.1007/s40279-016-0454-8

Schmidt, R. A., & Lee, T. D. (2011). Motor control and learning: A behavioral emphasis (5th ed.). Human Kinetics.

Schmitt, L., Regnault, A., Mauny, F., Fouillot, J.-P., Mourot, L., Hunsicker, C., Bernard, T., & Millet, G. P. (2013). Fatigue shifts and scatters heart-rate variability in elite endurance athletes. PLoS ONE, 8(8), e71588. https://doi.org/10.1371/journal.pone.0071588

Seeman, T. E., Singer, B. H., Ryff, C. D., Love, G. D., & Levy-Storms, L. (2002). Social relationships, gender, and allostatic load across two age cohorts. Psychosomatic Medicine, 64(3), 395–406.

Seiler, S. (2010). What is best practice for training intensity and duration distribution in endurance athletes? International Journal of Sports Physiology and Performance, 5(3), 276–291.

Seiler, S., & Kjerland, G. Ø. (2006). Quantifying training intensity distribution in elite endurance athletes: Is there evidence for an "optimal" distribution? Scandinavian Journal of Medicine & Science in Sports, 16(1), 49–56.

Seiler, S., & Tønnessen, E. (2009). Intervals, thresholds, and long slow distance: The role of intensity and duration in endurance training. Sports Science, 13(1), 52–61.

Silva, L. M., Neiva, H. P., Marques, M. C., & Izquierdo, M. (2018). Effects of warm-up, post-warm-up, and re-warm-up strategies on explosive efforts in team sports: A systematic review. Sports Medicine, 48(10), 2285–2299.

Smith, D. J. (2003). A framework for understanding the training process leading to elite performance. Sports Medicine, 33(15), 1103–1126.

Smith, D., & Davies, J. (2006). Neural mechanisms underlying skill acquisition: Insights from motor learning research. Journal of Sports Science & Medicine, 5(1), 21–30.

Sople, D., & Wilcox III, R. B. (2024). Dynamic warm-ups play pivotal role in athletic performance and injury prevention. Current Sports Science.

Spurrs, R. W., Murphy, A. J., & Watsford, M. L. (2003). The effect of plyometric training on distance running performance. European Journal of Applied Physiology, 89(1), 1–7.

St John, P. A. (2023). Facilitating artistic growth in athletically trained contemporary dancers: Using brain-compatible dance education and flow state psychology to promote performance [Master's thesis, University of Northern Colorado]. University Digital Conservancy.

Støren, Ø., Helgerud, J., Støa, E. M., & Hoff, J. (2008). Maximal strength training improves running economy in distance runners. Medicine & Science in Sports & Exercise, 40(6), 1087–1092.

Stöggl, T. L., & Sperlich, B. (2015). The training intensity distribution among well-trained and elite endurance athletes. Frontiers in Physiology, 6, Article 295.

Sunde, A., Støren, Ø., Bjerkaas, M., Larsen, M. H., Hoff, J., & Helgerud, J. (2010). Maximal strength training improves cycling economy in competitive cyclists. Journal of Strength and Conditioning Research, 24(8), 2157–2165.

Tavares, F., Walker, O., Healey, P., & Smith, T. B. (2018). Practical applications of water immersion recovery modalities for team sports. Strength and Conditioning Journal, 40(4), 48–61.

Thompson, B., & Bracht, C. (2013). Fatigue effects on motor performance: Practical implications for training and rehabilitation. Journal of Strength and Conditioning Research, 27(7), 1884–1892.

Thomas, D. T., Erdman, K. A., & Burke, L. M. (2016). Position of the Academy of Nutrition and Dietetics, Dietitians of Canada, and the American College of Sports Medicine: Nutrition and athletic performance. Journal of the Academy of Nutrition and Dietetics, 116(3), 501–528.

Tønnessen, E., Svendsen, I. S., Rønnestad, B. R., Hisdal, J., Haugen, T. A., & Seiler, S. (2015). The annual training distribution of elite Norwegian cross-country skiers. International Journal of Sports Physiology and Performance, 10(8), 937–943.

Turki, O., Chaabene, H., & Hachana, Y. (2012). The effect of warm-up including dynamic stretching and static stretching on 10 and 20 m sprint performance in highly trained male athletes. Journal of Strength and Conditioning Research, 26(1), 63–72.

Vadher, K. P., Sanghvi, M., & Tank, K. (2024). The impact of a raise, activate, mobilize, and potentiate (RAMP) warm-up protocol on speed, agility, and endurance in competitive male football players: A quasi-experimental study. Journal of Sport Injury Prevention.

Van Cutsem, J., Marcora, S., & De Pauw, K. (2017). The effects of mental fatigue on physical performance: A systematic review. Sports Medicine, 47(8), 1569–1588.

Vernillo, G., Giandolini, M., Edwards, W. B., & Morin, J. B. (2017). Biomechanics and physiology of uphill and downhill running. Sports Medicine, 47(4), 615–629.

Vikmoen, O., Ellefsen, S., Trøen, Ø., Hollan, I., Hanestadhaugen, M., Raastad, T., & Rønnestad, B. R. (2016). Strength training improves cycling performance, fractional utilization of VO_2max and cycling economy in female cyclists. Scandinavian Journal of Medicine & Science in Sports, 26(4), 384–396.

Wang, J. C., Yim, K. T., & **Choi, Y. C.** (2022). Effects of LHTH training at 1600 m on exercise performance, complete blood count and erythropoietin: A case study of South Korean elite male cross-country skiers. Journal of Men's Health. https://www.jomh.org/articles/10.31083/j.jomh180918

Waterhouse, J., et al. (2007). The effects of a 30 min nap on running performance following partial sleep deprivation. Journal of Sports Sciences, 25(10), 1113–1122.

Wasserman, K., Hansen, J. E., Sue, D. Y., Stringer, W. W., & Whipp, B. J. (2011). Principles of exercise testing and interpretation: Including pathophysiology and clinical applications (5th ed.). Lippincott Williams & Wilkins.

Wilson, J. M., Marin, P. J., Rhea, M. R., Wilson, S. M. C., Loenneke, J. P., & Anderson, J. C. (2012). Concurrent training: A meta-analysis examining interference of aerobic and resistance exercises. Journal of Strength and Conditioning Research, 26(8), 2293–2307

Zavorsky, G. S. (2000). The effect of detraining and reduced training on VO$_2$max: A meta-analysis. Medicine & Science in Sports & Exercise, 32(3), 413–419. https://doi.org/10.1097/00005768-200003000-00012

Zinner, C., & Sperlich, B. (2016). High-intensity interval training (HIIT) and continuous endurance training – Which is more effective? A meta-analysis. Frontiers in Physiology, 7, Article 576.

Zuniga, J. M., Housh, T. J., Camic, C. L., Bergstrom, H. C., Traylor, D. A., Schmidt, R. J., & Johnson, G. O. (2011). Thresholds of ventilatory and lactate response in cyclists and their relationships with maximal power output. Journal of Strength and Conditioning Research, 25(11), 3094–3100.